DER LANGE WEG ZUR DEMOKRATIE

W0196646

Reiner Hoffmann / Peter Seideneck (Hg.)

DER LANGE WEG ZUR DEMOKRATIE

Von Berlin über Budapest nach Prag und Danzig

Bibliografische Information der Deutschen Nationalbibliothek

Die Deutsche Nationalbibliothek verzeichnet
diese Publikation in der Deutschen Nationalbibliografie;
detaillierte bibliografische Daten sind im Internet
über *http://dnb.dnb.de* abrufbar.

ISBN 978-3-8012-0648-2

Copyright © 2023 by
Verlag J.H.W. Dietz Nachf. GmbH
Dreizehnmorgenweg 24, 53175 Bonn

Umschlag: Hermann Brandner, Köln
Umschlagfoto: Libor Hajsky (Prag, 22.8.1968),
© picture alliance/ASSOCIATED PRESS/Libor Hajsky
Satz: Rohtext, Bonn
Druck und Verarbeitung: CPI Books, Leck

Besuchen Sie uns im Internet: *www.dietz-verlag.de*

Inhalt

Blick zurück. Nach vorn!

»Der lange Weg...« wurde auf Vorschlag des DGB gemeinsam mit der CFDT und dem Europäischen Gewerkschaftsinstitut des EGB auf den Buch-Weg gebracht wurde – und im Rahmen des 50. Jahrestages des Europäischen Gewerkschaftsbundes auf Deutsch, Französisch und Englisch gleichzeitig publiziert.

Drei herausragende Historiker – György Dalos (Berlin, Budapest), Ilko-Sascha Kowalczuk (Berlin) und Jean-Yves Potel (Paris) haben vier Brennpunkte der europäischen Demokratiegeschichte und der Geschichte der europäischen Arbeiterbewegung bis zum Ende der 1980er Jahre analysiert.

Intention war es dabei nicht, historisch-literarische Denkmäler aufzustellen, sondern die Bedeutung dieser Ereignisse für die europäische Nachkriegsgeschichte und die Gewerkschaftsbewegung zu beleuchten. Sie wirken bis heute nach und sind Wegweiser für den schwierigen Prozess der Demokratisierung in ganz Europa, der von Hoffnungen, aber auch von erheblichen Rückschlägen geprägt ist – auch in Ländern, die mittlerweile der Europäischen Union angehören, und in manchen Ländern, die sich auf den Weg in die EU begeben haben.

Die Spaltung Europas in Ost und West war ein Resultat des Zweiten Weltkriegs, und damit ging einher die Hegemonie der imperialistisch agierenden Sowjetunion über die Länder Osteuropas. Die Menschen in Osteuropa zahlten für das Ende von Weltkrieg und nationalsozialistischer Diktatur einen hohen Preis.

Pluralismus, bürgerliche Freiheiten wie freie Meinungsäußerung und Pressefreiheit oder unabhängige Gewerkschaften – nicht sie folgten, sondern »Volksdemokratie« und »Partei der Arbeiterklasse« – propagandistische Verschleierungen für ein erneutes totalitäres System. Dessen Kommandozentrale befand sich in Moskau. Insbesondere in der DDR konnte kaum ein Schritt vor den nächsten gesetzt werden, ohne dass der »Große Bruder« sein Einverständnis gab. Unmittelbar nach Kriegsende hatte in der sowjetischen Besatzungszone die »Gruppe Ulbricht« diesen Weg vorgeben. Sie bestand aus deutschen Kommunisten, die unter dem Dach der Komintern im sowjetischen Exil gewesen waren und die Säuberungen des Stalinismus überlebt hatten – durch Gehorsam und »Linientreue«. Diejenigen Kommunisten, die der Parteilinie nicht hatten folgen wollen, waren liquidiert oder verbannt worden, manche auch nach Nazi-Deutschland »exportiert«.

Wie wenig dieses System in den Bevölkerungen einzelner Ostblockstaaten verankert war, zeigte sich 1953 in der DDR, 1956 in Ungarn, 1968 in der Tschechoslowakei und seit Anfang der 80er Jahre in Polen.

In Ungarn wurden Arbeiterräte gegründet, und in der ČSSR entstand die Hoffnung auf einen »Sozialismus mit menschlichem Antlitz«. Intellektuelle verbündeten sich mit der Arbeiterklasse, und die Mehrheit der Bevölkerung stand an der Seite der Reformer und der Aufständischen – auch in der DDR im Juli 1953. Hier fehlte den Reformern allerdings die Luft zum Atmen. In den Gewerkschaften Ungarns und der Tschechoslowakei schlossen sich relevante Kräfte den Reformern an.

Der Frühling währte allerdings jeweils nur kurz. Die sowjetische Vormacht in Osteuropa war bedroht. Die sowjetische Propaganda strapazierte das übliche Narrativ: Es handele sich um eine Verschwörung des US-Imperialismus mit seinen westeuropäischen Handlangern. Faschismus ante portas. Panzer rollten für den Sieg der Roten Armee über Volk und Demokratie.

Polen ist ein bemerkenswerter Sonderfall. Mit »Solidarność« entstand 1980 in Gdansk die erste freie und unabhängige Gewerkschaft im »sozialistischen« Lager, mit einer großen Reichweite und tiefen Verankerung in der polnischen Gesellschaft – eine pluralistische und demokratische »Volksfront«. Der unter dem Druck der Sowjets verhängte »Kriegszustand« 1981 bewahrte das Land vor einer sowjetischen Invasion, war aber alles andere als das Ende von »Solidarność«. Sie überlebte im Untergrund nicht nur, sondern blühte auf – auch mit Unterstützung der in Polen sehr starken katholischen Kirche, was von Teilen der laizistischen Linken in Westeuropa gelegentlich mit Skepsis betrachtet wurde. So entstand der »Runde Tisch« 1989 nach fast zehn Jahren produktiver Illegalität, und aus der Volksdemokratie wurde Demokratie. »Solidarność« gewann die Wahlen. Lech Wałęsa wurde Präsident und Friedensnobelpreisträger und »Solidarność« wurde wieder eine Gewerkschaft. Als politische Bewegung konnte sie nicht überleben.

Die Sowjetunion war politisch, ökonomisch und moralisch bankrott. Auch Gorbatschows Konzept von »Glasnost und Perestroika« kam für ihr Überleben zu spät. Das Ende der sowjetischen Vorherrschaft über Osteuropa war der Beginn der Wiedervereinigung Europas in der Europäischen Union, aber auch des Europäischen Gewerkschaftsbundes. Und nun begibt sich Putin auf den alten Weg und führt einen Angriffskrieg gegen die Ukraine als einen ersten Schritt zur Rekonstruktion der imperialen Macht mit dem Segen der orthodoxen Kirche Russlands.

Europa steht vor neuen Herausforderungen. Die Wiederkehr nationalistischer Ideologien (auch in West- und Südeuropa), das Konzept einer »illiberalen Demokratie« (Ungarn), die Schwächung der Rechtsstaatlichkeit (Polen) und der Versuch, das Konzept der europäischen Integration, zu dem auch supranationale Regelungen gehören, zu unterlaufen, sind eine Gefahr für die politische Kohäsion Europas. Dem zu widerstehen, ist unsere gemeinsame Aufgabe. Hier bei uns und in Europa gesamt. Genau das ist auch das Vermächtnis der Männer und Frauen, die sich dem Totalitarismus widersetzt haben. Wer sicher nach vorne fahren will, der muss in den Rückspiegel schauen. Auf die Ereignisse in Berlin, Budapest, Prag und Gdansk. Das hilft und das verpflichtet.

Reiner Hoffmann und Peter Seideneck

Ilko-Sascha Kowalczuk

Für soziale Gerechtigkeit, Freiheit und Einheit – Der Volksaufstand vom 17. Juni 1953

Nichts kann den Schock, der die Herrschenden der Deutschen Demokratischen Republik (DDR) 1953 überfiel, besser verdeutlichen als ein berühmter Wortwechsel vom 31. August 1989. An diesem Tag traf sich die Generalität des Ministeriums für Staatssicherheit (MfS) in den Diensträumen in Ost-Berlin zu einer turnusmäßigen Dienstbesprechung bei Minister Erich Mielke. Es ging um die politische Lage in der DDR. Die Agonie des Systems war nicht mehr zu übersehen. Die MfS-Spitze zeigte sich besorgt. Bezeichnenderweise fragte Mielke: »Ist es so, dass Morgen der 17. Juni ausbricht?« Der Leiter der MfS-Bezirksverwaltung Gera, Oberst Dieter Dangrieß, beruhigte seinen Minister: »Der ist Morgen nicht, der wird nicht stattfinden, dafür sind wir ja auch da.«[1]

Vom 9. bis zum 12. Juli 1952 fand die 2. Parteikonferenz der Sozialistischen Einheitspartei Deutschlands (SED) statt. Am ersten Tagungstag hielt Walter Ulbricht, der mächtigste SED-Funktionär zwischen 1946 und 1971, eine sechsstündige Grundsatzrede. Unter frenetischem Beifall und Hochrufen rief Ulbricht die historisch gewordenen Worte in die tobende Halle hinein: »In Übereinstimmung mit den Vorschlägen aus der Arbeiterklasse, aus der werktätigen Bauernschaft und aus anderen Kreisen der Werktätigen, hat das Zentralkomitee der Sozialistischen Einheitspartei Deutschlands beschlossen, der 2. Parteikonferenz vorzuschlagen, dass in der Deutschen Demokratischen Republik der Sozialismus planmäßig aufgebaut wird.«[2] Hinter diesem Satz verbarg sich nichts weniger als der nunmehr offensiv betriebene Aufbau des Kommunismus in der DDR. Ulbricht versicherte allen Anwesen-

---

1   Zit. nach: Armin Mitter, Wolle, Stefan (Hrsg.): »Ich liebe euch doch alle«. Befehle und Lageberichte des MfS Januar-November 1989, Berlin 1990, S. 125.
2   Protokoll der Verhandlungen der II. Parteikonferenz der SED. 9. bis 12. Juli 1952 in der Werner-Seelenbinder-Halle zu Berlin. Berlin 1952, S. 58.

den in seinem Schlusswort drei Tage später: »Wir werden siegen, weil uns der große Stalin führt!«[3]

Die SED-Führung hatte die DDR von Anfang an nach sowjetischen Vorgaben und Mustern geformt und geleitet. Sie hatte aber aus taktischen Gründen vermieden, vom Aufbau des Sozialismus zu sprechen. Mit der Verkündung des Beschlusses zum Aufbau des Sozialismus machte die SED-Führung deutlich, dass eine Wiedervereinigung Deutschlands nur denkbar sei, wenn ein sozialistisches Gesamtdeutschland entstehen würde. Die Wiedergewinnung staatlicher Souveränität im Rahmen der westeuropäischen Integration durch die Bundesrepublik, die mit dem Deutschlandvertrag und der Unterzeichnung des Vertrages über die Europäische Verteidigungsgemeinschaft (EVG) im Mai 1952 politische Realität geworden war, hatte die SED-Führung in Zugzwang versetzt und trieb sie dazu, ihre Zukunftsvorstellungen von einer kommunistischen Gesellschaft zu zementieren. Es sollten Entwicklungen beschleunigt und unumkehrbar gemacht werden, die bereits vor der Parteikonferenz in Gang gesetzt worden waren. Dazu zählten etwa der Ausbau des Grenzregimes an der innerdeutschen Grenze, der Aufbau von bewaffneten Streitkräften, die Vorbereitungen für eine groß angelegte Verwaltungsreform, die Reorganisierung der Ministerien, die weitere Formierung der zentralgeleiteten Industrie, der weitere Umbau des Rechtswesens, die allgemeine Militarisierung der Gesellschaft, die Fortführung der Hochschulreform und anderes mehr. Zugleich forcierte die SED-Führung den Sowjetisierungsprozess der Gesellschaft. Dazu gehörten zum Beispiel die geplante Kollektivierung der Landwirtschaft, die Verschärfung der Auseinandersetzung mit den Kirchen oder der Kampf gegen selbstständige Unternehmer, Handwerker und Gewerbetreibende. Die SED-Führung hatte in Konsultationen mit der Moskauer Führung diesen neuen Kurs besprochen und schließlich am 2. Juli 1952 einen Brief an Stalin gerichtet, in dem sie ihn um Zustimmung für die Beschlüsse bat. Er segnete ab.

Die 2. Parteikonferenz rückte die Förderung der Schwerindustrie in den Mittelpunkt. Folge dieser Politik waren weitere Engpässe in der Versorgung der Bevölkerung. Zwar gelang es unter Mühen bis 1953, die zerrüttete Wirtschaft wiederaufzubauen. Die Entwicklung der Konsumgüterindustrie blieb jedoch zurück. Trotz vieler Versprechungen der SED-Führung war der Lebensstandard niedrig. Fett, Fleisch und Zucker mussten rationiert werden,

3   Ebenda, S. 464.

die Lebensmittel- und Energiezuweisungen (Kartensystem) waren sehr knapp bemessen, viele Güter waren Mangelware, die Qualität ließ oft zu wünschen übrig. Die hohen Preise in den HO-Läden erwiesen sich für die meisten Arbeiter als unerschwinglich. Das Durchschnittseinkommen betrug 1952 308 Mark. In den HO-Läden kosteten ein Kilo Zucker 12 Mark, ein Kilo Butter 24 Mark oder ein Kilo Schweinefleisch 15 Mark. Außerdem belasteten eine noch immer zerrüttete Infrastruktur, Stromsperren, schlechte Wasserqualität und Rationierungen den Alltag.

Am 2. Oktober 1952 verabschiedete die Volkskammer verschiedene Gesetze. Im Gerichtsverfassungsgesetz hieß es im § 2: »Die Rechtsprechung der Gerichte der Deutschen Demokratischen Republik dient dem Aufbau des Sozialismus, der Einheit Deutschlands und dem Frieden.« Die neue Strafprozessordnung legte fest, »örtlich zuständig ist auch das Gericht, in dessen Bereich der Beschuldigte auf Anordnung eines staatlichen Organs untergebracht ist«. Diese Festlegung räumte dem MfS die Möglichkeit ein, Gericht oder Richter nach ihrer politischen »Zuverlässigkeit« auszuwählen. Für die Justizpraxis noch bedeutender war das »Gesetz zum Schutze des Volkseigentums und anderen gesellschaftlichen Eigentums«. Dieses Gesetz prägten erziehungsdiktatorische Merkmale. Es sollte mit staatsterroristischen Mitteln den Menschen die neue sozialistische Eigentumsmoral eingeschärft werden. Innerhalb weniger Wochen verurteilten die Richter entsprechend diesen gesetzlichen Vorgaben über 10.000 Menschen, zumeist Arbeiter, zu hohen Zuchthausstrafen.

Eng mit den Justizorganen arbeitete das Ministerium für Staatssicherheit zusammen. Anfangs (Ende 1949) arbeiteten hier etwa 1.100 Mitarbeiter vorwiegend in den Länderverwaltungen für Staatssicherheit. Der Mitarbeiterstamm vervierfachte sich binnen zwei Jahren auf rund 4.500 (Ende 1951) und wuchs anschließend innerhalb eines Jahres auf mehr als das Doppelte an, auf etwa 10.700 Mitarbeiter. Die Stasi agierte in diesem Zeitraum als verlängerter Arm der sowjetischen Geheimpolizei.

Nach der 2. Parteikonferenz verschärften sich die Steuerpolitik und die Praxis beim Eintreiben von Steuer- und Ablieferungsschulden, unter denen vor allem Bauern und die Mittelschichten zu leiden hatten. Die SED-Führung versuchte so, mit den ökonomischen und Konsumproblemen fertig zu werden. Für ihre Wirtschafts- und Gesellschaftspolitik benötigte sie finanzielle Mittel. Vor allem die Mittelschichten, so sahen es die SED-Planungen vor, sollten diese beisteuern. Deren ökonomische Leistungskraft war aber zur selben Zeit durch die SED-Politik erheblich beeinträchtigt. Die SED propagierte ein »Sparsamkeitsregime«, das wiederum vor allem Selbstständige traf. Hausbesitzern, in West-Berlin arbeitenden, aber in Ost-Berlin lebenden Personen, Großbauern und vielen anderen, insgesamt über zwei Millionen Menschen, wurden die Lebensmittelkarten entzogen, sodass sie nur noch in den überteuerten HO-Läden einkaufen konnten. Fahrpreise, Preise für Genussmittel und Lebensmittel schnellten in die Höhe. Wer beim Diebstahl erwischt wurde, musste mit drastischen Strafen als Saboteur rechnen. Fünf Männer wurden Januar 1953 in Halle zu hohen Haftstrafen verurteilt, weil sie angeblich Zement in einem Gesamtwert von 2394 Mark veruntreut hatten. Ein Angeklagter erhielt vierzehn, zwei jeweils zwölf und ein vierter zehn Jahre Zuchthaus. Sämtliches Vermögen, zwei Verurteilte waren Firmeninhaber, zog der Staat ein. Der fünfte Angeklagte kam mit zwei Jahren Gefängnis verhältnismäßig glimpflich davon. Eine Frau wurde vom Stadtbezirksgericht Berlin-Pankow im Februar 1953 zu einem Jahr Zuchthaus verurteilt, weil sie sechs Taschentücher mit nach Hause genommen hatte. In Roßlau erhielten zwei Arbeiter im Januar 1953 je ein Jahr Zuchthaus, weil sie aus einem Waggon eine Weintraubenrebe entwendet hatten. Ein Lagerarbeiter aus Luckenwalde wurde gar zu drei Jahren Haft verurteilt, weil er den Diebstahl eines Paares Hausschuhe durch einen anderen geduldet hatte. Von solchen Urteilen gab es 1952/53 tausende; allein im März 1953 liefen 3.500 entsprechende Verfahren. Eine Richterin begründete Ende März 1953 diese Justizpraxis: »Wenn jemand 10 Gramm Reißwolle nimmt, so bringt er damit zum Ausdruck, dass er eine falsche Einstellung zum Volkseigentum hat, die sich auch in seiner Arbeitsmoral, seinem sonstigen Verhalten und seinen Diskussionen äußert. Hier haben wir durch das Gesetz die Möglichkeit, das Bewusstsein unserer Bevölkerung entscheidend zu ändern.«[4] Im Mai 1953 saßen etwa 66.400 Häftlinge in Zuchthäusern, Gefängnissen und Arbeitslagern, die Mehrheit davon waren Arbeiter.

Nach der 2. Parteikonferenz lag der Schwerpunkt neben dem Auf- und Ausbau der Schwerindustrie auf der Kollektivierung in der Landwirtschaft. Zwar war es bis zum Juli 1952, beginnend im April 1952, zu vereinzelten Gründungen von Landwirtschaftlichen Produktionsgenossenschaften (LPG) ge-

---

4   Zit. in: Dieter Pohl: Justiz in Brandenburg 1945-1955. Gleichschaltung und Anpassung. München 2001, S. 244.

kommen, aber in dieser Phase verliefen die LPG-Gründungen weitgehend auf freiwilliger Basis. Das änderte sich nach der 2. Parteikonferenz.

Als Ergebnis der Bodenreform gab es 1950 auf dem Gebiet der DDR nahezu 889.000 landwirtschaftliche Betriebe, davon rund 95 Prozent in privater Hand. Die Agrarproduktion hatte in den wichtigsten Produktionsbereichen das Vorkriegsniveau wieder erreicht. Gerade vor dem Hintergrund der agrarwirtschaftlichen Effizienz und Produktivität erwies es sich als wirtschaftlich geradezu töricht, die Sozialstruktur auf dem Land nach der Bodenreform ein zweites Mal zu verändern. Allerdings waren die Bauern neben dem gewerblichen Mittelstand die zweite große Gruppe Selbstständiger, die dem von der SED betriebenen Aufbau des Sozialismus »objektiv« entgegenstanden. Die Großbauern sollten als soziale Gruppe beseitigt, die Klein- und Mittelbauern kollektiviert werden. Das führte dazu, dass 1952 bis zum 17. Juni 1953 mehr als 15.000 Bauern ihre eigenen Höfe verließen und in den Westen flüchteten. Hinzu kam noch, dass tausende Neubauern die Landwirtschaft verließen, sodass ernsthafte Versorgungslücken entstanden.

Das Ansinnen der SED, ihre Vorstellungen rigoros in allen Lebensbereichen durchzusetzen, beförderte ständig neue Konflikte. So verhärtete sich 1952/53 die Haltung von Staat und SED gegenüber den Kirchen. Betroffen waren hauptsächlich die Evangelischen Kirchen, denen etwa 80 Prozent der Bevölkerung angehörten. In der Sowjetischen Besatzungszone (SBZ) und dann in der DDR waren die Kirchen die einzigen autonomen Großorganisationen geblieben, die nicht von der SED kontrolliert wurden. Da die Evangelische Kirche eine gesamtdeutsche Klammerfunktion behalten wollte und sich gegen die diktatorischen Methoden der SED wandte, warf diese ihre Staatsgefährdung vor. Zu den immerhin fast 15 Millionen evangelischen Bürgern von 18 Millionen Bürgern der DDR insgesamt kamen zwei Millionen Katholiken hinzu. In den folgenden Jahren und Jahrzehnten erlebte die DDR einen einschneidenden Entkirchlichungsprozess, der auch durch die atheistisch geprägten Verfolgungskampagnen provoziert worden war.

Zunächst wurden nur die Kirchenleitungen angegriffen. 1952/53 ging die SED dann zum Generalangriff, zur »Liquidierungsphase« über. Der Hauptstoß richtete sich gegen die »Jungen Gemeinden« der Evangelischen Kirchen, in denen über 125.000 junge Menschen engagiert waren. Am 27. Januar 1953 beschloss das SED-Politbüro Maßnahmen gegen die Junge Gemeinde als Ganzes. Sie sollte in der Öffentlichkeit als eine »Tarnorganisation für

Kriegshetze, Sabotage und Spionage, die von westdeutschen und amerikanischen imperialistischen Kräften dirigiert wird«, entlarvt werden. Der Generalstaatsanwalt beim Obersten Gericht wurde beauftragt, in mehreren Bezirks- und Kreisstädten kurz nacheinander öffentliche Prozesse abzuhalten, um die einzelnen Jungen Gemeinden als »Sabotage- und Feindorganisationen« zu überführen. Zugleich wurde an jeder Oberschule ein hauptamtlicher Funktionär der Freien Deutschen Jugend (FDJ) angestellt. Um den christlichen Einfluss weiter zurückzudrängen, sollte der altsprachliche Unterricht von den Schulen verbannt und Religionsunterricht verboten werden. Viele weitere Einschränkungen folgten, so wurden zum Beispiel das »Tragen des so genannten Bekenntniszeichens« (Kugelkreuz) und die Herausgabe und Verbreitung von kirchlichen Jugendzeitschriften verboten. Das Zeichen der Jungen Gemeinde wurde zum Widerstandssymbol – Tausende trugen es trotz Verbot und Verfolgung.

Für viele Menschen kam als letzter Ausweg nur die Flucht in die Bundesrepublik in Frage. 1952 gingen diesen Weg über 182.000 Ostdeutsche aus allen sozialen Gruppen, im Krisenjahr 1953 weitere 331.000 Personen. Für die SED-Führung war die Massenflucht ein besonderes Ärgernis, weil, wie der Chefredakteur der Zeitung *Neues Deutschland* Rudolf Herrnstadt am 6. Juni 1953 in seinen Notizen festhielt, »jeder Flüchtling ein Propagandist gegen die SED« sei.

Die Norm- und Lohnfrage war schon vor der Gründung der DDR ein sozialer und politischer Konfliktstoff zwischen der Arbeiterschaft und der SED-Führung. Zu offenen Konflikten kam es jedoch nur selten. Das änderte sich, als die SED-Führung und die Leitung des Freien Deutschen Gewerkschaftsbundes (FDGB) 1951 »Betriebskollektivverträge« (BKV) einführten. In diesen wurde der innerbetriebliche Ablauf geregelt, soweit er nicht in Gesetzen verankert war. Die BKV lösten nach sowjetischem Muster die bisher üblichen Tarifverträge ab. In insgesamt fast 5.000 Volkseigenen Betrieben (VEB) sollen solche Verträge 1951 abgeschlossen worden sein. Allerdings sind sie zumeist gegen den Widerstand der Belegschaften eingeführt worden. In vielen Großbetrieben lehnten die Belegschaften die Betriebskollektivverträge ab. Sie opponierten dagegen, weil neben der Festlegung höherer Produktionskennziffern und den damit verbundenen höheren Normen zum Beispiel Zuschläge und Prämien wegfielen. In Sachsen waren Anfang Juli 1951 von den vorgesehenen 2.667 abzuschließenden BKV aufgrund des Widerstands tatsächlich erst 109 abgeschlossen. Diese Zahl deutet an, dass es bereits 1951 zu offenen Konflikten in den Betrieben kam. Dabei schreckten die Arbeiter auch vor Streiks nicht zurück. Da der Staat faktisch als Arbeitgeber auftrat, nahmen soziale Konflikte zwischen Arbeitnehmern und Arbeitgebern die Qualität politischen Widerstands an. Diese Konflikte stellten das Postulat vom Arbeiter-und-Bauern-Staat offen in Frage. Arbeitslosigkeit war 1952/53 nur noch ein Randphänomen.

Die 2. Parteikonferenz schrieb fest, dass die Erhöhung der Arbeitsproduktivität, die Senkung der Selbstkosten, die umfassendere Einführung der »technisch begründeten Arbeitsnormen« (TAN) und anderes mehr zu den dringendsten Aufgaben bei der wirtschaftlichen Entwicklung gehörten. Obwohl die Zeitungen voll waren mit Berichten, in denen über die ständige Übererfüllung der Pläne berichtet wurde, war allen bewusst, dass die wichtigsten Wirtschaftszweige weit davon entfernt blieben, die im Fünfjahrplan gesetzlich festgeschriebene Erhöhung der Arbeitsproduktivität um 72 Prozent zu erreichen. Die SED-Führung sah dafür in den zu hohen Selbstkosten den Hauptgrund. Die Arbeiter wussten demgegenüber, dass durch Energie- und Materialmangel, ineffektive Maschinen, fehlendes Werkzeug, fehlende Ersatzteile und nicht zuletzt durch eine ineffiziente Arbeitsorganisation die Produktionspläne nur auf dem Papier erfüllt werden konnten. Was die meisten Arbeiter aber besonders störte, war, dass dadurch gerechte Leistungslöhne illusionär blieben. Das war der Hauptgrund, warum sich die Arbeiterschaft gegen die Einführung neuer Normen wehrte. Denn das Fragwürdige an den »technisch begründeten Arbeitsnormen« war, dass sie als Mittelwert aus der durchschnittlichen Normerfüllung und der Leistung der Aktivisten ermittelt wurden. Da jeder Arbeiter wiederum aus eigener Anschauung wusste, dass die Aktivisten ihre beträchtlichen Übererfüllungen nur erreichen konnten, weil die Betriebsleitungen ihnen dafür günstigste und einmalige Produktionsbedingungen boten, die keinem Arbeiter im Arbeitsalltag zur Verfügung standen, waren solche TAN oft unrealistisch. Und obwohl im Arbeitsgesetz festgelegt war, dass durch Normenerhöhung kein Lohnabfall erfolgen dürfe, war dies schon vor der Streichung des entsprechenden Paragrafen im Mai 1953 längst der Fall.

Die Unzufriedenheit der Arbeiter mit der Politik nach der 2. Parteikonferenz zeigte sich im Ansteigen der offenen innerbetrieblichen Auseinandersetzungen. Kleinere Streiks – in der DDR-Verfassung war das Streikrecht bis

1968 offiziell garantiert, praktisch aber war jeder Streik illegal – traten nun häufig auf, aber nur in seltenen Fällen legten ganze Belegschaften die Arbeit nieder. Zumeist ging es um Lohnfragen, Prämien, Normen und innerbetriebliche Sozialverhältnisse. Das Spannungsverhältnis zwischen Arbeiterschaft und Staatsmacht nahm kontinuierlich zu.

Es wurde noch verschärft, als Walter Ulbricht im November 1952 eingestand, dass sich die Wirtschaft in einer Krise befände. »In den neun Monaten des Jahres 1952 wurden von 140 Positionen, die außerordentliche volkswirtschaftliche Bedeutung haben, 88 Positionen nicht erfüllt.«[5] Die SED-Führung wusste sich nicht anders zu helfen, als eine Erhöhung der Arbeitsproduktivität, die Senkung der Selbstkosten und die flächendeckende Einführung der »technisch begründeten Arbeitsnormen« – alles auf Kosten der Arbeiter – zu beschließen. Nicht einmal die örtlichen Betriebsleiter trugen in vollem Umfang die Wirtschaftspolitik mit. Ihnen war die schwelende Gefahr, einen Streik auszulösen, bewusst.

Ende 1952 begann eine regelrechte Streikwelle in der DDR. An vielen Orten streikten Arbeiter stunden- oder schichtweise, weil sie gegen ungerechte Prämien- und Weihnachtsgeldverteilung aufbegehrten. Besonders heftig tobte der Arbeitskampf in Magdeburg, einer Stadt mit ausgeprägten sozialdemokratischen Traditionen, die in den frühen fünfziger Jahren zu den Krisenzentren der DDR zählte. Der Protest keimte hier auf, als bekannt wurde, dass Funktionäre über 100 Prozent ihres Gehaltes als Jahresendprämie, die meisten Arbeiter und Lehrlinge dagegen sehr wenig oder überhaupt nichts erhielten. In Magdeburger Großbetrieben kam es wegen dieser Ungerechtigkeiten zu erbitterten Diskussionen und offenen politischen Auseinandersetzungen. Da sich trotzdem nichts änderte, gingen die Arbeiter zu Streiks über. Die Arbeiter konnten erst beruhigt werden, nachdem die Werkleitung ihnen einige Zugeständnisse eingeräumt hatte. Die Streikenden artikulierten Forderungen und Meinungen, die über innerbetriebliche Aspekte hinausgingen. Gegen die Presse erhoben sich ebenso Stimmen wie gegen die »SED-Demokratie«. Die Magdeburger Vorgänge sind ein Beispiel dafür, dass es zumeist sozialer Anlässe bedurfte, um prinzipiellen politischen Protest zu artikulieren.

5   Walter Ulbricht: Lehren des XIX. Parteitages der KPdSU für den Aufbau des Sozialismus in der DDR. Referat auf der 10. Tagung des ZK vom 20. bis 22. November 1952. Berlin 1952, S. 28.

Die Gewerkschaft FDGB war 1953 nur noch ein bloßer Transmissionsriemen der SED, so wie es Lenin festgeschrieben hatte.[6] Die SED-Führung versuchte gemeinsam mit dem FDGB-Bundesvorstand, Kampagnen auszulösen, um die Normen zu erhöhen. Dabei schreckten sie immer weniger vor diskriminierenden Maßnahmen zurück. Betriebsessen sollte entsprechend der erzielten Leistung verabreicht werden, sodass eine Reihe Arbeiter ohne warmes Mittagessen auskommen musste. Solche und ähnliche Schritte schürten die Unzufriedenheit der Arbeiter und provozierten Widerstand. Er äußerte sich im rapiden Ansteigen von Kurzstreiks, die immer mehr Betriebe und Regionen betrafen. Nachdem der FDGB-Bundesvorstand im März 1953 einen Beschluss »zur Organisierung einer Bewegung für die Erhöhung der Arbeitsnormen« gefasst hatte, wuchs der unmittelbare Druck auf die Belegschaften. Immer wieder mussten die Berichterstatter der SED festhalten, dass die »negativen Diskussionen« mit prinzipieller Kritik am System zunahmen. Aus den Berichten des Monats April sind zum Beispiel Argumentationen wie die folgenden häufig wenn auch in unterschiedlichen Varianten überliefert: »Wir haben keine Demokratie, sagt jemand ein Wort, landet er in Sibirien. In keinem kapitalistischen Land wären solche Maßnahmen der Regierung möglich, da gäbe es Streiks und Aufruhr.« Oder: »In der Presse wird den Menschen alles so wunderbar dargestellt, in Wirklichkeit schimpft alles.«[7] In den meisten Bezirken kam es schon im April zum vermehrten Anbringen von »Hetzlosungen« in Betrieben. Der SED-Führung blieb die wachsende Unruhe der Bevölkerung nicht verborgen.

Als am 14. Mai 1953 die 13. Tagung des Zentralkomitees (ZK) der SED eine generelle und bindende Erhöhung der »Arbeitsnormen um durchschnittlich mindestens 10 Prozent bis zum 1. Juni 1953« beschloss und der Ministerrat diesen Beschluss zwei Wochen später zum Gesetz erhob, veränderte sich die

---

6 Vgl. Christoph Kleßmann: Arbeiter im »Arbeiterstaat« DDR. Deutsche Traditionen, sowjetisches Modell, westdeutsches Magnetfeld (1945 bis 1971). Bonn 2007; Stefan Paul Werum: Gewerkschaftlicher Niedergang im sozialistischen Aufbau. Der Freie Deutsche Gewerkschaftsbund (FDGB) 1945 bis 1953. Göttingen 2005; Detlev Brunner: Sozialdemokraten im FDGB. Von der Gewerkschaft zur Massenorganisation, 1945 bis in die frühen 1950er Jahre. Essen 2000; Helke Stadtland: Herrschaft nach Plan und Macht der Gewohnheit. Sozialgeschichte der Gewerkschaften in der SBZ/DDR 1945-1953. Essen 2001.

7 SAPMO BA, DY 30 2/5/273, Bl. 138-139.

Situation. Zwar hatte der Ministerrat die Normenerhöhung erst zum 30. Juni 1953 – zum 60. Geburtstag Walter Ulbrichts – angeordnet, nun aber waren den Betriebsleitern die Hände gebunden. Dass später oft beklagt wurde, allein die »administrative Einführung« der neuen Arbeitsnormen habe den Protest der Arbeiter hervorgerufen, ist nicht zutreffend. Den betrieblichen Leitungen blieb aufgrund der Gesetzeslage nichts anderes übrig, als die neuen Normen befehlsmäßig anzuordnen.

Wegen der Normenerhöhung, zu geringen Lohnes und ähnlicher den Lebensalltag beeinträchtigender Maßnahmen kam es auch im Mai 1953 zu einer Vielzahl von Arbeitsniederlegungen, die die Streiks der Vormonate quantitativ noch überstiegen. In einer Analyse der SED-Führung über die Ursachen, die zur Volkserhebung im Juni führten, wurde festgestellt: »Erste Signale waren, dass es in einer größeren Anzahl von Betrieben bereits vor der Veröffentlichung des Kommuniqués zu kurzfristigen Streiks vor allem gegen die nunmehr angeordnete administrative Normenerhöhung kam.«[8]

In großen Lettern prangte am 7. März 1953 auf der Titelseite von *Neues Deutschland*: »Das Herz des größten Menschen unserer Epoche, des Genossen J. W. Stalin, hat aufgehört zu schlagen.« Die Kommunisten der ganzen Welt hatten am 5. März 1953 ihren Anführer verloren. Im Frühjahr 1953 offenbarten sich zugleich die Grenzen beim Aufbau des Sozialismus. Die wirtschaftlichen Möglichkeiten und die Geduld der Bevölkerung waren erschöpft. Die Rückwirkungen der Massenrepressalien waren billigend in Kauf genommen worden, sofern sie überhaupt bedacht worden sind. Die Vertreibung der Mittelschicht erwies sich als gesellschaftspolitischer Bumerang. Handels- und Versorgungsstrukturen waren der ideologisch begründeten Verstaatlichung geopfert worden, die systemspezifischen Alternativen befanden sich in einem flächendeckend nicht funktionstüchtigen Aufbaustadium. Das massenhafte Abwandern der Bauern hinterließ ernste Versorgungslücken. Vor allem das Ansteigen der Fluchtbewegung veranlasste Moskau schließlich zum Eingreifen. Allein im März 1953 flüchteten knapp 31.000 Menschen aus der DDR, das waren fast 10.000 mehr als im Vormonat. Die Moskauer Führungsspitze begründete die Kurskorrektur in der DDR mit Blick auf die Fluchtbewegung. Versorgungsmängel, die erheblich

8 ZK der SED, Abt. LOPM, Analyse über die Vorbereitung, den Ausbruch und die Niederschlagung des faschistischen Abenteuers vom 16.–22.6.1953, 20.7.1953. SAPMO-BA, DY 30, I IV 2/202/15 (S. 29).

eingeschränkte Freiheit und die tiefe ökonomische Krise der DDR standen in einem starken Kontrast zu den Verhältnissen in der Bundesrepublik, wo die Wirtschaft seit der zweiten Jahreshälfte 1952 einen sichtbaren Aufschwung erlebte. Alarmiert von den Krisenzeichen in der DDR und dringenden Bitten der SED-Spitze um Hilfe, übermittelte am 13. April 1953 der Chef der Sowjetischen Kontrollkommission (SKK), Wassili Tschuikow, dem ZK der SED, dass es mit sowjetischer Hilfe rechnen könnte. Tatsächlich folgten beträchtliche volkswirtschaftliche Erleichterungen, die Reparationsleistungen gingen deutlich zurück. Ziel war es, die ostdeutsche Volkswirtschaft zu entlasten und stärker auf den Binnenmarkt zu orientieren.

Im April 1953 verfassten Mitarbeiter im sowjetischen Außen- und Innenministerium Berichte über die Lage in der DDR. Die SKK erhielt die Anweisung, Vorschläge zu erarbeiten, um die Situation zu verändern. Auf der Grundlage der Analysen und der SKK-Vorschläge beriet der Ministerrat der UdSSR im Mai 1953 mehrmals über die Situation in der DDR. Walter Ulbricht, der treueste Vasall Stalins, galt nunmehr als Hauptexponent der falschen gesellschaftlichen Entwicklung. Die Kollektivierung der Landwirtschaft sollte nicht mehr betrieben werden. Außenminister Molotow und sein für Deutschland zuständiger Stellvertreter Andrej Gromyko waren sich einig, dass Ulbrichts Maßnahmen gegen die Mittelschichten zu radikal seien. Es sei auf jede Maßnahme zu verzichten, die in der Bevölkerung harsche Ablehnung hervorrufen könnte. Ausdrücklich ging es um die Entschärfung einer Politik, mit der die bürgerlichen und bäuerlichen Schichten bekämpft worden waren. Die besonderen Probleme der Arbeiter spielten kaum eine Rolle. Am 27. Mai 1953 tagte das Präsidium des sowjetischen Ministerrates, um die Vorlage »Über weitere Maßnahmen der sowjetischen Regierung in der deutschen Frage« zu beraten. Der berüchtigte Innenminister Berija, der sich anschickte, Stalins Nachfolger zu werden, soll auf dieser Sitzung gesagt haben, die DDR sei kein richtiger Staat und würde allein durch die sowjetischen Truppen künstlich am Leben erhalten. Angeblich sollen er und andere daran gedacht haben, die DDR für ein milliardenschweres Dollargeschäft kompensatorisch aufzugeben. Der sowjetische Ministerrat nahm die erwähnte Vorlage an und beschloss, die DDR außenpolitisch zu stärken. Er löste die SKK auf und setzte statt deren ein Hochkommissariat – wie sie in der Bundesrepublik von den Westmächten bereits existierten – ein. Dadurch erhoffte die sowjetische Regierung, bei der DDR-Bevölkerung einen höheren

Ansehensbonus der Grotewohl-Ulbricht-Regierung erzielen zu können. Zugleich beorderte sie eine SED-Delegation nach Moskau.

Vom 2. bis 4. Juni weilte eine dreiköpfige SED-Delegation in Moskau, um die Beschlüsse über den »Neuen Kurs« in Empfang zu nehmen. Die Delegation bestand aus SED-Generalsekretär Walter Ulbricht, Ministerpräsident Otto Grotewohl und dem ZK-Sekretär für Propaganda, Politbüromitglied Fred Oelßner. Dieser fungierte bei den Gesprächen als Dolmetscher. Auf sowjetischer Seite waren die ranghöchsten sowjetische Funktionäre anwesend. Die sowjetische Regierung übernahm selbstkritisch die Verantwortung für die 2. SED-Parteikonferenz. Sie sei der Grund für die rapide verschlechterte Situation. Das Papier – ein Geheimpapier, das bis 1990 gut gehütet blieb – bilanzierte ein umfassendes Scheitern des beschleunigten Aufbaus des Sozialismus in der DDR. Die gesellschaftliche Entwicklung in der DDR war nach Ansicht der Moskauer Führung in eine Sackgasse geraten. Das politische Regime drohte auseinander zu brechen.

Die von der sowjetischen Führung dekretierten »Maßnahmen zur Gesundung der politischen Lage« umfassten ein Bündel von Änderungen: Rücksichtnahme auf die Einstellung der Bauern zur Zwangskollektivierung, Stärkung bäuerlicher Wirtschaften, Förderung von Privatkapital und Privatunternehmern, Änderung des Fünfjahrplans der Volkswirtschaft unter stärkerer Berücksichtigung der Konsumgüterproduktion, Abkehr von der Dominanz der Schwerindustrie, Maßnahmen zur Stabilisierung der DDR-Währung und zur Durchsetzung der Gesetzlichkeit, Beseitigung des bloßen Administrierens, Gewinnung der Intelligenz für die politische Arbeit, Propagierung der Wiederherstellung der deutschen Einheit und eines Friedensvertrages, stärkere gesellschaftliche Einbindung der Partei- und Massenorganisationen sowie die Einstellung des Kampfes gegen die Kirchen. Außerdem stellte die Moskauer Führung wirtschaftliche Unterstützung, die Lieferung von Lebensmitteln und eine Lockerung des Besatzungsregimes in Aussicht. Der SED-Delegation, die von dem neuen sowjetischen Kurs total überrascht war und anfangs offenbar ängstlich, aber auch bockig reagierte, trat eine geschlossen auftretende Führungsgruppe entgegen. Machtkämpfe im Kreml, die ausgebrochen waren, spielten in diesen Tagen keine Rolle. Im Verlauf der Unterredungen am 3. Juni zeigte sich Berija ungeduldig im Hinblick auf eine den deutschen Genossen in der Nacht abverlangte selbstkritische Stellungnahme: »Das Dokument könnt Ihr wieder mitnehmen.«

Ein anderer Funktionär fügte geringschätzig hinzu: »Unser Dokument ist Wendung, Euer Dokument ist Reform.« Regierungschef Malenkow mahnte die drei SED-Führer, nicht um ihr Prestige zu fürchten, und warnte vor einer »Katastrophe«, falls die Kurskorrekturen nicht sehr schnell erfolgten. Ulbricht und seine Begleiter waren auf eine derart massive Kritik nicht eingestellt. Die sowjetische Parteiführung sah keine Veranlassung für eine Diskussion mit der SED-Spitze.[9]

Mit der Rückkehr der SED-Funktionäre nach Ost-Berlin begann ab dem 5. Juni eine hektische Betriebsamkeit. In Sitzungen am 5., 6. und 9. Juni versuchte das SED-Politbüro den neuen Moskauer Kurs umzusetzen. Gleichwohl scheint die SED-Führung die Tragweite, wie diese Beschlüsse von der Bevölkerung aufgenommen werden könnten, nicht annähernd einkalkuliert zu haben. Auf der ersten Politbürositzung wurden eingehend die praktischen Folgen des »Neuen Kurses« diskutiert. Man besprach die bereits in Moskau skizzierten Umsetzungsschritte. Zugleich übten die meisten Politbüromitglieder zum Teil scharfe Kritik am persönlichen Regiment Walter Ulbrichts – seine Macht stand zur Disposition.

Die SED-Führung verabschiedete am 9. Juni 1953 ein Dokument, das als »das« Kommuniqué in die SED-Geschichte einging. Das Kommuniqué ist ab dem 10. Juni über die Rundfunksender verbreitet und am 11. Juni auf der Titelseite des Neuen Deutschlands publiziert worden. Ohne mit einem Wort auch nur anzudeuten, dass dieses Dokument von Moskau diktiert worden war, kündigte die SED-Führung eine Kurskorrektur an und bekannte, verantwortlich für »Fehler« zu sein. Diese listete sie auf, indem sie aufzählte, welche konkreten Veränderungen zügig umgesetzt werden sollten: Zurücknahme der Einschränkungen in der Lebensmittelkartenversorgung, der Zwangskollektivierung, der drastischen Steuererhebungen dies alles habe zur massenhaften »Republikflucht« geführt. Die deutsche Einheit sei nach wie vor das Ziel der SED-Politik. Das Lebensniveau sollte deutlich angehoben, der private Mittelstand wieder gefördert werden. »Republikflüchtlinge«, die zurückkehren möchten, würden nicht belangt, ihr eingezogener Besitz zurückgegeben werden. Der Kampf gegen die Kirchen solle eingestellt und Exmatrikulationen rückgängig gemacht werden. Verurteilte oder in Untersuchungshaft einsitzende Personen, »die nach dem Gesetz zum

9   András B. Hegedüs, Manfred Wilke (Hrsg.): Satelliten nach Stalins Tod. Der »Neue Kurs«, 17. Juni 1953 in der DDR, ungarische Revolution 1956. Berlin 2000.

Schutz des Volkseigentums zu ein bis drei Jahren Haft verurteilt worden sind«, seien schnell zu entlassen.

Mit dieser Erklärung hatte die SED-Führung Fehler zugegeben und sich für die gesellschaftlichen Missstände verantwortlich gezeigt. Ein Vorgang von singulärer Bedeutung in der Geschichte der SED. Am 11. Juni tagte der DDR-Ministerrat, der sich das Kommuniqué des SED-Politbüros zu eigen machte. Die wenigen Worte des Kommuniqués schockten die Funktionäre. Das verschärfte sich dadurch, dass die SED-Führung Kommentare und Anweisungen zur Umsetzung des »Neuen Kurses« unterließ. Zwar beorderte das Politbüro die 1. Sekretäre der SED-Bezirksleitungen am 8. Juni nach Berlin und, Ulbricht gab noch am 9. Juni neue Richtlinien heraus. Aber das bezog sich weniger auf Inhalte als vielmehr auf eine intensivierte Informations- und Berichtätigkeit. Am Samstag, dem 13. Juni 1953, publizierte zwar *Neues Deutschland* auf seiner ersten Seite einen großen Kommentar unter der Überschrift »Zu den Beschlüssen des Politbüros des Zentralkomitees der SED«, in dem die Terrorurteile gegen die Mittelschichten kritisiert wurden, aber insgesamt vermittelte der Beitrag den Eindruck, als richte die SED-Spitze nun, was *die Regierung* angeblich versäumt und verschuldet habe. Eine zentralistisch aufgebaute Partei, wie es die SED war, benötigte dringend Handlungsanleitungen, um agieren und reagieren zu können. Weil diese ausblieben, war die Partei weitgehend führer- und reglos.

Die zahllosen Stimmungsberichte seit 12. Juni 1953 verdeutlichen, als was der »Neue Kurs« der SED angesehen wurde: als Bankrotterklärung. Das Kommuniqué war Gesprächsstoff in der gesamten Gesellschaft. Über erregte Diskussionen hinaus begannen offene Proteste. Sechs Arbeiter eines privaten Fuhrunternehmens, in manchen Berichten ist von bis zu zwanzig die Rede, versammelten sich am 12. Juni 1953 vor dem Gefängnis in Brandenburg und forderten die Freilassung ihres zu einer Zuchthausstrafe verurteilten Chefs. Nach kurzer Zeit beteiligten sich an dieser Demonstration bis zu 5.000 Personen. Die Justizangestellten ließen den Mann einfach frei. So etwas kam in mehreren Orten vor.

Allgemein erwarteten die Arbeiter, dass die Normenerhöhungen zurückgenommen würden. Am 12. Juni wurden in der Mathias-Thesen-Werft Wismar »in einer Versammlung die Redner der Partei und die Beschlüsse des Politbüros verhöhnt, und es gab Forderungen auf freie Wahlen und Rücktritt der Regierung«. In den folgenden Tagen kam es in vielen Betrieben immer häufiger zu kurzzeitigen Arbeitsniederlegungen. Am 16. Juni fand eine Belegschaftsversammlung im Reichsbahnausbesserungswerk »Einheit« Engelsdorf statt, »wo die Arbeiter und Angestellten in einer Resolution den Rücktritt der Regierung, die Durchführung geheimer Wahlen und die Freilassung aller politischen Häftlinge forderten.« Eine Delegation, der auch der Werksleiter und der Gewerkschafts-Vorsitzende angehörten, überreichte diese Resolution der SED-Kreisleitung Leipzig-Land: »Sie stellten die obligatorische Forderung, diese Resolution sofort im Rundfunk zu verlesen, anderenfalls [würde] mit dem Streik begonnen.«[10] Die in dieser Belegschaftsversammlung beschlossene Resolution zeigt, dass es keiner westlichen Mentoren bedurfte, um politische Forderungen in den Betrieben aufzustellen. Auffällig an den offen zutage tretenden Unruhen war zum einen, dass sie vor allem von Arbeitern der Groß- und Baubetriebe getragen wurden, die oftmals gegenüber anderen lohnprivilegiert waren. Zum anderen breiteten sich Aktionen der Arbeiterschaft vor allem in den ehemaligen Zentren der sozialdemokratischen Arbeiterbewegung aus.

Die SED-Führung erwog zunächst keine Zugeständnisse an die Arbeiter: Der Normenbeschluss vom Mai blieb unangetastet. Am 14. Juni 1953 erschien auf der letzten Seite von *Neues Deutschland* ein Artikel, der die Überschrift trug: »Es wird Zeit, den Holzhammer beiseitezulegen.« Unter anderem hieß es dort: »Die Parteiorganisation des VEB Wohnungsbau muss sich dafür einsetzen, dass die Beschlüsse unserer Regierung und Partei nicht diktatorisch und administrativ durchgeführt werden.« Die Normenerhöhung hatte die SED-Leitung administrativ eingeführt und zum Gesetz erhoben. Sie selbst dekretierte die Art und Weise der Einführung, die sie nun verschleiern wollte. Zugleich delegierten die Autoren dieses Beitrages die Verantwortung für begangene Fehler, für die Art und Weise der Normeneinführung, auf untergeordnete Ebenen.

Dass der Volksaufstand genau in jenem Moment losbrach, in dem sich die SED anschickte, begangene Fehler zu korrigieren, und vor allem ihre Fehler eingestand, lag in der Logik des Systems begründet. Das Eingeständnis der Machthaber, Fehler begangen zu haben, weckte die Hoffnung, wirklich etwas verändern zu können.

Schon vor dem 16. Juni kam es in Dutzenden von Städten und Gemeinden zu Streiks und Demonstrationen, LPG lösten sich auf, Parteiaustritte stan-

10   SAPMO BA, DY 30 IV 2/ 5/ 530.

den auf der Tagesordnung. Vor allem in der Arbeiterschaft rumorte es kräftig. War doch bis zum Abend des 15. Juni die Normenfrage immer noch nicht gelöst. Nach wie vor galt die Verordnung zur Erhöhung der Normen. Am 16. Juni 1953 beschloss die SED-Führung, die Normenerhöhung zurückzunehmen. Dieser Beschluss war am Abend im Radio verkündet worden, aber erst in *Neues Deutschland* am 17. Juni morgens auf der ersten Seite nachzulesen. Längst hatten sich politisch bewusste Arbeiter zusammengefunden und ultimative Forderungen aufgestellt. Sie wollten nicht länger Sklaven sein, wie sie auf den Straßen skandierten, sondern, wie es ihnen pausenlos als Anrecht verkündet worden war, mitbestimmen im Arbeiter-und-Bauern-Staat.

Vom 16. bis zum 21. Juni 1953 kam es in über 700 Städten und Gemeinden zu Demonstrationen und Streiks. Die Ausmaße des Aufstands belegen folgende Zahlen: In der DDR existierten 1953 zehn Städte mit mehr als 100.000 und vierzehn Städte mit 50- bis 100.000 Einwohnern – in allen 24 Städten kam es zu Streiks, Demonstrationen und Unruhen. Städte mit Einwohnerzahlen zwischen 20- und 50.000 gab es 75. In mindestens 68 davon beteiligten sich die Bürger an der Erhebung. Selbst von den 115 Städten, in denen 10- bis 20.000 Menschen lebten, waren mindestens 89 am Aufstand aktiv beteiligt. In diesen insgesamt 214 Städten wohnten fast 50 Prozent der DDR-Bevölkerung. Die sowjetische Militäradministration verhängte am 17. bzw. 18. Juni über 167 der 217 Land- und Stadtkreise den Ausnahmezustand, er wurde in den Städten Berlin, Halle und Leipzig bis zum 11. Juli 1953 aufrechterhalten. Am Volksaufstand waren etwa eine Million Menschen beteiligt. Zu Streiks kam es in weit über eintausend Betrieben und Genossenschaften. Die Aufständischen erstürmten über 250 öffentliche Gebäude. Darunter befanden sich fünf MfS-Kreisdienststellen, zwei SED-Bezirksleitungen, eine Volkspolizei (VP)-Bezirksdirektion sowie Dutzende von SED- und FDGB-Gebäuden, VP-Reviere, Kreisratsämter, Gemeinderäte und andere öffentliche Gebäude. Vor über 70 Gefängnissen und anderen Haftorten versammelten sich Demonstranten zwischen dem 17. und 20. Juni mit dem Ziel, die politischen Häftlinge zu befreien. Aus einigen Haftanstalten sind insgesamt etwas mehr als 1.500 Häftlinge befreit worden, von denen bis auf 63 alle wieder eingefangen wurden oder sich selbst stellten. Die 63 flüchteten in den Westen. Moskau verfügte zur Abschreckung am 17. Juni, dass 18 standrechtliche Erschießungen erfolgen sollten. Nachweisbar sind bis heute »nur« fünf. Bei den Unruhen kamen Männer und Frauen durch den Einsatz der Kasernierten Volkspolizei (KVP), des MfS und der sowjetischen Armee ums Leben. Verlässliche Zahlen darüber existieren nicht. Es handelte sich etwa um 40 bis 50 Personen. In einigen Ortschaften kam es zu Racheakten an SED-Mitgliedern und MfS- bzw. VP-Angehörigen, wobei auch diese exakte Anzahl bislang nicht ermittelt werden konnte. Sie dürfte bei etwa bei zehn liegen.

Den spontanen Aufstand trugen politische Forderungen. Die Hauptforderungen im gesamten Land lauteten:»Nieder mit der SED«,»Freie Wahlen«, »Freilassung aller politischen Häftlinge«,»Rücktritt der Regierung«,»Abzug der Besatzungstruppen aus Deutschland« und »Wiedervereinigung«. Nicht nur vereinzelt forderten insbesondere Vertriebene aus den ehemaligen deutschen Ostgebieten eine Revision der Oder-Neiße-Grenze, die im Görlitzer Vertrag 1950 von der DDR-Regierung als endgültige Staatsgrenze zwischen Polen und der DDR anerkannt worden war. Daneben existierten in allen Orten sozialpolitische Forderungen, die den Arbeits- und Lebensalltag betrafen. Aber dass diese Forderungen den politischen zumeist nur aus taktischen Gründen vorangestellt worden waren, zeigt zum Beispiel die Tatsache, dass viele Streiks und Demonstrationen gerade von solchen Arbeitern ausgingen, die überdurchschnittlich gut verdienten.

Der Aufstand in den Großstädten anhand einiger Beispiele

Ost-Berlin

1948 war Berlin drei Jahre nach Kriegsende zwar praktisch schon politisch geteilt, aber die meisten Menschen lebten gefühlsmäßig in einer Stadt, die lediglich vorübergehend in zwei Einflusssphären aufgeteilt worden sei. Mindestens 80.000 Ost-Berliner arbeiteten in West-Berlin für Westgeld. Auch in die umgekehrte Richtung pendelten täglich etwa 40.000 zur Arbeit, die ihre verdiente Ostmark in hartes Westgeld auf dem blühenden Schwarzmarkt im Mindestkurs vier zu eins umtauschen mussten. Ihnen war allerdings Ende März 1953 die Lohnzahlung gesperrt worden. Die Betriebe mussten die Gehälter auf ein Sperrkonto überweisen, was einer praktischen Entlassung gleichkam. Da diese West-Berliner keine ordentliche Kündigung erhielten, besaßen sie keinen Anspruch auf Arbeitslosengeld.

Am 26. Mai 1952 ordnete der DDR-Ministerrat an, einen Kontroll- und Sperrgürtel zwischen West-Berlin und der DDR zu errichten sowie die aus den Westsektoren in den Bezirk Potsdam führenden Straßenübergänge, soweit sie nicht dem Interzonenverkehr dienten, und die Telefonverbindungen innerhalb der gespaltenen Stadt zu unterbrechen. Auch zahlreiche Straßen, die von Ost- nach West-Berlin führten, wurden abgeriegelt. Bis Ende Mai 1952 waren von insgesamt 227 Straßen 99 völlig gesperrt worden. Auf 63 weiteren Straßen errichtete die DDR Sperren. Ende September 1952 waren nur noch 47 Straßen für den Verkehr frei. West-Berlinern gestattete man Reisen in das Gebiet der DDR – außerhalb Ost-Berlins – nur noch in Ausnahmefällen. Etwa 30.000 West-Berliner verloren dadurch entschädigungslos ihre Grundstücke im Berliner Umland, viele weitere durch Zwangsmaßnahmen in Ost-Berlin, insbesondere im Grenzgebiet. Im Januar 1953 wurde der über die Sektorengrenzen führende Straßenbahn- und Autobusverkehr eingestellt. Lediglich S- und U-Bahnlinien verbanden weiterhin beide Teile Berlins. Von den Anmaßungen der Kommunisten in Ost-Berlin waren die West-Berliner auf vielfältige Weise direkt betroffen. Vor dem Hintergrund dieser Beispiele erklärt sich, warum viele West-Berliner dem Aufstandsgeschehen in Ost-Berlin im Juni 1953 emotional und zum Teil auch als aktiv Handelnde verbunden waren. Es ging auch um ihre Stadt und ihre Zukunft.

Unter den Bauarbeitern auf der Stalinallee und auf den angrenzenden Baustellen rumorte es bereits vor dem 17. Juni 1953 seit Wochen heftig. Sie zählten zu den privilegierten Lohnempfängern, verdienten manche doch das Zwei- bis Dreifache des damaligen Durchschnittseinkommens. Aber die geplanten Normenerhöhungen bedeuteten für die Bauarbeiter erhebliche Lohneinbußen. Am Freitag, den 12. Juni, fand auf einer Baustelle in einer Pause eine kurze Belegschaftsversammlung statt, auf der der Baustellenleiter eine Resolution vorstellte, in der sich die Bauarbeiter »freiwillig« verpflichteten, die Normen um zehn Prozent zu erhöhen. Die Anwesenden protestierten heftig. Man kündigte vorsichtig an, am Montag, den 15. Juni, in den Streik zu treten. Am nächsten Tag, einem Samstag, standen, als die Bauarbeiter zur Arbeit erschienen, bereits Dutzende Funktionäre auf der Renommierbaustelle herum, um mit den Bauarbeitern zu diskutieren. Sie versprachen, sich für die Rücknahme des Normenbeschlusses einzusetzen, und verkündeten, die Bauarbeiter könnten an diesem Tag bereits um 12 Uhr die Baustelle verlassen und nach Hause fahren. Dieses Angebot nahmen alle an, die Streikgefahr schien gebannt zu sein.

Unterdessen fuhren auf Ost-Berliner Gewässern seit 7.30 Uhr morgens am 13. Juni 1953 zwei Fahrgastschiffe der Weißen Flotte ins Ausflugslokal »Rübezahl« am Müggelsee im Berliner Süden. Dort trafen etwa 140 Bauarbeiter sowie 320 Angehörige und Gäste ein. Den jährlichen Ausflug hatte die Gewerkschaft organisiert. Im Ausflugslokal hielten am frühen Abend der stellvertretende Vorsitzendeder Betriebsgewerkschaftsleitung (BGL) und der Bauleiter kurze, nichtssagende Ansprachen. Als sie fertig waren, stieg ein Maurerbrigadier auf den Tisch und rief in den Saal hinein, dass am Montag gestreikt werde. Auch auf der Rückfahrt war von Streik die Rede.

Es ist nicht mehr zu rekonstruieren, welche Bedeutung für den weiteren Verlauf diese Dampferfahrt tatsächlich hatte. Gab sie wirklich, wie später von der SED und dem MfS behauptet, das Startsignal für die Streiks im Zentrum Berlins? Den Kommunisten kam die Dampferfahrt sehr gelegen, bot sie doch die Möglichkeit, »zu beweisen«, dass die Streiks von langer Hand geplant gewesen seien. Oder fungierte die Dampferfahrt lediglich als Katalysator für die Ereignisse? Es spricht einiges dafür, dass diese Dampferfahrt eine solche katalytische Wirkung hatte, mehr aber auch nicht.

Am Montag, dem 15. Juni, herrschte auf mehreren Baustellen der Stalinallee erhebliche Unruhe. Auf der Baustelle Krankenhaus Friedrichshain blieben die Bauarbeiter am Morgen in ihren Baubuden sitzen und erklärten, der Streik habe nun begonnen. Die Normenerhöhungen und die Lohnsenkungen müssen rückgängig gemacht werden, vorher rühre sich keine Hand. Die Baustellenleitung berief daraufhin für 9 Uhr eine Belegschaftsversammlung ein. Dort erklärte ein Gewerkschaftsfunktionär, dass die Normenerhöhungen nicht zurückgenommen werden könnten. Die Bauarbeiter beschlossen, eine Resolution zu verfassen und ihre Forderung schriftlich zu fixieren. Sie selbst formulierten diese aber nicht, sondern der Gewerkschaftsvorsitzende Max Fettling und ein Mitglied der SED-Kreisleitung Berlin-Friedrichshain. Hier sind Versuche seitens der SED und der Gewerkschaft erkennbar, die Protestbewegung zu kanalisieren. Die Versammlung lehnte den ersten Entwurf ab, »weil darin vorgesehen war, dass der Ministerpräsident sich innerhalb von 4 Tagen äußern solle. Es wurde verlangt«, wie Max Fettling in einem MfS-Verhör in der Nacht vom 30. Juni zum 1. Juli 1953 ausführte, »dass die Antwort bis zum nächsten Morgen erfolgt und das Wort ›bitten‹ gestrichen und an dessen Stelle ›fordern‹ geschrieben wird.« Als die Resolution entsprechend verändert worden war, setzte der BGL-Vorsitzende Fettling seine Unterschrift und den Gewerkschaftsstempel darunter und ging mit drei Arbeitern ins Haus der Ministerien in der Leipziger Straße, »zum Büro des Ministerpräsidenten, wo wir mit einer Angestellten des Büros verhandelten. Wir erhielten die Auskunft, dass die Handhabung des Beschlusses zur Normenerhöhung falsch sei und dass sie uns am nächsten Tage Bescheid geben würde, wie über unser Anliegen entschieden worden sei.«[11]

Die Bauarbeiter auf der Baustelle Krankenhaus Friedrichshain nahmen auch am nächsten Morgen, am 16. Juni, die Arbeit nicht auf. Sie warteten auf eine Antwort des Ministerpräsidenten. Auf dieser Baustelle, aber auch auf vielen Bauabschnitten der Stalinallee und in anderen Betrieben Ost-Berlins, trafen morgens Funktionäre ein, die den Arbeitern erklärten, dass die Normenerhöhung zwar falsch sei, aber nun nicht mehr zurückgenommen werden könne.

Auf der Baustelle Krankenhaus Friedrichshain fand eine Belegschaftsversammlung statt. Bauarbeiter der Stalinallee forderten hier ihre Kollegen auf, mit zu ihnen zu kommen und an der dortigen Versammlung teilzunehmen. Der BGL-Vorsitzende Fettling verhinderte das. Unterdessen hatte der Direktor des Krankenhauses die großen Zufahrtstore zu dem Krankenhausareal schließen lassen – ein Versehen mit fatalen Folgen. Die Bauarbeiter von der Stalinallee mussten über einen Zaun springen, gingen zu ihren Kollegen zurück und berichteten, dass man die Bauarbeiter am Krankenhaus Friedrichshain eingesperrt habe.

Gegen 8.30 Uhr zogen die ersten 80 Bauarbeiter durch die Stalinallee. Sie führten das Transparent »Wir Bauarbeiter fordern die Senkung der Normen« mit sich, marschierten zunächst die einzelnen Bauabschnitte ab und forderten: »Heraus zur Demonstration, übt Solidarität.« Eine gute Stunde später waren es bereits 2.000 Demonstranten. Etwa 500 Bauarbeiter marschierten zum unweit gelegenen Krankenhaus, brachen die Tore auf und forderten ihre Kollegen auf, am Marsch teilzunehmen. Man wollte nun nicht mehr abwarten, sondern zum Haus der Ministerien im Zentrum marschieren, um mit den Repräsentanten des Staates direkt zu verhandeln.

Die Nachrichten von den Vorgängen im Ost-Berliner Zentrum verbreiteten sich innerhalb Berlins in Windeseile. Mehrere Bauarbeiter der Stalinallee

11   BA MfS, AU 542/53, Bd. 1.

fuhren mit Fahrrädern und Motorrädern zu weiter entfernt liegenden Baustellen und erzählten von den Vorgängen. Immer mehr Baustellen schlossen sich der Streikbewegung an, erste Industriebetriebe gesellten sich am frühen Nachmittag hinzu. Der Hauptzug der Bauarbeiter, der ständig anwuchs, marschierte geschlossen und diszipliniert von der Stalinallee zum Haus der Ministerien in der Leipziger Straße. Die Spitze des Demonstrationszuges kam gegen 13.30 Uhr dort an. Das Haus lag direkt an der Sektorengrenze, kurz vor dem Potsdamer Platz. Es bildeten sich ständig neue Demonstrationszüge an verschiedenen Stellen der Innenstadt. Vor dem Haus der Ministerien versammelten sich über 10.000 Protestierende. Der »Rundfunk im amerikanischen Sektor« (RIAS) informierte in einer knappen Nachricht gegen 13.30 Uhr über diese aktuellen Vorgänge in Ost-Berlin; bereits am Abend zuvor Uhr hatte er in West-Berlin als erster Rundfunksender um 19.30 Uhr von den Streiks und Protesten berichtet. Dass mittlerweile die Normenerhöhung vom SED-Politbüro zurückgenommen worden war und die östlichen Rundfunksender diese Nachricht verbreiteten, interessierte zu diesem Zeitpunkt kaum noch jemanden. Die Demonstranten wollten mit Ulbricht oder Grotewohl sprechen. Die Polizei zog sich zurück. Weder Ulbricht noch Grotewohl hielten sich in dem Gebäude auf.

Am Fenster ließen sich lediglich der Minister für Hüttenwesen und Bergbau, Fritz Selbmann (er war von 1933 bis 1945 in Zuchthäusern und KZs inhaftiert gewesen, hatte aber die nationalsozialistische Diktatur überlebt), und der stellvertretende Ministerpräsident, Heinrich Rau (ebenfalls ein antifaschistischer Widerstandskämpfer, der viele Jahre in Zuchthäusern und KZs zubringen musste), blicken. Gegen 14 Uhr erschien Selbmann vor dem Gebäude, stellte sich auf einen Tisch und rief den Arbeitern zu, die Normen seien zurückgenommen. Wie Selbmann später berichtete, hatte er die Initiative dazu in Absprache mit Rau selbst ergriffen. Die Demonstranten unterbrachen seine Rede ständig. Als er rief: »Ich bin doch selbst ein Arbeiter!«, antwortete man ihm: »Das hast Du aber längst vergessen.« Auf die Anrede »Liebe Kollegen« schrie die Menge zurück: »Du bist nicht unser Kollege – Du bist ein Lump und Verräter.« Ein Arbeiter zog Selbmann schließlich vom Tisch, stieg selbst hinauf und erklärte unter dem donnernden Beifall der Versammelten: »Was Du uns erklärt hast, interessiert uns überhaupt nicht. Wir wollen frei sein. Unsere Demonstration richtet sich nicht nur gegen die Normen. Wir kommen nicht nur von der Stalinallee, sondern aus ganz

Berlin. Das hier ist eine Volkserhebung. Wir fordern freie und geheime Wahlen!« Ein Arbeiter gab endgültig der Bewegung ihre Richtung vor: »Kollegen, unsere Forderungen werden ja doch nicht erfüllt. Unser Streik geht weiter. Für morgen rufen wir den Generalstreik aus.«[12] Dieser Aufruf verbreitete sich in Windeseile.

Ab 14.30 Uhr begannen die Demonstranten den Platz vor dem Haus der Ministerien zu verlassen. Durch die Stadt fuhren Lautsprecherwagen der SED, die die Rücknahme der Normenerhöhungen verkündeten. Die Demonstranten erbeuteten einige solcher Wagen und verkündeten fahrend in der Stadt, dass morgen, am 17. Juni, Generalstreik sei und alle Berliner aufgerufen seien, sich um 7 Uhr am Strausberger Platz einzufinden. Die vom Haus der Ministerien zurückkehrenden Menschen bildeten an mehreren Stellen im Zentrum Ost-Berlins neue Demonstrationszüge. Es stießen immer mehr Menschen hinzu, sodass am Abend an verschiedenen Punkten der Stadt etwa 20.000 Menschen demonstrierten.

Im Westen hatte man die Ereignisse in Ost-Berlin aufmerksam beobachtet. Die politische Klasse wusste mit den Vorgängen nicht viel anzufangen. Der bundesdeutsche Geheimdienst versagte. In einer Analyse vom 20. Juni 1953, die dem MfS seit November 1953 vorlag, hieß es kurioserweise: »Der bisherige Gesamteindruck über die Vorgänge in Ost-Berlin und in der Zone verstärkt die Auffassung, dass es sich um von östlicher Seite inszenierte Aktionen mit dem Ziel handelt, die Wiedervereinigung im großdeutschen Rahmen zugunsten anderer wichtiger außen- und innerpolitischer Absichten ins Rollen zu bringen. […] Die Aktion ging jedoch über den gewünschten Rahmen durch das Eingreifen unvermuteter Widerstandskräfte hinaus.«[13]

Anders reagierte der RIAS, der beliebteste Radiosender Berlins, der in weiten Teilen der DDR empfangen werden konnte. Gegen 16.30 Uhr berichtete er am 16. Juni ausführlich über die Vorgänge in Ost-Berlin. Unterdessen erschienen im RIAS-Gebäude zwei Männer und eine Frau von der Stalinallee, die sich selbstständig und ohne Mandat auf den Weg in das Funkhaus gemacht hatten. Sie baten den RIAS, eine Resolution verlesen zu lassen. Es kam zu Verhandlungen, in deren Folge RIAS-Mitarbeiter die Resolution mitformulierten und offenbar auch entschärften. Doch das, was der RIAS ab

---

12 *Der Abend*. Extrablatt v. 16.6.1953.
13 BA, MfS, AU 15/54, Bd. 8, Bl. 200.

19.30 Uhr in jeder Nachrichtensendung verlas, besaß immer noch genügend Sprengkraft. Im Kern forderten die Arbeiter in dieser Resolution:

1. Auszahlung der Löhne bei der nächsten Lohnzahlung bereits wieder nach den alten Normen;
2. sofortige Senkung der Lebenshaltungskosten;
3. freie und geheime Wahlen;
4. keine Maßregelungen von Streikenden und Streiksprechern.

Anschließend kommentierte der RIAS-Programmdirektor, Eberhard Schütz. Obwohl er sichtlich bemüht war, die Stimmung nicht weiter aufzuheizen, sondern eher zu beruhigen, wirkte auch sein Kommentar mobilisierend für den nächsten Tag. Es hieß bei ihm unter anderem: »Macht Euch die Ungewissheit, die Unsicherheit der Funktionäre zunutze. Verlangt das Mögliche – wer von uns in West-Berlin wäre bereit, heute zu sagen, dass das, was vor acht Tagen noch unmöglich schien, heute nicht möglich schien.« Kurz vor 23 Uhr folgte ein Aufruf von Jakob Kaiser, einem Mann, der dem Widerstand gegen die Nationalsozialisten angehört hatte. Er hatte 1945 die CDU in Berlin und in der SBZ mitbegründet. Von Ende 1945 bis Ende 1947 war er deren 1. Vorsitzender, ehe er von den Sowjets abgesetzt wurde. Er ging nach West-Berlin und wurde 1949 Mitglied des Bundestages und erster Bundesminister für Gesamtdeutsche Fragen. Nun wandte er sich über den RIAS an die Ost-Berliner und DDR-Bewohner und bat sie, »sich weder durch Not noch durch Provokationen zu unbedachten Handlungen hinreißen zu lassen. Niemand soll sich selbst und seine Umgebung in Gefahr bringen.« Kaiser hoffte, die deutsche Frage auf dem Verhandlungsweg lösen und so den Ostdeutschen Einheit und Freiheit ermöglichen zu können. Zugleich war er realpolitisch viel zu erfahren, um daran zu glauben, ein Aufstand könnte die sowjetische Besatzungsmacht zum Rückzug zwingen. Schließlich wusste er, dass die westlichen Alliierten den Aufständischen militärisch nicht zu Hilfe eilen würden.

Strikt vermied der RIAS, das Wort »Generalstreik« zu wiederholen. Der zuständige amerikanische Offizier hatte es am Nachmittag verboten. Ab 23 Uhr berichtete der RIAS aber in seinen Nachrichten, dass am nächsten Morgen um 7 Uhr alle Ost-Berliner aufgerufen seien, sich am Strausberger Platz zu einer Demonstration zu versammeln. Unterdessen war fieberhaft darüber nachgedacht worden, wie der RIAS doch noch politisch reagieren könnte. Die Lösung kam in Person von Ernst Scharnowski, dem Vorsitzenden des Deutschen Gewerkschaftsbundes (DGB) in West-Berlin. Seinen Aufruf strahlte der Radiosender kurz nach 5.30 Uhr am 17. Juni erstmals aus. Scharnowski formulierte: »Tretet darum der Bewegung der Ost-Berliner Bauarbeiter, BVGer [damit waren die Angehörigen der Berliner Verkehrsbetriebe (BVG) gemeint] und Eisenbahner bei und sucht Eure Strausberger Plätze überall auf. Je größer die Beteiligung ist, desto machtvoller und disziplinierter wird die Bewegung für Euch mit gutem Erfolg verlaufen.«

Als am Morgen des 17. Juni die Arbeiter an ihre Arbeitsplätze kamen, beherrschten die vom RIAS verbreiteten Nachrichten die Gespräche. Überall merkten die Menschen, dass sie nicht alleinstanden, und orientierten sich am Berliner Beispiel.

In Ost-Berlin kam es noch am Abend des 16. Juni zu mehreren handgreiflichen Auseinandersetzungen. An mehreren Sektorengrenzen rissen Demonstranten die Grenzschilder und Grenzbefestigungen nieder, die Vorhalle am Bahnhof Alexanderplatz wurde zertrümmert; an vielen Stellen der Stadt rissen Protestierende Plakate und Losungen der SED ab. Im Friedrichstadtpalast fand seit 20 Uhr eine außerordentliche Sitzung des Berliner SED-Parteiaktivs statt. Diese Tagung war am 14. Juni einberufen worden. Ulbricht und Grotewohl wollten den »Neuen Kurs« begründen. Ulbricht hatte am frühen Nachmittag bei den sowjetischen Verantwortlichen darum ersucht, der Polizei den Schießbefehl erteilen zu dürfen, was Moskau untersagte. Nun mussten er und die anderen Mitglieder der Führungsspitze in ständig neuen Eilmeldungen zur Kenntnis nehmen, dass sich die Lage auch am späten Abend kaum entschärfte. An vielen Stellen demonstrierten immer noch Tausende, darunter in der Stalinallee, am Strausberger Platz und selbst vor dem Friedrichstadtpalast, wo es zu regelrechten Straßenkämpfen zwischen Demonstranten und der Polizei kam, während die SED-Spitze im Gebäude abgeschirmt tagte. In mehreren Großbetrieben nahmen die Nachtschichten ihre Arbeit erst gar nicht auf bzw. legten sie im Laufe der Nacht nieder.

In der Nacht vom 16. zum 17. Juni 1953 trafen sich Hochkommissar Wladimir Semjonow, der ranghöchste sowjetische Vertreter in der DDR, und Andrei Gretschko, Oberbefehlshaber der sowjetischen Besatzungstruppe, mit Ulbricht, Grotewohl und MfS-Minister Zaisser, um das Eingreifen der Polizei-, Militär- und Sicherheitsapparate vorzubereiten. Ein solcher Einsatz war nur für Berlin vorgesehen. Die Sowjets gaben am 17. Juni 1953 um 7.26 Uhr morgens nach Moskau durch, dass die Unruhen am 16. Juni von

West-Berlin aus organisiert worden seien. Die Rote Armee bildete die letzte Reserve, an ihren Einsatz war zunächst nicht gedacht. Etwa gegen 13 Uhr traf Marschall Sokolowski aus Moskau in Ost-Berlin ein. Sokolowski war einer der großen Heerführer im 2. Weltkrieg gewesen und leitete nun die militärische Niederschlagung des Aufstands in der DDR.

Zugleich war in den frühen Morgenstunden der gesamte ostdeutsche Polizei- und Sicherheitsapparat in höchste Alarmbereitschaft versetzt worden. Der zentrale Leitungsstab für Berlin nahm seine Arbeit am Sitz des MfS in der Berliner Normannenstraße unter Minister Zaisser – einem in vielen Weltregionen erprobten Berufsrevolutionär – auf. Außerdem formierte sich eine Einsatzleitung für die Polizeikräfte im Polizeipräsidium und noch eine dritte im DDR-Innenministerium. Die Einsatzstäbe handelten nicht aufeinander abgestimmt, die Kommunikation war zum Teil unterbrochen, es sah zeitweilig mehr nach einem Gegen- statt einem Miteinander aus. Gehandelt werden durfte ohnehin nur nach Rücksprache mit der sowjetischen Zentrale in Karlshorst.

Seit den Morgenstunden verbreitete sich die Protestbewegung rasend schnell über das gesamte Land. Die Polizeikräfte konnten kaum die eigenen Gebäude sichern. Die Kräfte reichten nicht aus – die Staatsmacht war völlig unvorbereitet. Die Lage war aus Polizeisicht chaotisch. Die im Laufe des 17. Juni an allen Brennpunkten des Landes zum Einsatz gebrachten Einheiten der KVP waren überfordert und den Aufständischen unterlegen. Erst als die sowjetischen Truppen mittags oder nachmittags eingriffen, schlugen diese die Volkserhebung nieder. Den Russen fiel es leichter zu improvisieren, da die Truppen ständig auf Einsätze und Kampfhandlungen, wenn auch nicht auf Polizeieinsätze, um die es sich am 17. Juni handelte, vorbereitet waren.

Als sich am Morgen in Ost-Berlin mächtige Demonstrationszüge formierten, erwies sich schnell, dass die VP-Einheiten weder von ihrer Ausrüstung noch von ihrer Zusammensetzung her geeignet waren, die Protestierenden aufzuhalten. Kordons, mit Gummi- und Holzknüppel bewaffnet, vermochten es nicht, die Massen auseinander zu treiben. Schnell verlegte sich die Polizei in Berlin darauf, wichtige Objekte und Betriebe zu sichern, was unter anderem auch mit dem Einsatz von Feuerwehren gelang.

Ab 6 Uhr morgens am 17. Juni begann sich die Streikbewegung sehr schnell in Ost-Berlin über alle Stadtbezirke auszuweiten. Fast sämtliche Baustellen, Großbetriebe, aber auch viele Einzelhandelsgeschäfte, private Handwerksbetriebe und Fuhrunternehmen beteiligten sich. In einigen Stadtteilen Ost-Berlins standen am Vormittag und mittags sämtliche Räder still. Einige Betriebe produzierten weiter, weil Studenten, die sich gerade im obligatorischen Praktikum befanden, als Streikbrecher auftraten. Vor allem Bauarbeiter, nun aber nicht mehr allein von der Stalinallee und angrenzenden Baustellen, sondern von unzähligen in ganz Ost-Berlin, waren es zunächst, die sich morgens vor 7 Uhr zu Demonstrationszügen formierten und in Richtung Strausberger Platz marschierten. Ihnen schlossen sich schnell Passanten und Belegschaften anderer Betriebe an. Aus allen Himmelsrichtungen marschierten am frühen Morgen Demonstrationszüge in die Ost-Berliner Innenstadt. Der Demonstrationszug aus dem Stadtbezirk Köpenick war allein über zehn Kilometer lang.

Erlebte Ost-Berlin am 16. Juni noch eine Arbeiter-, ja eine Bauarbeitererhebung, so begannen die Ereignisse am 17. Juni sofort als Volksaufstand. Dabei suchten die Menschen nicht nur den Strausberger Platz, der nicht weit vom Alexanderplatz entfernt liegt, auf, sondern fanden in der Innenstadt überall, als wollten sie Ernst Scharnowskis Worte wahr machen, »Strausberger Plätze«. Aus Hennigsdorf bewegte sich ein mächtiger Demonstrationsstrom durch West-Berlin auf Ost-Berlin zu. Aus dem Industrierevier Oberschöneweide (Köpenick) zogen Zehntausende am Morgen in Richtung Innenstadt los. Die Polizei begann die Übersicht zu verlieren. Schlagstockeinsätze beeindruckten die Protestierenden nicht.

Vor dem Brandenburger Tor, in der Leipziger Straße vor dem Haus der Ministerien, auf dem Marx-Engels-Platz (hier fand am Vormittag eine Kundgebung mit etwa 50.000 bis 60.000 Teilnehmern statt), an der Oberbaumbrücke, auf dem Alexanderplatz und in der Friedrichstraße standen und demonstrierten zwischen 8 und 9 Uhr bereits jeweils Zehntausende. Gegen 11 Uhr protestierten kaum noch übersehbare Menschenmassen. Kurz nach 8 Uhr tauchten die ersten sowjetischen Mannschaftswagen auf, gegen 9 Uhr die ersten Panzerspähwagen und dann ab 11.30 Uhr schwere sowjetische Panzer. Insgesamt brachte die sowjetische Militärmacht in Ost-Berlin drei zusätzliche Divisionen mit 600 Panzern zum Einsatz. Diese Armada verbreitete Angst und Schrecken, allein der Krach, den die Panzerketten verursachten, erinnerte viele Berliner an den erst acht Jahre zurückliegenden Krieg.

Die ersten Ausschreitungen begannen noch vor 8 Uhr. Immer wieder kam es im Laufe des Tages zu größeren Schlägereien zwischen Demonstranten und Polizisten. Dabei gab es mehrere Verletzte. Einige Polizisten kamen ums Leben, als ihre Funkstreifenwagen umgekippt worden waren, andere sind mit Steinen tödlich verletzt worden. Besonders in Mitleidenschaft zogen die Demonstranten die verhassten Sektorenabgrenzungen. Wachhäuser gingen in Flammen auf, Grenzschilder wurden abmontiert, zwischen Ost- und West-Berlin funktionierte für wenige Stunden der Grenzverkehr per pedes reibungslos. Der öffentliche Verkehr – Straßenbahnen, U- und S-Bahnen, Busse – war ab 11 Uhr vollkommen stillgelegt. Erst nach 13 Uhr, als die sowjetische Stadtkommandantur den Ausnahmezustand verhängt hatte, bekam die Staatsmacht die Grenze allmählich wieder unter Kontrolle. Diese wurde am späten Nachmittag geschlossen und zunächst jede Bewegung zwischen Ost und West untersagt, ehe dann West-Berliner im Laufe des nächsten Tages Ost-Berlin, soweit sie nicht verhaftet worden waren, verlassen durften.

Etwa gegen 10 Uhr ging ein Aufklärungslokal der Nationalen Front am Potsdamer Platz in Flammen auf. Viele ereilte das gleiche Schicksal. Das Columbus-Haus auf dem Potsdamer Platz wurde von Tausenden belagert. Dieses Haus, ein altes Warenhaus, von dem nur die unteren Etagen nutzbar waren, beherbergte eine HO-Verkaufsstelle und eine Polizeidienststelle. Zwischen 10 und 11 Uhr ergaben sich die darin befindlichen Polizisten, ihre Uniformteile flogen unter dem Gejohle Tausender aus dem Fenster. Einige Polizisten begaben sich aus Sicherheitsgründen in die Obhut der West-Berliner Polizei, die meisten von ihnen kehrten später nach Ost-Berlin zurück. Aus Unterlagen von West-Berliner Behörden geht aber auch hervor, dass Hunderte Polizisten desertiert sein sollen und im Westen blieben. Die Demonstranten versuchten in viele weitere Gebäude einzudringen, so in die SED-Kreisleitung Mitte in der Friedrichstraße. Vor dem Gebäude standen etwa 20.000 Menschen. Einige Hundert drangen bis in den zweiten Stock vor, verwüsteten Teile der Inneneinrichtung, warfen Materialien aus dem Fenster und wurden schließlich mit Waffengewalt wieder vertrieben. In das Haus der Ministerien, vor dem etwa 30.000 bis 40.000 Menschen demonstrierten, drangen mehrere hundert Protestierende ein, zerstörten einige Räume und legten Feuer. Ab 13 Uhr räumten sowjetische Einheiten das Gebäude. Sämtliche Verhaftete aus dem Haus der Ministerien sind umgehend sowjetischen Dienststellen übergeben worden. Auch das Gebäude des SED-Zentralkomitees wurde belagert, mit Steinen beworfen, aber nicht gestürmt, die Rote Armee verhinderte das. Mehrere Polizeidienststellen wurden erstürmt. Vor einigen Telegrafenämtern und anderen Einrichtungen der Post versammelten sich Demonstranten mit dem Ziel, diese zu besetzen. Solche Aktionen blieben ebenso wie Demonstrationen und Streiks nicht auf die Ost-Berliner Innenstadt beschränkt, sondern waren in allen Stadtteilen zu verzeichnen. Um 11.20 Uhr holten Jugendliche die Rote Fahne vom Brandenburger Tor herunter. Drei Stunden später waren es wieder Jugendliche, die nunmehr die schwarz-rot-goldenen Fahnen hissten, aber von Geschosssalven vertrieben wurden und schnell vom Tor in Richtung Westen flüchteten.

Zu schweren Zusammenstößen kam es auf dem Alexanderplatz. Das unweit gelegene Polizeipräsidium sollte gestürmt werden, weil man hier Verhaftete vermutete. Vier LKW der Polizei fingen Feuer, viele Fensterscheiben zerbrachen im Steinhagel. Die Polizeiführung fiel, wie es in einem Bericht wenige Tage später hieß, der »Kopflosigkeit« anheim. Der Präsident der Ost-Berliner Polizei, Waldemar Schmidt (er war als Kommunist 1935-1945 im Zuchthaus gewesen), erschien gar »plötzlich als Zivilist«. Stundenlang tobten die Auseinandersetzungen. Gegen 14 Uhr erstürmten Demonstranten das HO-Kaufhaus auf dem Alexanderplatz und verwüsteten es.

Die SED-Führung hatte unterdessen gegen 10 Uhr ihre Politbürositzung unterbrochen, die Innenstadt verlassen und war auf Geheiß Semjonows in einer geschlossenen Wagenkolonne nach Karlshorst gebracht worden. SED-Politbürokandidat Herrnstadt erinnerte sich später, dass die SED-Führung in Karlshorst weitgehend untätig herumstand und zusehen musste, wie die sowjetische Führung versuchte, den Aufstand niederzuschlagen. So kam Semjonow einmal in das Tagungszimmer und sagte, der RIAS habe erklärt, in der DDR gäbe es keine Regierung mehr. Süffisant fügte er hinzu: »Na, fast stimmt es doch.« Ulbricht schien an diesem Tag an das Ende seiner Macht gekommen zu sein. Als er von ZK-Mitglied Karl Schirdewan am Telefon erzählt bekam, was sich vor dem ZK-Gebäude abspielte und dass die Demonstranten wohl bald versuchen würden, das Haus zu stürmen, sagte er nur »Aus!«. Erst am 19. Juni kehrten er und die anderen in ihre Büros zurück.

Unterdessen hatte die Führung in Moskau ein energischeres Vorgehen gefordert. Sie verlangte, die Menschenmassen mit allen Mitteln zu zerstreuen, den Ausnahmezustand zu verhängen, »Rädelsführer« zu verhaften und standrechtliche Erschießungen vorzunehmen. Etwa um 12 Uhr fielen die ersten Schüsse im Ost-Berliner Zentrum aus sowjetischen Maschinenpistolen. Ob aus schweren Maschinengewehren, wie oft kolportiert worden ist, geschossen wurde, scheint eher unwahrscheinlich. Am Brandenburger Tor, in der Friedrichstraße, in der Leipziger Straße, am Alexanderplatz und am Potsdamer Platz fielen die meisten Schüsse. Sowjetsoldaten schossen meist über die Köpfe der Menschen hinweg. Dabei sind dennoch am 17. Juni mindestens zehn, am 18. und 19. Juni jeweils zwei Menschen tödlich getroffen und wahrscheinlich Hunderte verletzt worden. Wie in vielen anderen Städten versuchten auch in Ost-Berlin ranghohe sowjetische Offiziere, auf ihren Panzern stehend, die Menschenmassen mit Argumenten zu beruhigen und zu zerstreuen. Der Aufzug hunderter Panzer war bedrohlich genug. Die weltweit bekannt gewordenen Bilder aus Ost-Berlin, auf denen junge Männer die Panzer mit Steinen und Flaschen attackieren, waren alles andere als typisch für die Situation. Ein Panzer soll zwar manövrierunfähig gemacht worden sein, einzelne junge Männer warfen Steine und Brandflaschen auf Panzer, und in der Leipziger Straße errichteten Jugendliche Barrikaden. Aber Angriffe auf sowjetische Panzer oder Soldaten zählten in Berlin zu den Randerscheinungen.

Auch wenn die sowjetische Armee den Aufstand niederschlug, es wäre unangemessen, ihr nachsagen zu wollen, sie habe dies mit rücksichtsloser Brutalität betrieben. Es gab keine Blutbäder. Die meisten Toten und viele Verwundete sind von Querschlägern getroffen worden. Die Panzer fuhren zumeist im Schritttempo. Die militärische Führung war offenbar darauf bedacht, ihren Auftrag entschlossen durchzuführen und dabei unnötiges Blutvergießen zu vermeiden. »Ich hatte den Eindruck«, so zutreffend der britische Premier Winston Churchill am 19. Juni 1953, »dass sie [die Russen] angesichts der zunehmenden Unruhen mit beachtlicher Zurückhaltung gehandelt haben.«[14]

Die Menschen auf den Straßen haben diesen Armeeeinsatz damals zumeist anders erlebt. Ihnen standen hochgerüstete sowjetische Einheiten gegenüber, denen sie sich wehrlos ausgeliefert fühlten. Nirgendwo in Ost-Berlin ist aus Waffen, die einzelne Demonstranten deutschen Polizisten abgenommen hatten, auf Polizei oder Armee geschossen worden. Es kam aber zu vielen Handgemengen und Schlägereien, mehrere Polizisten wurden verwundet, mindestens drei starben. Als ein sowjetischer Panzer auf der Straße Unter den Linden einen Demonstranten überfuhr und tötete, errichteten

---

14   Zitiert nach: Beier: Wir wollen freie Menschen sein. Frankfurt/M. 1993, S. 137.

beherzte Berliner ein Holzkreuz, das an den Toten erinnerte. Die Polizei beseitigte es schnell wieder.

Der Einsatz der sowjetischen Armee bewirkte, dass sich Tausende von den Straßen zurückzogen. Zugleich aber nahmen die Auseinandersetzungen an Aggressivität zu. Bis zum späten Abend mussten die Einsatzzentralen immer wieder zur Kenntnis nehmen, wo sich überall die Wut als Zerstörung äußerte: Ganze Ladenzeilen wurden leergeräumt und brannten aus, unzählige Kioske und Wachhäuschen erlagen den Flammen, von Dutzenden Kraftfahrzeugen der Polizei und des Staates blieben nur ausgebrannte Reste. Mehrmals räumten sowjetische Kampfverbände Plätze und Magistralen in der Innenstadt. Noch bis zum frühen Abend hielten sich hier Zehntausende auf. Unter dem Eindruck der Panzer bröckelte die Protestbewegung. Dazu trug auch der Umstand bei, dass es ihr an Zielgerichtetheit mangelte. Die Menschen wussten zwar, was sie wollten, wussten aber nicht, wie sie ihre Ziele erzwingen sollten. Sie standen vor den Machtzentralen, kamen aber nicht hinein. Und wenn sie hineingekommen wären, hätte es ihnen an den geeigneten, profilierten und anerkannten Führungspersönlichkeiten gemangelt, die energisch das politische Heft des Handelns in die Hand genommen hätten. Insofern deutete sich bereits am Nachmittag in Ost-Berlin an, was dem Aufstand in der gesamten DDR drohte: Er brach zusammen, weil die sowjetische Armee ihn niederschlug und weil es der Bewegung an Konzepten und Ideen fehlte, die Staatsgeschäfte zu übernehmen. Darauf war niemand vorbereitet. Und selbst wenn jemand darauf vorbereitet gewesen wäre, hätte es nichts genutzt, da sich die sowjetischen Verantwortlichen keineswegs auf Verhandlungen mit Revolutionsführern eingelassen hätten.

Gegen 19 Uhr fielen im Ost-Berliner Zentrum, auf dem Potsdamer Platz, voraussichtlich die letzten Schüsse am 17. Juni. Die West-Berliner Polizei verhinderte zugleich, dass die SED-Büros in West-Berlin erstürmt wurden. An allen zentralen Punkten in Ost-Berlin waren Panzer aufgefahren und Kanonen in Stellung gebracht worden. Sowjetische und deutsche Einheiten riegelten die Sektorengrenze, soweit es ging, hermetisch ab. Es wurde eine nächtliche Ausgangssperre verhängt. Wer nach 21 Uhr auf den Straßen gefasst wurde, kam in Untersuchungshaft. Am Abend des 17. Juni und in der Nacht zum 18. Juni verhafteten die Polizei, das MfS und sowjetische Dienststellen allein in Ost-Berlin über 2.500 Männer und Frauen. In den folgenden Tagen kamen Tausende hinzu.

Unter dem Eindruck dieser Verhaftungswelle flaute auch die Streikbewegung ab. Es legten zwar am nächsten Tag in Dutzenden von Betrieben und auf vielen Baustellen noch etwa 30.000 Arbeiter in Ost-Berlin ihre Arbeit nieder, aber die Spitze des Streiks war abgebrochen. Mindestens 25 Streikleitungen wurden komplett verhaftet und zum Teil später verurteilt. Ab dem 18. Juni konnten West-Berliner an drei besonderen Kontrollstellen wieder zurück in ihre Teilstadt, ab dem 23. Juni war die Sektorengrenze mit besonderen Passierscheinen wieder beidseitig überschreitbar. Am 11. Juli hob die sowjetische Kommandantur den Ausnahmezustand für Ost-Berlin auf.

Dresden

In den Betrieben Dresdens blieb die Situation zunächst entspannt. Direkt vor den Toren der Elbmetropole, im Sachsenwerk AG (SAG)-Betrieb in Niedersedlitz, wussten allerdings dreißig SED-Genossen von den erstaunlichen Vorgängen in der Hauptstadt. Sie hatten als Kursteilnehmer der SED-Betriebsschule im Rahmen einer Exkursion am 16. Juni die Prachtallee des DDR-Kommunismus, die Stalinallee in Ost-Berlin, besucht. Sie sollten dort die Arbeitsmethoden der Bauarbeiter studieren und sich an ihnen ein Beispiel nehmen. Stattdessen erlebten sie Streiks und Demonstrationen. Am Morgen des 17. Juni teilten sie ihren Brigaden ihre ungewöhnlichen Beobachtungen mit. Der Parteisekretär des Betriebs reagierte schnell und sprach über den Betriebsfunk zur Belegschaft. Er räumte ein, es habe »Überspitzungen« in der Normenfrage gegeben. Er versuchte zu beschwichtigen, verteidigte aber vehement die Linie der SED. Die Arbeiter, von den Nachrichten aus Berlin ermuntert und von den Ausführungen des SED-Parteisekretärs verärgert, nahmen sich nun ein Beispiel an den Ost-Berliner Bauarbeitern und begannen die Arbeit niederzulegen. Das Sachsenwerk war der größte Industriebetrieb Dresdens, im Hauptwerk waren fast 5.500 Mitarbeiter beschäftigt. Auch Bauarbeiter der Dresdner Bauunion, die im Werk arbeiteten, schlossen sich an. Die spontane Versammlung blieb zunächst in ihren Zielen unkonturiert. Die einen verlangten Aufklärung über die Berliner Vorgänge, andere forderten die Herabsetzung der Normen, noch andere riefen zum Sturz der Regierung auf. Vielfach erhoben sie Rufe wie »Nieder mit der Regierung«, »Freie Wahlen« oder »Bestrafung der Regierung«. Der Werkleiter versprach, einen Vertreter der Regierung ins Werk zu bitten. Ein Teil der Belegschaft gab sich mit diesem Versprechen zufrieden. Andere blieben auf dem Hof und formierten sich bald darauf zu einem Demonstrationszug. Etwa tausend Sachsenwerker und Bauarbeiter zogen los.

Der Zug bewegte sich zu anderen Betrieben, um die Belegschaften ebenfalls zum Streik aufzufordern. Etwa anderthalb Kilometer vom Sachsenwerk entfernt befand sich der VEB Sächsische Brücken- und Stahlhochbau (SBS) mit knapp 1.500 Mitarbeiter. Als gegen 10 Uhr die Kollegen vom Sachsenwerk die SBS-Mitarbeiter aufforderten, ebenfalls zu streiken und sich ihrem Protestzug anzuschließen, folgte ein kleiner Teil der Belegschaft. Der größere verharrte zunächst auf dem Gelände und wartete eine eilig einberufene Belegschaftsversammlung ab. Die auf ihr zu Beginn sprechenden Partei- und Betriebsfunktionäre wurden ausgebuht. Anschließend sprach Wilhelm Grothaus, ein kaufmännischer Angestellter. Dadurch veränderte sich die Situation schlagartig. Die Belegschaft hörte und stimmte dem Redner zu. Grothaus, der bis 1932 der SPD und anschließend der KPD angehört hatte, forderte den Rücktritt der Regierung, freie und geheime Wahlen, die Freilassung aller politischen Gefangenen, die Senkung der HO-Preise sowie die Verbesserung der Sozialfürsorge. Er schlug vor, eine Streikleitung mit zehn Mitgliedern zu wählen. Später bekannte Grothaus, dass es von vornherein vor allem um politische und weniger um soziale Forderungen gegangen sei. Die Belegschaft wählte sogleich die Streikleitung. Darunter waren drei SED-Mitglieder und drei Gewerkschaftsfunktionäre. Auch Grothaus, der aktiv am Widerstandskampf gegen die Nationalsozialisten teilgenommen und deshalb im Gefängnis gesessen hatte, war Mitglied der SED. Die Mehrheit in der Streikleitung waren Angestellte. Grothaus wurde zu ihrem Vorsitzenden gewählt. Als Informationen im Werk eintrafen, dass in der Dresdner Innenstadt eine Demonstration stattfinden solle, beschloss man, im Werk die Arbeit niederzulegen und mitzumarschieren. Etwa zeitgleich traf die Meldung ein, im benachbarten Sachsenwerk werde in Kürze ein hochrangiger Regierungsvertreter sprechen. Kurz entschlossen entschied man sich, zunächst dorthin zu gehen. Etwa 1.000 Belegschaftsangehörige zogen los, das waren alle Mitarbeiter der Frühschicht.

Im Sachsenwerk versammelten sich unterdessen Arbeiter und Angestellte aus mehreren Dresdner Betrieben, es können bis zu 5.000 gewesen sein. Es hatte sich schnell herumgesprochen, dass Otto Buchwitz sprechen werde. Buchwitz, ein alter Sozialdemokrat, der von den Nationalsozialisten ins Zuchthaus eingesperrt worden war, versuchte die aufgebrachten Kundgebungsteilnehmer zu beruhigen. Seine Argumente verfehlten die erwünschte Wirkung. Er erläuterte langatmig die weltpolitische Lage und appellierte an die Versammelten, die Arbeit wieder aufzunehmen. Die Arbeiter grölten, johlten, pfiffen und riefen Forderungen. Konsterniert legte der 74-jährige, der seit 1898 der SPD angehört hatte und seit 1946 Mitglied der SED war, das Mikrofon beiseite. Nun trat Grothaus aufs Podium und verlangte nach dem Mikrofon. Die meisten kannten ihn nicht, aber als er sprach, merkten die Kundgebungsteilnehmer schnell, dass der Redner auf ihrer Seite stand. Die Menge beruhigte sich und hörte Grothaus gespannt zu. Er berichtete von den Vorgängen bei SBS und forderte den sofortigen Rücktritt der Regierung. Selbst Buchwitz gestand später, dass Grothaus »sehr geschickt« gesprochen habe. Nach dem Vorbild des Komitees von SBS bildeten auch die Sachsenwerker eine Streikleitung. Im Anschluss formierte sich ein Demonstrationszug Richtung Zentrum der Dresdner Innenstadt. Der Demonstrationszug löste sich erst dort auf, weil die Rote Armee strategisch wichtige Plätze und Gebäude bereits besetzt hatte. Grothaus und die anderen Streikleitungsmitglieder fuhren nach Hause. Sie wollten einen Bericht und eine Resolution verfassen, um beide Schriftstücke als Forderungen Dresdner Arbeiter nach Berlin weiterzuleiten. In der Nacht zum 18. Juni wurden die ersten sechs Mitglieder der Streikleitungen verhaftet, darunter Wilhelm Grothaus. Gegen ihn verhängte das Bezirksgericht Dresden am 23. Juli 1953 in einem Prozess gegen sechs angebliche Rädelsführer des 17. Juni 1953 in Dresden eine fünfzehnjährige Zuchthausstrafe. In seinem Schlusswort sagte Wilhelm Grothaus: »Es ist vielleicht ein merkwürdiger Zufall, aber die Verhandlung gegen uns hier heute findet genau in demselben Saal statt, in dem seinerzeit die Verhandlung gegen die Widerstandsgruppe Schumann [1944, Grothaus war Mitglied dieser Gruppe – d. Verf.] stattgefunden hat. Und ich weiß auch das, was Sie nicht wissen, nämlich die letzten Worte, die Schumann hier gesprochen hat: ›Es wird einige Zeit vergehen, und dann werden Sie an der Stelle sitzen, wo wir heute sitzen. Und das Volk wird Sie richten. Und Sie werden dann das tun, was wir alle hier nicht tun: Sie werden um Ihr Leben zittern, weil Sie so entsetzlich feige sind‹.«[15] 1960 kam Wilhelm Grothaus frei und flüchtete in den Westen.

---

15   Augenzeugenberichte von streikenden Arbeitern: Wilhelm Grothaus, in: Ilse Spittmann, Karl Wilhelm Fricke (Hrsg.): 17. Juni 1953. Arbeiteraufstand in der DDR. 2., erw. Aufl., Köln 1988, S. 116-117.

Vor und während der Vorfälle im Sachsenwerk hatten sich überall in der Stadt weitere Betriebe dem Streik angeschlossen. Aus verschiedenen Richtungen strömten Demonstrationszüge in die Innenstadt Dresdens. In Sprechchören und auf Schildern forderten die etwa 60.000 Demonstranten an verschiedenen Stellen der Stadt den Rücktritt der Regierung, Generalstreik und die Einheit Deutschlands. Die Märsche durch die Stadt dauerten mehrere Stunden.

Auf dem Post- und Theaterplatz strömten am Nachmittag tausende Menschen zusammen. Die Sicherheitskräfte begannen die Anwesenden zu zerstreuen, ohne dass sie dabei Waffen einsetzten. Den Theaterplatz räumten sowjetische Soldaten vollständig, dafür kamen immer mehr Menschen auf dem Postplatz zusammen. Hier befand sich einer der größten Verkehrsknotenpunkte Dresdens. An seiner Nordseite standen die berühmten Bauten aus dem 18. Jahrhundert, darunter der Zwinger, das Residenzschloss und die Hofkirche. Von dieser Kirche ließen Dachdecker eine zehn bis fünfzehn Meter lange Papprolle mit Parolen, die sich gegen die SED und ihren Staat richteten, herunter. Vereinzelt gaben KVP-Angehörige und sowjetische Soldaten Warnschüsse ab, mehrere Jugendliche warfen Steine gegen sowjetische Panzer. Gegen 16 Uhr sperrten KVP und Rote Armee sämtliche Zufahrtsstraßen zum Postplatz hermetisch ab. Zu diesem Zeitpunkt befanden sich in dem Kessel auf dem Postplatz etwa 20.000 Personen.

Die Atmosphäre in Dresden blieb weitgehend friedlich. Zwar kam es an mehreren Stellen der Stadt zu Entwaffnungen von KVP-Angehörigen, auch zu leichteren tätlichen Angriffen, aber insgesamt blieben dies Randerscheinungen. Die wichtigsten öffentlichen Gebäude standen unter dem Schutz von sowjetischem Militär und KVP, sodass es zu keiner Erstürmung kam. Etwa 600 Demonstranten versuchten eine Untersuchungshaftanstalt zu stürmen und die politischen Gefangenen zu befreien. Aber sie kamen nicht einmal in die Nähe des Gefängnisses. Die sowjetische Armee hatte sich seit dem Vormittag gründlich auf ihren Einsatz vorbereitet und so die meisten Demonstrationszüge ohne Waffengewalt auseinandergetrieben.

Am Abend herrschte in der Stadt wieder Ruhe. Das Militär hielt alle neuralgischen Punkte besetzt. Am nächsten Tag führten mehrere Betriebe den Streik fort, andere begannen erst mit Streiks, als bekannt wurde, dass Streikführer in der Nacht verhaftet worden waren.

Sowjetische Soldaten besetzten einzelne Betriebe. Die Arbeiter nahmen unter diesem Druck fast überall ihre Arbeit wieder auf. Am Abend kam es auf dem Postplatz erneut zu einer Ansammlung von mehreren hundert Menschen. Als sie sich nicht vertreiben ließen, schossen sowjetische Soldaten los. Drei Jugendliche brachen zusammen und mussten verletzt in ein Krankenhaus gebracht werden. Auch hier war der Volksaufstand endgültig zusammengebrochen.

Magdeburg

Die Elbestadt war ein Zentrum des Schwermaschinenbaus. Hier gab es mehrere große Werke mit zehntausenden Beschäftigten. In den frühen Morgenstunden des 17. Juni, noch vor Schichtwechsel, kam es zu ersten Beratungen zwischen SED-Bezirksleitung, SED-Betriebsleitungen und örtlicher Polizei. Das Problem war, dass niemand wusste, worauf man sich eigentlich vorzubereiten hatte, da es bis zu diesem Zeitpunkt keinerlei Anzeichen für Streiks oder Unruhen gegeben hatte. Ab 7 Uhr gingen dann beim Einsatzstab im Abstand von wenigen Minuten immer bedrohlichere Meldungen ein. Zunächst hieß es, sechzig Arbeiter im Karl-Marx-Werk hätten die Arbeit niedergelegt. Kurz darauf, gegen 7.30 Uhr, kam die Meldung, in Magdeburg-Neustadt hätte sich der (erste) Demonstrationszug, bestehend aus 150 Menschen, gebildet. Noch schien die Situation überschaubar. Doch schon bald mussten die Verantwortlichen einsehen, dass ihr Konzept, in Magdeburg kein »Berlin« entstehen zu lassen, fehlgeschlagen war. Immer mehr Menschen forderten in Betrieben und auf Straßen unüberhörbar: »Magdeburger, folgt den Berlinern!«. Die Arbeiter der Formerei im Ernst-Thälmann-Werk beendeten als erste die Diskussion über die Berliner Ereignisse und legten um 7.30 Uhr die Arbeit nieder, formierten sich zu einem Demonstrationszug und zogen durch das gesamte Werk. Gegen 9 Uhr war der Protestzug auf etwa 5.000 Teilnehmer angeschwollen, der gesamte Betrieb mit 6.200 Beschäftigten in der Frühschicht war in den Ausstand getreten. Nachdem die Produktion stillgelegt worden war, verließ der Demonstrationszug das Betriebsgelände. Die Thälmann-Werker forderten freie Wahlen, die Freilassung der politischen Häftlinge, ein einheitliches Deutschland sowie den Rücktritt der DDR-Regierung. Als sie am Dimitroff-Werk ankamen, fanden sie von der Polizei verschlossene Tore vor. Die gesamte Belegschaft des Dimitroff-Werks legte die Arbeit nieder, folgte ihren Kollegen und setzte sich in Richtung Zentrum in Bewegung. Auch das Liebknecht-Werk, der zweitgrößte Betrieb Magdeburgs nach den Thälmann-Werken mit unwesentlich weniger Beschäftigten, schloss sich den Streikenden und Demonstranten an. Die Arbeiter öffneten die verschlossenen Werktore mit Hilfe von Lastkraftwagen.

Der Demonstrationszug war bis zum Buckauer Tor auf über 20.000 Menschen angewachsen. Die Kunde von diesen ungeheuerlichen Vorgängen verbreitete sich schnell in der Stadt. Der örtliche Nahverkehr war zum Erliegen gekommen. Da die Bewegung über keine einheitliche Führung verfügte, war den meisten Demonstrationsteilnehmern, nachdem sie sich erst einmal auf der Straße befanden, nicht klar, was nun eigentlich geschehen sollte. Aus verschiedenen Himmelsrichtungen bewegten sich Protestzüge in die Innenstadt. Wie viele Menschen es insgesamt waren, die sich mittags und nachmittags an den Brennpunkten in der Stadt aufhielten, lässt sich wie in den anderen Großstädten nicht zweifelsfrei belegen. Aus den Akten kann etwa auf 50.000 geschlossen werden.

Gegen 11 Uhr trafen auf dem Hasselbachplatz, einem Magdeburger Verkehrsknotenpunkt, tausende Demonstranten ein. Die Züge hatten sich bis zu diesem Zeitpunkt friedlich durch die Stadt bewegt. Selbst als das erste Volkspolizeikreisamt gestürmt wurde, kam es nicht zu tätlichen Auseinandersetzungen. Die Polizei hatte ihre Waffen weggeschlossen und verlegte sich aufs Diskutieren. Die SED-Kreisleitung, der FDGB-Bezirksvorstand und die FDJ-Bezirksleitung wurden besetzt. Je länger die Demonstrationen andauerten, umso mehr Gewalt wandten die Demonstranten nun an. Ebenfalls gegen 11 Uhr strömten einige Personen in die Redaktion und Druckerei der *Volksstimme*, der SED-Tageszeitung. Was die Demonstranten dort genau wollten, blieb offen und wurde in einem späteren Prozess auch gar nicht erfragt. Die stellvertretende Chefredakteurin meinte einen Tag später, die Demonstranten hätten Flugblätter oder eine eigene Zeitung drucken wollen. Mehrere Arbeiter aus dem Thälmann-Werk verprügelten den Chefredakteur und sieben weitere Redaktionsmitglieder. Andere Demonstranten drangen in das Fernmeldeamt ein, zerstörten Einrichtungsgegenstände, konnten den Fernmeldeverkehr aber nicht unterbrechen. Kurz nach 12 Uhr besetzten Demonstranten für kurze Zeit den Stadtfunk. Ein Arbeiter sprach zu den Magdeburgern in ruhigem Ton und erklärte, womit er nicht einverstanden und warum es zu Streiks und Demonstrationen gekommen sei.

Dass sich die Magdeburger Ereignisse überregional schnell herumsprachen, kam wie folgt zustande: Ein Demonstrationszug mit 3.000 Personen brach vom Hasselbachplatz zum Hauptbahnhof auf und besetzte diesen. Dort standen drei Gefangentransportwaggons. Eine »Kommission« überprüfte die Verhaftungsgründe und befreite die aus politischen Gründen Eingesperrten aus zwei Wagen, die aus dem dritten wurden ohne Prüfung freigelassen. Interzonenzüge von West-Berlin ins Bundesgebiet oder umgekehrt hielten in Magdeburg. Mehrere Reisende verbreiteten das Erlebte nach ihrer Ankunft im Westen, sodass die Medien schnell von den Vorgängen in Magdeburg berichteten.

Das Gebäude der SED-Bezirksleitung wurde ebenso gestürmt und zum Teil verwüstet wie kurze Zeit später auch das des Rates des Bezirks. Das geschah alles noch vor 12 Uhr. Zur gleichen Zeit ging die Nachricht, dass sich immer mehr Demonstranten im südwestlich gelegenen Stadtteil Sudenburg vor dem Bezirksgericht, der Bezirksbehörde der Deutschen Volkspolizei (BDVP), der Untersuchungshaftanstalt und dem MfS-Gefängnis (alles auf einem Areal gelegen) sammelten, wie ein Lauffeuer durch Magdeburg. Hier trafen sich die größten Demonstrationszüge. Die Straßenbahner marschierten in einem quasimilitärischen Zug uniformiert von ihrem unweit gelegenen Depot zu dem Areal. Vor dem Gelände finden sich schließlich 10.000 bis 15.000 Menschen ein.

Da die Tore verschlossenen waren, drangen einige Demonstranten von den angrenzenden Bahngleisen aus auf das Gelände ein. Vor und auf dem Gelände entwaffneten die Magdeburger zahlreiche Polizisten und rissen ihnen die Schulterstücke ab. Als erste Gebäude wurden das Gericht und die BDVP gestürmt und verwüstet. Bis zu 5.000 Strafakten flogen aus den Fenstern und gingen überwiegend in Flammen auf. Zugleich versuchten andere Demonstranten, das Tor zur Haftanstalt aufzubrechen, was zunächst misslang. Entwaffnete Polizisten dienten als Kugelfang, damit der Beschuss auf die Demonstranten vom Innenhof aufhörte. Zugleich schossen nun auch Protestierende aus Fenstern des Gerichtsgebäudes auf den Innenhof des Gefängnisses. Als durch das Gefängnistor geschossen wurde, kamen zwei VP-Angehörige ums Leben. Auch MfS-Mitarbeiter versuchten die Menge abzuwehren. Ein MfSler kam dabei ums Leben.

Wie viele Tote die Demonstranten zu beklagen hatten, ist bisher nicht zweifelsfrei festgestellt worden. Obwohl es gelungen war, das Haupttor zu

zerstören – es wurde niedergebrannt –, konnte das MfS-Untersuchungs-
gefängnis nicht erstürmt werden. Mit Feuerwehrschläuchen und kaltem
Wasser wurden die Massen immer wieder zurückgedrängt. Die sowjetische
Armee schickte schließlich nach dringenden Hilferufen ihrer deutschen
Genossen Panzer und Mannschaftswagen nach Sudenburg, die die Lage zu
kontrollieren begannen. Zwar empfing diese ein gewaltiger Steinhagel, einzelne Jugendliche hingen sich sogar an die Panzerrohre. Aber Schüsse ließen
die von dem Panzereinsatz überraschten Demonstranten schnell von ihrem
Vorhaben Abstand nehmen, die Haftanstalt zu erstürmen. Panzer versperr-
ten den Weg. Gegen 18 Uhr waren alle Demonstranten vertrieben.

Der Einsatz von Schusswaffen schockte die Magdeburger. Die Nachricht
verbreitete sich schnell in der ganzen Stadt. Auf dem nur wenige Kilometer
entfernten Alten Markt fand zur selben Zeit eine Demonstration statt. Die
Versammlung berief eine zehnköpfige Delegation, die Oberbürgermeister
Philipp Daub gegen 13 Uhr Forderungen überbrachte, darunter neben den
bekannten auch die, alle Polizisten, die auf Magdeburger geschossen hatten, öffentlich bekannt zu geben. Daub versprach, eine außerordentliche
Stadtverordnetenversammlung einzuberufen und dieser die Forderungen zu
übermitteln. Es blieb bei diesem Versprechen. Sowjetische Soldaten lösten
die Versammlung auf dem Markt auf.

Neben dem Gefängnis in Sudenburg befand sich in der nördlich gelegenen
Neustadt am Moritzplatz ein zweites Gefängnis. Hier hatte sich bereits am
Vormittag eine kleinere Gruppe eingefunden, die sich gegen Mittag aber
zerstreute. Offenbar von den Ereignissen in Sudenburg angestachelt, sammelten sich nach 12.30 Uhr am Moritzplatz immer mehr Menschen, die nunmehr lautstark die Freilassung aller politischen Gefangenen forderten. Der
Anstaltsleitung stellten die Demonstranten das Ultimatum, bis 15.30 Uhr
alle Häftlinge freizulassen, sonst werde das Gebäude gestürmt. Im Gegensatz zu Sudenburg verzichtete die Polizei am Moritzplatz auf jeglichen Waf-
feneinsatz. Kurz bevor das Ultimatum ablief, begannen die Protestierenden
auf das Gefängnistor mit Äxten, Brecheisen und Hämmern einzuschlagen,
die daneben befindliche kleinere Pforte gab nach, und so konnte auch das
größere Tor geöffnet werden. Die Polizisten zogen sich zurück. Insgesamt
kamen 221 Häftlinge frei, einige mussten aus dem Gefängnis regelrecht he-
rausgezwungen werden, weil sie befürchteten, ihre Haftstrafe durch eine
Flucht erheblich zu verlängern. Einige Häftlinge stellten sich vor die VP-An-

gehörigen und schützten sie vor Übergriffen. Dafür sind später mindestens zwei Häftlinge begnadigt worden.

Die massive Präsenz der Roten Armee ließ in den frühen Abendstunden auf den Straßen und Plätzen Magdeburgs relative Ruhe einkehren. Es herrschte Ausnahmezustand und ab 21 Uhr Ausgangsverbot. Auf den Straßen fuhren mobile Einsatzkommandos, die Verhaftungen vornahmen.

Da sowjetischen Armeeeinheiten wichtige Großbetriebe und zentrale Staats- und Parteigebäuden sowie Verkehrsknotenpunkte besetzten, erstickte die mächtige, fast die gesamte Stadt umfassende Streikbewegung. Zwar streikten noch Tausende am nächsten Tag und am 19. Juni immerhin noch einige Hundert, aber Demonstrationsversuche wurden nun schon im Ansatz gewaltsam unterdrückt und vermeintliche Anführer sofort verhaftet. Bildeten sich neue Streikleitungen, wurden diese sofort festgenommen. Ab dem 20. Juni arbeiteten in Magdeburg wieder alle Betriebe.

Aufstände in der Provinz

Nicht nur in Großstädten, auch in zahlreichen mittleren und kleinen Städten und vielen Dörfern probten die Menschen den Aufstand. Im Folgenden werden einige Beispiele angeführt, in denen Arbeiter eine Rolle spielten.

Zentren des Geschehens im Norden der DDR stellten die Hafen- und Werftstädte Rostock und Warnemünde, Wismar, Wolgast sowie Stralsund dar. In den meisten Städten und Gemeinden kam es erst am 18. Juni zu Aktionen, so etwa in Wismar. Dort streikte die Werftarbeiter an diesem Morgen geschlossen. Als sich sowjetische Truppen im Laufe des Vormittags auf Forderung der Arbeiter allmählich aus der Werft bzw. aus deren Nähe zurückzogen, nahmen die meisten Arbeiter ihre Arbeit wieder auf. Die Peenewerft in Wolgast wurde am 18. und 19. Juni bestreikt, allerdings gelang es hier nicht, die Belegschaft restlos zu mobilisieren. Anders sah es in Stralsund aus, wo am Morgen des 18. Juni die gesamte Werft in den Ausstand trat und über 5.000 Arbeiter eine Streikleitung wählten. Währenddessen versuchten SED-Mitglieder und Polizisten auf das Werftgelände zu gelangen, um die Belegschaft zur Arbeitsaufnahme zu bewegen. Als das nicht ausreichte, zogen sowjetische Soldaten und Panzer vor der Werft auf. Zugleich trafen Bauarbeiter ein, die den Werftarbeitern solidarisch zur Seite sprangen. Am frühen Nachmittag begann sich die Bewegung trotz hoher Militärpräsenz auf die Innenstadt auszuweiten. Die KVP hatte vorsorglich die Kreisdienststelle des MfS besetzt und so vor einer Erstürmung geschützt. Die Unruhen dauerten bis zum 23. Juni an, auch wenn sie ihre Heftigkeit am nächsten Tag bereits wieder verloren hatten und sich die Auseinandersetzungen vorrangig in den Betrieben und vor allem auf der Werft abspielten.

Kam es auf der einen Seite in vielen Industriebetrieben zu Streiks und Demonstrationen, so entflammten andererseits in den Braunkohleförderstätten kaum Streiks. In der Lausitzer Großkokerei Lauchhammer streikten zwar bis zum 23. Juni täglich etwa 5- bis 7.000 Arbeiter und bildeten eine Streikleitung, die noch am 23. Juni aktiv war und politische Forderungen erhob, aber insgesamt meldete die SED aus dieser Region, dass die Kumpel sich eher gegen Streikversuche gewehrt und zum Teil sogar ihre Normen beträchtlich übererfüllt hätten. Maßgeblich trug dazu bei, dass es die SED in Cottbus relativ zeitig verstand, ihre eigenen Kräfte zu mobilisieren und im Verbund mit Polizei, KVP und sowjetischer Armee potentielle Unruheherde insbesondere in den großen Braunkohlekraftwerken und -tagebaustätten bereits im Ansatz zu ersticken.

Für viele Regionen war es typisch, dass sich die Streikbewegung, von den Ereignissen in Berlin und den Bezirkshauptstädten inspiriert, erst am Abend des 17. Juni bzw. am 18. Juni verstärkt entfaltete. Exemplarisch stehen dafür etwa die Vorgänge in Wernigerode am Nordrand des Harzes, von denen das einzige komplett erhaltene, außergewöhnlich eindrückliche Tondokument einer Betriebsversammlung überliefert ist. Kein anderes Dokument aus dieser Zeit zeigt die Kraft und den Willen, die politischen Forderungen und die überwiegende Disziplin der Arbeiter so stark und einhellig wie dieser Mitschnitt.[16] In der Kreisstadt Halberstadt lebten etwas mehr als 45.000 Einwohner. Am 18. Juni kam es auf mehreren Belegschaftsversammlungen zu Streikforderungen. Mindestens 19 Betriebe legten die Arbeit nieder; beteiligt waren etwa 4.000 Arbeiterinnen und Arbeiter. In Erklärungen verlangten sie – wie in Wernigerode – gesamtdeutsche Wahlen und die Aufhebung des Ausnahmezustands. Auf dem Fischmarkt/Holzmarkt versammelten sich am Nachmittag rund 1.200 Personen. Sowjetische Soldaten trieben die An-

---

16 Die Vorgänge in Wernigerode sind geschildert und das überlieferte Tondokument – und erklärt, warum es das gibt – als CD beigefügt bei: Ilko-Sascha Kowalczuk: 17. Juni 1953 – Volksaufstand in der DDR. Ursachen – Abläufe – Folgen. Bremen 2003, S. 295-297, CD als Beifügung; ausführlich: Konrad Breitenborn: Tage zwischen Hoffnung und Angst. Der 17. Juni im Kreis Wernigerode. Dößel 2013.

sammlung mit Warnschüssen auseinander. Am nächsten Tag traten weitere Betriebe in den Ausstand, sodass sich die Anzahl der Streikenden noch erhöhte, nur zwei kleinere Betriebe nahmen dagegen ihre Arbeit wieder auf. Im VEB Kreisbaubetrieb Halberstadt wählte die Belegschaft am 19. Juni eine Vertrauenskommission, die das MfS als Streikleitung ansah. Der Kommission gehörten sieben Männer an, darunter zwei SED-Mitglieder, von denen einer der Werkleiter war. Im Namen der Kollegen schrieben sie am 19. Juni eine Resolution an den Rat des Kreises. Sie forderte, die Sicherheit der Einwohner Halberstadts zu gewährleisten und alle am 18. Juni in der Stadt verhafteten Personen unverzüglich freizulassen. Dies bezeichneten sie als Minimalforderungen. Sollten sie eingelöst seien, würde die Arbeit wieder aufgenommen werden. Darüber hinaus verlangten sie »freie, geheime, gesamtdeutsche Wahlen, wie sie vor 1933 durchgeführt wurden«, »die schnellste Herbeiführung der Einheit Deutschlands«, den Wegfall der Zonengrenzen, den Abzug der Besatzungstruppen, die Senkung der HO-Preise um 40 Prozent, die Umbildung der DDR-Regierung, »da die jetzige nicht mehr das Vertrauen des Volkes besitzt«, die »Berichtigung der Normen« sowie das Unterlassen von Maßregelungen gegen diese Kommission oder »gegen Kolleginnen oder Kollegen, die ihre freie Meinung äußern«.

Um die Ereignisse nicht eskalieren zu lassen, empfing der Vorsitzende des Rates des Kreises am Nachmittag des 19. Juni sämtliche Streikleitungen Halberstadts. Es kamen ungefähr 50 Vertreter, die ihre Forderungen in einem mehrstündigen Gespräch vortrugen. Währenddessen bereitete die MfS-Kreisdienststelle die ersten Verhaftungen vor. Dafür wurden Kommandos zusammengestellt, der Schutz des MfS-Gebäudes verstärkt sowie zusätzliche MfS-Vernehmer von der Stasi-Bezirksverwaltung Magdeburg angefordert. In der Nacht vom 19. zum 20. Juni verhaftete das MfS insgesamt 39 Halberstädter. Die Streikbewegung bröckelte. Es kam im Laufe der nächsten Woche – wie in vielen anderen Orten der DDR – zu Schweigeminuten und anderen Formen, mit denen der Toten des Volksaufstands gedacht wurde. Die meisten Verhafteten kamen ohne Verurteilung wieder frei.

Das größte Industriezentrum der DDR befand sich im Bezirk Halle.[17] Im Großraum Halle, Merseburg und Bitterfeld arbeiteten Zehntausende auf

17 Zu den interessanten Vorgängen in der Stadt Halle siehe: Hans-Peter Löhn: Spitzbart, Bauch und Brille – sind nicht des Volkes Wille! Der Volksaufstand am 17. Juni in Halle an der Saale. Bremen 2003.

Industriebaustellen und in den chemischen Großbetrieben. In den Leuna-Werken arbeiteten etwa 30.000 Menschen. 1953 waren außerdem tausende Bauarbeiter damit beschäftigt, die Werke wieder zu errichten. Am Morgen des 17. Juni beschlossen erste Arbeiter, in den Ausstand zu treten, gingen durch Teile des Werkes und forderten die Kollegen auf, sich anzuschließen. Schnell waren es 3.000 Männer und Frauen. Auf einer improvisierten Belegschaftsversammlung erklärten die Kollegen den amtierenden Direktor für abgesetzt und bestimmten seinen Vorgänger zum neuen Direktor. Die Belegschaften wählten Streikleitungen, besetzen SED- und Gewerkschaftsräume und beschlagnahmten Autos, Telefone und Funkanlagen. Währenddessen zogen sich die Funktionäre mehr und mehr aus dem Werk zurück.

Es bildete sich eine zentrale Streikleitung. Sie beschloss, Abgesandte nach Buna bei Schkopau zu schicken, wo 18.000 Menschen arbeiteten. Doch ehe die Delegation aufbrach, kam bereits ein Abgesandter der Buna-Werke und berichtete vor tausenden Zuhörern in den Leuna-Werken vom Streik in Buna. Dort waren ebenfalls am Morgen Streiks ausgebrochen, eine Streikleitung gewählt, die Polizei entwaffnet und ein Marsch nach Merseburg beschlossen worden. Die Leuna-Arbeiter schlossen sich sofort an. Die Protestierenden sangen auf ihren Märschen das »Deutschlandlied« sowie »Brüder zur Sonne, zur Freiheit«.

In Merseburg versammelten sich mehr Menschen, als die Stadt Einwohner hatte, dies waren weniger als 50.000 Menschen. Auf den zentralen Plätzen standen 60.000 Frauen und Männer, manche sprachen von 80.000, andere wollten sogar 100.000 »gezählt« haben. Aus vielen weiteren Orten stießen immer mehr hinzu. Viele fuhren mit ihren Autos übers Land und riefen zu Streiks und Demonstrationen auf. Kurz nach Mittag befand sich die Stadt in der Hand der Aufständischen. Die SED-Kreisleitung wurde genauso erobert wie das Volkspolizeikreisamt, die MfS-Kreisdienststelle und viele weitere Gebäude.

Gegen 14 Uhr waren alle öffentlichen Gebäude besetzt, ernsthafter Widerstand zeigte sich nicht. Die Aufständischen arretierten mehrere Funktionäre, von denen die meisten aber abgetaucht waren. Sowjetische Einheiten besetzten das Gefängnis und sperrten die ersten Aufständischen ein. Tausende bedrängten daraufhin die Haftanstalt; die sowjetischen Offiziere gaben nach und ließen alle wieder frei. Auf dem Uhlandplatz sprachen mehrere Redner der Buna- und Leuna-Werke, Zehntausende sangen das »Deutschlandlied«.

Es kam zur Bildung einer zentralen Streikleitung für den gesamten Merseburger Kreis. Sie hatte 25 Mitglieder und repräsentierte Dutzende von Betrieben und zehntausende Arbeiter. Die sowjetische Armee hatte mittlerweile die großen Werke umstellt und zum Teil besetzt. Die Kommandogewalt in den sowjetischen Betrieben (SAG) war an Offiziere übergegangen. In der Nacht noch kam es zu ersten Verhaftungen, die die nächsten Tage andauerten. Das MfS, die Polizei und die sowjetische Besatzungsmacht nahmen hunderte Beteiligte fest, darunter die Mitglieder sämtlicher Streikleitungen, soweit derer sie habhaft werden konnten.

In Bitterfeld, wo sich 50- bis 70.000 Menschen versammelt hatten, war der 47-jährige Paul Othma eine der markantesten Persönlichkeiten am 17. Juni. Der Elektromonteur hatte nach 1945 in einem antifaschistischen Ausschuss mitgewirkt und sich anschließend als Gemeindevertreter in Sandersdorf engagiert. Bis 1950 war er Mitglied der Liberal-Demokratischen Partei Deutschlands (LDPD), die er verließ, nachdem sie sich von der SED immer mehr gleichschalten ließ. Paul Othma geriet am 17. Juni 1953 eher zufällig – wie fast alle anderen – in die Rolle eines Streikführers.

In mehreren Betrieben Wolfens brachen am Morgen Streiks aus, es wurden Streikleitungen gewählt, teilweise Werkleitungen abgesetzt, Betriebsfunkanlagen besetzt und Forderungskataloge formuliert. In Wolfen und Bitterfeld beteiligten sich sämtliche Großbetriebe und fast alle mittleren und kleinen Betriebe an der Streikbewegung. Etwa 12.000 Arbeiter der Agfa-Filmfabrik Wolfen, der Farbenfabrik Wolfen und anderer Betriebe begannen vormittags einen Marsch nach Bitterfeld. Aus der gesamten Umgebung Bitterfelds machten sich Belegschaften auf den Weg.

Den Zug der Streikenden des Elektrochemischen Kombinats Bitterfeld ins Zentrum der Stadt führte Paul Othma an. Um 11 Uhr standen auf dem »Platz der Jugend« und in den angrenzenden Straßen etwa 50.000 Menschen – in Bitterfeld hatte etwa 32.000 Einwohner. Mehrere Redner sprachen über eine Lautsprecheranlage zu der Menge. Für den Kreis Bitterfeld konstituierte sich ein Streikkomitee, das sich aus 25 Vertretern einzelner Betriebsstreikleitungen zusammensetzte. Paul Othma formulierte die politischen Forderungen und mahnte zur Besonnenheit. Der Lehrer Wilhelm Fiebelkorn, ebenfalls Mitglied der Kreisstreikleitung, verlas ein berühmt gewordenes Telegramm an die DDR-Regierung, das die »üblichen Forderungen« enthielt und auf eine mittels freien Wahlen herzustellende Einheit Deutschlands hinauslief. Anschließend gab Fiebelkorn ein Telegramm an die Sowjets bekannt. Darin forderte das Komitee, den Ausnahmezustand aufzuheben. Nach der Kundgebung stürmten die Demonstranten alle wichtigen Gebäude Bitterfelds, darunter das Rathaus, das Landratsamt, die SED-Kreisleitung, die MfS-Kreisdienststelle und das Gefängnis. Die Demonstranten sperrten Polizisten, Gefängniswärter und MfS-Mitarbeiter in die Zellen ein.

Als sich Bitterfeld restlos in der Hand der Aufständischen befand, begannen die meisten Arbeiter, sich in ihre Betriebe zurückzuziehen. Die waren zumeist bereits von Militäreinheiten besetzt worden. Auch in Bitterfeld rückte immer mehr Militär ein. Überall bot sich das gleiche Bild: Sobald die Aufständischen die Oberhand hatten, erlahmte die Bewegung, und die Staatsmacht, gestützt auf die russischen Panzer, ging zum Gegenschlag über. Obwohl sich die Streiks auch in Bitterfeld und Wolfen bis zum 20. Juni hinzogen, erlahmte die Streikbewegung bereits am 18. Juni. Dazu trugen auch die Verhaftungen bei. Einige Streikführer flüchteten in den Westen, darunter Wilhelm Fiebelkorn, andere nahm das MfS fest. Das Bezirksgericht Halle verurteilte Paul Othma Ende Oktober zu zwölf Jahren Zuchthaus. Am 1. September 1964 wurde er schwer krank entlassen und starb in Sandersdorf nicht einmal fünf Jahre später mit 63 Jahren an den Haftfolgen.

Walter Ulbricht bekam die Stimmung der Arbeiter persönlich zu spüren. Auf Belegschaftsversammlungen in den großen Werken im Chemiedreieck, an denen er teilnahm, schlug ihm offene Ablehnung, teilweise Hass entgegen. Die Leuna-Arbeiter wollten mit dem Mann, der ihrem Betrieb den Namen gab – seit 1951 hießen die Leuna-Werke offiziell »Leuna-Werk Walter-Ulbricht« –, nichts zu tun haben. Als er am 24. Juni 1953 in den Leuna-Werken sprach, bekam der mächtigste Mann in der DDR die offene Feindseligkeit zu spüren, obwohl die Zuhörer sorgsam ausgewählt worden waren. Diese beschwor er nicht zuletzt mit einer Propagandarede herauf.

In Gera (Thüringen) lebten 1953 etwa 98.000 Menschen. Alle größeren Betriebe wählten Streikkomitees. Es kam zur Bildung eines zwölfköpfigen überbetrieblichen Komitees, das die Aktionen in der Stadt koordinieren wollte und mit dem Ratsvorsitzenden verhandelte. Die Einwohner Geras strömten in die Innenstadt und belagerten die Machtzentralen. Allein vor dem Gefängnis standen tausende Demonstranten. Mit einem Autokran hebelte ein Wismut-Kumpel das Tor aus. An verschiedenen Stellen fielen Schüsse, auch vor der SED-Bezirksleitung. Geschossen haben ausschließlich Polizisten und sowjetische Soldaten. Polizeiwagen wurden wütend zerstört. Als Abschreckungsmaßnahme stellten sowjetische Soldaten am Nachmittag inmitten der Stadt drei gefechtsbereite Geschütze auf. Die Bevölkerung hoffte derweil auf die schlagkräftigen Wismut-Kumpel, standen diese doch seit Jahr und Tag im Ruf, nicht lange zu zögern und ihrem Unmut freien Lauf zu lassen, auch handgreiflich. Als die Wismut-Kumpel am Nachmittag in Geras Innenstadt eintrafen, brach ein wahrer Freudentaumel auf den Straßen aus.

Nachdem bereits etwa 40 Fahrzeuge der Wismut in Thüringen, voll besetzt mit Kumpeln, in Richtung Karl-Marx-Stadt aufgebrochen waren, um in der sächsischen Bezirkshauptstadt zu demonstrieren, diese aber von sowjetischen Soldaten an der Bezirksgrenze an der Weiterfahrt gehindert worden waren, weitete sich der Streik in die Wismut-Gebiete Thüringens aus. Ausgangspunkt war die Abbauanlage in Katzendorf, dem sich schnell weitere Kumpel und viele Arbeiter anschlossen. Die Kumpel fuhren nun mit den 40 LKW zunächst in die Bezirkshauptstadt Gera. Als sie um 16.40 Uhr eintrafen, zögerten die Kumpel keinen Augenblick und griffen die KVP-Angehörigen sofort an. Einen vollbesetzten Mannschaftswagen der Polizei kippten sie um, es gab mehrere Verletzte. Die Polizisten zogen sich zurück, zumeist entwaffnet. Die Kumpel zerstörten die meisten Waffen, diesmal aber nicht alle. Gegen 18.30 Uhr kam es zu ersten Schießereien auf dem »Platz der Republik«, bei denen offensichtlich auch Wismut-Kumpel aus erbeuteten Waffen zurückschossen. Die sowjetische Armee nahm das zum Anlass, Gera hermetisch abzuriegeln. Erst in den späten Abendstunden zog allmählich Ruhe in Gera ein. Am nächsten Tag jedoch erschienen erneut zwei Wismut-Busse mit etwa 30 Kumpeln, die aus nicht nachvollziehbaren Gründen eine Grundschule besetzten und demolierten. KVP-Einheiten stürmten das Gebäude und verhafteten 27 Personen.

In der gesamten Region tauchten Wismut-Kumpel auf. Selbst in der Zeiss-Stadt Jena waren sie aktiv. Dies ist deshalb erstaunlich, weil es belegt, in welchem großen Radius die Kumpel am 17. Juni unterwegs waren. In Jena allerdings, einer Stadt mit damals etwa 82.000 Einwohnern, kündigte sich der Aufstand bereits seit den frühen Morgenstunden an, nachdem es dort schon in den Tagen zuvor heftig gebrodelt hatte. Im VEB Carl Zeiss Jena verabschiedeten Arbeiter am 16. Juni eine Resolution, mit der sie soziale Verbesserungen und innerbetriebliche Demokratie einforderten. Am 17. Juni 1953 begannen morgens mehrere Abteilungen mit Streiks, und ihre Angehörigen formierten sich zu Demonstrationszügen. Sämtliche Großbetriebe Jenas beteiligten sich im Lauf des Tages. Zentraler Anlaufpunkt war der Holzmarkt, mitten im Zentrum Jenas. Um 12 Uhr hatten sich hier und in den angrenzenden Straßen und Plätzen etwa 20.000, eine Stunde später etwa 30.000 Menschen eingefunden. Demonstranten erstürmten und zerstörten am Vormittag das Gebäude der SED-Kreisleitung, einige Funktionäre wurden verprügelt. Auch die Gebäude und Funktionäre der FDJ, der Gesellschaft für Sport und Technik (GST), der Nationalen Front und der Gesellschaft für Deutsch-Sowjetische Freundschaft (DSF) blieben nicht verschont. Erzürnte Bürger stürmten das Amtsgericht. Dort befand sich das Untersuchungsgefängnis. Gegen 11 Uhr trafen hier rund 5.000 Menschen ein und befreiten Häftlinge.

Mittags rückten die ersten sowjetischen Panzer in Jena ein. Nachrückende Einheiten vermochten es nicht, sich einen Weg durch die Menschenmenge zu bahnen. Gegen 15.30 Uhr drangen sowjetische Einheiten ins Stadtzentrum vor. Beherzte Frauen bildeten eine Sitzblockade, um das weitere Vorrücken der Panzer zu verhindern. Nur kurze Zeit konnten sie die Panzer aufhalten.[18] Das relativ vorsichtige Agieren der sowjetischen Truppen ist aus vielen Orten überliefert.

Im östlichen Sachsen ging der Aufstand im Vergleich zu anderen Regionen mit am weitesten. In der mit Polen geteilten Stadt Görlitz entwickelte sich die Volkserhebung zu einer Revolution. Hier lebten rund 97.000 Menschen. Alle wichtigen Gebäude der Stadt und neuralgischen Punkte waren bald in der Hand der Aufständischen. Görlitz war für Stunden eine freie Stadt. Es gründete sich ein zwanzigköpfiges Stadtkomitee, das provisorisch die politischen Geschäfte der Stadt übernahm. Es leitete auch die Bürgerwehr an, die Polizeiaufgaben übernahm und Plünderungen und Zerstörungen verhinderte. Die Bürgerwehr war an weißen Armbinden zu erkennen. Gegen 14.30 Uhr, derweil hatten sich etwa 40.000 Menschen im Zentrum zu einer Kundgebung versammelt, verhängte der sowjetische Stadtkommandant den Ausnahmezustand, gültig ab 15 Uhr. Ein Sprecher verkündete die Anordnung über den Stadtfunk. Die Kundgebung fand dennoch statt. Ein Redner, der 68-jährige Max Latt, führte aus: »Seit 1904 habe ich der Sozialdemokrati-

---

18   Gerhard Adam: Der Augenzeuge. Persönlicher Bericht über die Ereignisse des 17. Juni 1953, in: Der 17. Juni 1953 in Jena – Dokumente und Fotos. Beilage zu »*die andere*« vom 13.11.1991.

schen Partei angehört. Drei Revolutionen habe ich nun in meinem Leben mitgemacht. Die von 1918, die von 1945 und heute die Revolution am 17. Juni 1953. Görlitzer, ich muss offen bekennen, das ist die größte Freude meines Lebens, dass ich diesen Tag erleben durfte. Acht Jahre lang waren wir gefesselt und geknebelt, acht Jahre lang durften wir nicht so sprechen, wie wir dachten. Nun ist alles vorbei. Die Stunde der Freiheit hat geschlagen. Wir brauchen keine Wahl mehr, denn wer Augen hat zu sehen und wer Ohren hat zu hören, der weiß, wie heute die Bevölkerung der Zone denkt und sich entschieden hat. Die Wahl ist einstimmig ausgefallen, und die SED und ihre Funktionäre sollen sich aus dem Staube machen, bevor sie der gerechte Zorn der 18 Millionen trifft. Görlitzer, es lebe die Juni-Revolution von 1953.«[19]

Bis zum Morgen des 6. Juli 1953 verhafteten das MfS und die Polizei in der gesamten DDR etwa 10 000 Personen, darunter 226 aus West-Berlin und zwei aus Westdeutschland. Sowjetische Kommandos nahmen nochmals bis zu 2.000 Personen fest. Schließlich kamen Festnahmen hinzu, die im Juli und der Folgezeit bis etwa Mitte 1955 durch DDR-Dienststellen vorgenommen wurden. Die Gesamtzahl der Festgenommenen belief sich auf etwa 15.000. Die Mehrheit der Festnahmen, die im direkten zeitlichen Umfeld des Aufstands vorgenommen wurden, erwiesen sich als willkürlich und erfolgten oftmals wegen Überschreitung der Ausgangssperre, fehlender Ausweispapiere oder Aufenthalts in der Nähe eines Regierungsgebäudes. In Berlin kam noch als Delikt der illegale Übertritt über die Sektorengrenze – sowohl von Ost nach West als auch umgekehrt – hinzu.

Die Machthaber reagierten auf die Stimmung in der Bevölkerung. Sie lösten ihre Absichtserklärungen vom 9. und 11. Juni ein, als sie zunächst die Urteile der politischen Häftlinge aus der Zeit vor dem 17. Juni überprüften. Bis zum Abschluss der Überprüfungen Ende Oktober 1953 kamen so 24.000 Personen vorzeitig aus der Haft. Im Januar 1954 wurden außerdem 6.000 von Sowjetischen Militär-Tribunalen (SMT)-Verurteilte freigelassen, die sowjetische Regierung hatte sie begnadigt.

Wenn man bedenkt, dass das System am »17. Juni« am Abgrund und die Macht des Politbüros zur Disposition stand, dann erweist es sich als erstaunlich, dass die Mehrheit der Festgenommenen bis Ende Juni 1953 be-

---

19 Zit. in: Stefan Brant (d. i. Klaus Harpprecht) unter Mitarbeit von Klaus Bölling: Der Aufstand. Vorgeschichte-Geschichte und Deutung des 17. Juni 1953. 2. Aufl., Stuttgart 1954, S. 227.

reits wieder freigelassen wurde. Laut einem Bericht an das SED-Politbüro kam es bis Ende Januar 1954 zur Überstellung von 3.449 Personen an die Staatsanwaltschaften. Noch vor Prozesseröffnung wurden 1.221 Verfahren eingestellt. In weiteren 433 Fällen stellten die Gerichte die Verfahren ein, und 76 Angeklagte sprachen sie frei. Demnach wurden bis Ende Januar 1954 1.526 Angeklagte verurteilt, dabei sind zwei Todesstrafen vollzogen worden, drei Angeklagte erhielten lebenslänglich Zuchthaus, 13 Strafen von 10 bis 15 Jahren, 99 Strafen von 5 bis 10 Jahren, 824 Strafen 1 bis 5 und schließlich 546 Angeklagte Strafen bis zu einem Jahr. Die letzten der etwa 1.800 Urteilssprüche, die im Zusammenhang mit dem 17. Juni fielen, verhängten ostdeutsche Gerichte 1955. Etwa 88 Prozent aller Verurteilten waren Arbeiter. Unter den Verurteilten befanden sich nur wenige Mitglieder einer Partei (SED, CDU, LDPD, Demokratische Bauernpartei Deutschlands – DBD, National-Demokratische Partei Deutschlands – NDPD), etwa 10 bis 12 Prozent. Davon wiederum gehörte etwa die Hälfte der SED an.

Schlussbetrachtung

Die Bewegung in der DDR zwischen dem 17. und dem 21. Juni 1953 lässt sich nicht auf einen einfachen Nenner bringen. In den Großstädten gingen die Streiks und Demonstrationen fast immer von Bauarbeitern und/oder Industriearbeitern aus. Insofern begann die Bewegung als ein Arbeiteraufstand, der innerhalb kürzester Zeit in einen Volksaufstand überging. In den Aufstandszentren waren sämtliche sozialen Gruppen an Streiks, Demonstrationen und Erstürmungen öffentlicher Gebäude beteiligt. In stärker agrarisch geprägten Regionen wurde die Bewegung oft von Pendlern ausgelöst. Mindestens ebenso häufig aber brachen Unruhen aus, die von Beginn an Bauern, die unter dem Zwang der Kollektivierung und einer drakonisch-repressiven Steuer- und Ablieferungspolitik zu leiden hatten, trugen. In mehreren Fällen strömten Bauern und ihre Angehörigen zu Tausenden in umliegende Kreisstädte und initiierten dort Demonstrationen und Kundgebungen. Unter den etwa eine Million Demonstranten und Streikenden befanden sich aber auch viele Auszubildende, Hausfrauen, Rentner und Angehörige der sogenannten Intelligenz. Während Jugendliche oft zu den Aktivposten bei Erstürmungen öffentlicher Gebäude zählten und betroffene Familienangehörige im mittleren Alter die Befreiung von politischen Häftlingen in die Hand nahmen, erwiesen sich Personen mit einer höheren Ausbildung (Facharbeiter, Studierte) oftmals als besonders befähigt für eine Tätigkeit in Streikkomitees oder als Streiksprecher.

Dominierte augenscheinlich am Beginn ein Arbeiteraufstand, so steht dieser generellen Einschätzung noch in der ersten Verlaufsphase entgegen, dass allerorten neben Arbeitern auch andere soziale Gruppen aktiv waren, dass politische, über engere sozialpolitische und das betriebliche Umfeld hinausgehende Forderungen dominierten und dass gerade in den ländlichen Regionen Bauern unabhängig von Arbeitern aktiven Widerstand entfachten. Der Aufstand war ein Volksaufstand.

Der Verlauf folgte keinem einheitlichen Muster. Am Beginn standen zumeist Forderungskataloge, die am frühen Morgen des 17. Juni auf Belegschaftsversammlungen diskutiert wurden. Lediglich in Ost-Berlin war bereits am 16. Juni der Entschluss gefasst worden, am 17. Juni im Zentrum der Stadt zu demonstrieren. Über den RIAS ist davon die Stadt und das gesamte Land in Kenntnis gesetzt worden. Die Belegschaftsversammlungen in den anderen Städten erwiesen sich als falsches Medium, weil die politischen Forderungen von den Betriebsleitungen und den örtlichen Parteifunktionären nicht erfüllt werden konnten. Inspiriert von Informationen aus anderen Städten bedurfte es keiner großen Überzeugungsarbeit, um innerhalb weniger Stunden Zehntausende in den Städten zu mobilisieren. Ernsthafte Gegenwehr war bis in die frühen Nachmittagsstunden eher die Ausnahme. Die Machthaber waren geschockt und auf den Flächenbrand nicht vorbereitet.

Der Schwung der Bewegung nahm in vielen Städten und Gemeinden nach den ersten Erfolgen recht schnell wieder ab. Nachdem die Aufständischen politische Häftlinge befreit, Forderungskataloge übergeben, Verhandlungen mit den örtlichen Funktionären geführt und die wichtigsten Gebäude der Stadt besetzt – und oft auch verwüstet – hatten, breitete sich Ratlosigkeit aus, was nun zu tun sei. In Bitterfeld, Halle, Görlitz, Leuna-Buna und anderen Regionen konstituierten sich zwar überbetriebliche Komitees, aber der schnelle Sieg über die örtlichen Machthaber ließ ebenso rasch ein Handlungsvakuum entstehen. Die Aufständischen waren sich ihres Siegs gewiss, wussten oftmals aber nicht, wie sie ihre augenblicklichen Chancen politisch hätten umsetzten können. Und sie waren auf das Eingreifen der sowjetischen Armee nicht vorbereitet. Zumeist erfolgten diese Einsätze behutsam und waren nicht von übermäßiger Härte gekennzeichnet. Die martialische Wucht der Armeeeinheiten und der ohrenbetäubende Lärm von Panzerketten nur acht Jahre nach Kriegsende reichten oft aus, um die geschockten Menschen auseinander zu treiben.

Der Volksaufstand ist zwar am 17. und 18. Juni niedergeschlagen worden, die Protestbewegung jedoch blieb noch Tage darüber hinaus vital. In vielen Städten und Dörfern kam es erst am 18. oder 19. Juni zu Streiks, neue Betriebe gesellten sich hinzu, auch Demonstrationen und Kundgebungen entflammten immer wieder. Insgesamt zog sich der Aufstand bis zum 21. Juni hin, wobei die Wucht des Volksaufstands zwischen dem 16. und dem 19. Juni zu verzeichnen ist.

Die Revolution brach in sich zusammen, bevor sie flächendeckend den alten Staat, seine Machtinstrumente zerstört und erobert hatte. Dazu trugen zwei Gründe bei: Erstens fehlte es der Volksbewegung an Führungspersönlichkeiten, die willens und in der Lage gewesen wären, eine Revolution zu gestalten und politisch nach der Zerstörung der alten rasch neue Herrschaftsformen zu stabilisieren. Der Aufstand dauerte zu kurz, um solche Persönlichkeiten hervorzubringen. Zweitens aber, noch wichtiger, wäre es ein historischer Trugschluss anzunehmen, der scheinbar paralysierte alte Machtapparat sei tatsächlich außer Gefecht gesetzt gewesen. Zwar kamen die ostdeutschen Polizeieinheiten nicht in dem politisch erwünschten Maße den ihnen zugedachten Aufgaben nach, ließen sich oft entwaffnen, verfügten über eine schlechte Ausbildung und wiesen nicht die notwendige Bewaffnung auf, aber der eigentliche Garant der SED-Diktatur war vor 1953 und nach 1953 die sowjetische Besatzungsmacht – und die kam ihrem Auftrag, die Diktatur zu stabilisieren, schnell und effektiv nach. Insofern war zwar der Volksaufstand revolutionär ausgerichtet, aber die objektive historische Situation erwies sich nicht geeignet für eine erfolgreiche Revolution. Das Scheitern war vorprogrammiert: Die internationalen Rahmenbedingungen und der Machtwille der Sowjets trugen dazu ebenso bei wie das letztlich unorganisierte, spontane, unkoordinierte, führerlose und konzeptfreie Agieren der Volksbewegung.

Wenn man auch historisch zutreffend konzediert, dass am »17. Juni« sämtliche sozialen Gruppen der Gesellschaft aktiv beteiligt gewesen sind, so kommt man dennoch nicht umhin, festzuhalten, dass insbesondere in den Städten den Aufstand fast immer Arbeiter auslösten. Dabei fällt wiederum auf, dass diese Arbeiter fast durchweg lohnprivilegiert gegenüber anderen Arbeitern waren. Es ist ebenfalls charakteristisch, dass Bauarbeiter vielerorts (Berlin, Dresden, Erfurt usw.) die Protagonisten des Aufstands und der Streikbewegung waren. Aber es gab auch Orte (Halle, Magdeburg usw.), wo die Bewegung zunächst von Industriearbeitern, zumeist hochqualifizierten Facharbeitern, ausging. Es wäre zu fragen, warum anfangs die Protestbewegung am »17. Juni« von Lohnempfängern mit überdurchschnittlichem Einkommen und vergleichsweise sicheren sozialen Positionen ausging.[20] Interessant ist auch die – zunächst wenig überraschende – Beobachtung, dass nicht nur Pendler eine besondere Rolle bei der regionalen Ausdehnung des Aufstands spielten, sondern in einem wesentlichen Maße auch Arbeiter, die »auf Montage« waren. D. h., in vielen Berichten ist auffällig, dass solche Arbeiter Streiks und Demonstrationen auslösten, die oft mehrere Hundert Kilometer von ihrem Wohnort entfernt von Montag bis Freitag/Samstag arbeiteten. Stärker als bislang wäre zu thematisieren, warum es trotz des Flächenbrands, der über 700 Städte und Gemeinden erfasste, immerhin in fast 5.000 Städten und Gemeinden vergleichsweise ruhig blieb. Es ist eine Banalität, dass historische Ereignisse, und seien sie noch so kraftvoll, letztlich immer nur aktiv von Minderheiten getragen werden. Interessant ist deshalb der Frage nachzugehen, warum unter ähnlichen Voraussetzungen und bei Wirkung desselben Ursachenbündels dennoch Großbetriebe normal weiterarbeiteten, und warum die Kollegen sich der Streikbewegung nicht anschlossen. Es ist zu vermuten, dass entweder ähnliche Traditionen ein anderes Handlungsmuster präjudizierten oder aber dass eventuell branchen- oder regionalspezifisch ohnehin andere Traditionen existierten. Schließlich ist das Bewusstsein der Arbeiter in den Blick zu nehmen. Auch dieser Komplex steht eng im Zusammenhang mit tradierten Erfahrungen und Auffassungen. Wenn Arbeiter beim Streik riefen, »Wir streiken diszipliniert wie deutsche Arbeiter«, dann ist dies ein deutlicher Beleg für subjektives Traditionsbewusstsein. Aber genauso ist das konkrete Streikverhalten zu berücksichtigen. Aus vielen Orten besitzen wir Berichte, die belegen, dass etwa Hochöfner sehr genau darauf achteten, dass ihre Hochöfen nicht ausgingen. Viele solcher Darstellungen zeigen, dass eine Arbeitsmoral existierte, die nicht auf dem Fundament der Planökonomie basierte, sondern Wurzeln besaß, die weit in die Zeit vor 1933 zurückwiesen.

20 Vgl. prinzipiell die Ausführungen zu diesem historischen Phänomen bei: Jürgen Kocka: Klassengesellschaft im Krieg, 2., durchgeS. u. erg. Aufl., Göttingen 1978.

Der Volksaufstand zählt zu den wenigen revolutionären Massenbewegungen in der deutschen Geschichte. Der »17. Juni« ist ein europäischer Gedenkort: Erstens, weil er eine revolutionäre Gesellschaftsbewegung für einen demokratischen Verfassungsstaat darstellte. Zweitens, weil er vor dem Hintergrund einer Diktatur Grenzen zu überwinden beabsichtigte. Drittens, weil er in vielen Staaten vergleichbare Pendants kannte bzw. ihm viele folgten. Viertens, weil er belegt, dass es trotz übermächtig wirkender Erscheinungen immer und überall lohnt, die Würde des Einzelnen zu verteidigen und zu behaupten.

György Dalos

Arbeiterprotest in Ungarn 1956

Gleichschaltung der Arbeiterbewegung

Der Übergang von einem eingeschränkten Parlamentarismus zum offen
diktatorischen System begann in Ungarn 1948 mit der Vereinigung der
Sozialdemokratischen Partei (MSZDP) und der Kommunistischen Partei
(MKP) – einer Fusion, die auf den zunehmenden Druck der kommunistischen Führung hin zustande kam, die wiederum nach Instruktionen der
Moskauer Führung handelte. Zuerst unterstützte die KP den linken Flügel in
der Schwesterpartei, um mit dessen Hilfe die »Rechten«, d. h. die Ablehner
der Verschmelzung, zu bekämpfen. Dann erzwang man bei der Linken die
ideologische Kapitulation, sie mussten den »Marxismus-Leninismus« als
Weltanschauung der neu entstandenen »Partei der Ungarischen Werktätigen« (PUW) akzeptieren – etwas, das für traditionelle Sozialdemokraten
ein Nonsens war. Gegner oder nur Kritiker der Vereinigung wurden in die
Neugründung gar nicht aufgenommen, als »rechts« eingestufte Mitglieder
im Verlauf einer Säuberungskampagne ausgeschlossen, führende Gestalten
der MSZDP wie Vilmos Böhm ins Exil gezwungen oder wie Anna Kéthly
und übrigens auch der Wortführer der Linken, György Marosán, eingeker-
kert. In der vereinigten Partei mutierte der Begriff »Sozialdemokratie« zum
Schimpfwort.

Angesichts der engen Verbindung der Vorkriegssozialdemokratie mit den
Gewerkschaften schien es logisch, dass bei den Einheitsverhandlungen das
1877 gegründete Zentralorgan der MSZDP *Népszava* dem Landesrat der Gewerkschaften zugeteilt worden war. Die Gewerkschaft wiederum war aber
ebenfalls ein Zwangszusammenschluss der bisher branchenmäßig organisierten Interessenvertretungen der Arbeitnehmer. Statt der ursprünglichen
Bestimmung hatten sie in dem neuen System in erster Linie der Produk-
tionssteigerung zu dienen und konnten höchstens peripher bei innerbetrieblichen Konfliktlösungen wirksam werden. Letztendlich blieb nach der
Verstaatlichung von Fabriken der Staat als einziger Arbeitgeber übrig, und er

definierte sich laut der Verfassung vom August 1949 als »Staat der Arbeiter und werktätigen Bauern«. Gewerkschaften passten in dieses Schema bestenfalls als »Transmissionsriemen zwischen der Partei und der Arbeiterklasse« oder als Leninsche »Schulen des Kommunismus« hinein. Im Prinzip konnte man sie für überflüssig erklären.

Sie waren aber alles andere als überflüssig – hauptsächlich aus Legitimationsgründen: Der Kommunismus war in den bürgerlichen Gesellschaften nicht zuletzt Teil der Arbeiterbewegung, und Gewerkschaften waren für ihn Schauplätze des zu propagierenden Klassenkampfes. Gegenüber den reformistischen Organisationen, die der Zweiten Internationale nahestanden, wurde von Moskau aus in den zwanziger Jahren sogar eine »Rote Gewerkschaftsinternationale« gegründet. Noch wichtiger war die Tatsache, dass in mehreren westlichen Ländern KP-nahe Gewerkschaften fungierten, so die französische CGT mit 1,7 Millionen und die italienische CGIL mit 3,7 Millionen Mitgliedern, die mitunter scharfe Arbeitskämpfe führten und aus sowjetischer Sicht einen destabilisierenden Druck auf die bürgerliche Regierungen ausübten. Ausgerechnet die stärksten dieser Organisationen gehörten dem von der UdSSR unterstützten Weltgewerkschaftsbund an und saßen bei dessen Kongressen in Prag oder Budapest an einem Tisch mit den verstaatlichen Einheitsgewerkschaften des Ostblocks. Große Massenstreiks von »drüben«, selbst die vom britischen TUC oder den antikommunistischen US-Gewerkschaften AFL-CIO organisierten, gehörten in der ungarischen Presse der frühen fünfziger Jahre zu den willkommenen Nachrichten.

Es wäre verfehlt, zu leugnen, dass die sozialistische Transformation manche Vorteile für die Gesellschaft mit sich brachte: Aufstiegschancen für Arbeiter und Bauer, kostenlose Schulen und Gesundheitswesen (darunter die Beseitigung der »morbus hungaricus« genannten Volkskrankheit Tuberkulose), annähernde Vollbeschäftigung der arbeitsfähigen Bevölkerung und staatliche Garantien für kulturelle Einrichtungen. Allerdings konnten diese »sozialistischen Errungenschaften« nicht darüber hinwegtäuschen, mit welchen Unkosten und Opfern der Übergang verbunden war. Der industrielle Aufschwung – in Ungarn 20 % Wachstum – ging, ähnlich wie in der Sowjetunion der späten zwanziger Jahre, zu Lasten der Landwirtschaft, aber auch in anderen Bereichen zeigten sich Missverhältnisse: Es entstanden Großbetriebe, deren Produktion nur mit importierten Rohstoffen gesichert war, man errichtete Wohnsiedlungen ohne entsprechende Infrastruktur. Investitionen – so der erste Anlauf des Budapester Metrobaus – mussten wegen mangelnder Finanzierung gestoppt werden. Veränderungen der fünfziger Jahre in Stadt und Land waren von bürokratischem Chaos und extremer Behördenwillkür kennzeichnet.

Besonders hart wurden die Dörfer getroffen. Ursache dafür war das staatliche Ablieferungssystem, es hätte jedem Feudalherrn des Mittelalters zur Ehre gereicht. Auf der Suche nach verstecktem Getreide, Vieh oder gar Eiern fegten Sondertruppen der Geheimpolizei ÁVH die Dachböden frei und nahmen zusammen mit den Produkten nicht selten das Familienoberhaupt mit, das von nun als »Kulak« (Großbauer) galt und entweder im Gefängnis oder in einem der berüchtigten Internierungslager landete. Im Ergebnis begann die Massenflucht der dörflichen Bevölkerung in die Städte. Die städtischen Arbeiter wiederum litten unter einem auslaugenden Normsystem, »freiwilligen« Überstunden und einem Verbot, den Betrieb zu verlassen. Eine Ausnahme bildeten die Erntezeiten mit ihrem chronischen Mangel an Arbeitskräften. Es entstand eine absurde Situation: Bauer standen Schlange vor den Dorfläden und warteten auf die Lastkraftwagen, die aus der Stadt das aus ihrem Getreide produzierte Brot lieferten, während sich die Fabrikarbeiter ebenfalls über den Brotmangel beschwerten (Tagesration 1952: 250 Gramm). So sah es bei den Arbeitern und Bauern aus, denen laut Verfassung der Staat gehören sollte.

Die Funktionärselite versuchte ihre Gemeinsamkeit mit der formal herrschenden Klasse propagandistisch zu demonstrieren. Bescheidene Signale setzte die Partei, indem sie etwa einem Platz und einer Eisenbahnbrücke auf dem Zugangsweg zum Arbeiterviertel den Namen »Stoßarbeiter« (Élmunkás) verlieh, eine Zigarettensorte »Arbeiter« (= Munkás) und eine andere »Fünfjahresplan« benennen ließ. Eine konkretere Maßnahme bestand in der sogenannten Klassenkategorisierung bei den höheren Studien: Arbeiter- und Bauernkinder sollten bei der Aufnahme in die Mittelschulen und Universitäten mehr Chancen haben als Jugendliche aus intellektuellen und kleinbürgerlichen Familien oder als die Nachfahren der »ehemaligen Ausbeuterklassen«. Obwohl die Förderung der »von unten« kommenden Generation berechtigt war, erfüllten die Neuregelungen nur teilweise ihre Bestimmung. Vorgegebene Planziffern erschwerten die qualitative Beurteilung der Kandidaten, und es wurden wie häufig bei derartigen pauschalen Bevorteilungen, auch hier durch diesen Akt der Gerechtigkeit viele junge Leute allein wegen ihrer Abstammung ungerecht behandelt, und das in einem Land mit dem »numerus clausus« rassistischer Ausgrenzungen jüdischer und ungarndeutscher Studierender in der Vorgeschichte.

Eine andere Form der protektionistischen Kaderpolitik bildeten die Arbeitswettbewerbe. Neben ihrem vordergründigen Ziel der Ankurbelung der Produktion in Anlehnung an die sowjetische Stachanow-Bewegung dienten diese Maßnahmen auch dem Versuch, eine neue Elite von Arbeitern in den Produktionsstätten auszubilden. Schlosser, Dreher, Werkzeugmechaniker, Bergmänner, deren mitunter märchenhaft erscheinende Leistungen die Überlegenheit der sozialistischen Arbeitsmethoden beweisen sollten, wurden entsprechend gepriesen und honoriert. Stoßarbeiter erhielten hohe Auszeichnungen wie den Kossuth-Staatspreis, wurden oft zu Abgeordneten der Nationalversammlung gewählt, zu Mitgliedern des Friedensrates oder des Landesvorstandes der Volksfront erkoren, häufig »zwecks Erfahrungsaustausch« auf Auslandsreisen in die Bruderländer geschickt. In der Kinowochenschau präsentierte man sogar einen Bergmann, wie er von seiner Prämie einen sowjetischen PKW kaufte. Der Partei- und Staatsführer Rákosi ließ sich gerne gemeinsam mit den »Helden der Arbeit« fotografieren. Innerhalb des Betriebs waren Stachanow-Leute als »Lohndrücker« eher unpopulär. Manche von ihnen genierten sich sogar wegen ihrer Privilegien – die meisten kamen doch wohl aus einfachen, proletarischen Verhältnissen.

Die Zahl der ungarischer »Männer aus Marmor«[1] schätzt man auf Tausend. Ihre Lebensläufe veranschaulichen das Schicksalhafte der ungarischen Nachkriegsgeschichte, und viele Viten drehen sich um das Jahr 1956. Einer der Helden der Arbeit emigrierte desillusioniert während des Volksaufstands in den Westen, ein anderer machte Parteikarriere und erreichte in dem Betrieb, wo er als Lehrling begann, den Status des Chef-Managers, ein dritter soll von den Aufständischen in Csepel als Kommunist umgebracht worden sein. Ein vierter war Mitbegründer des Zentralen Arbeiterrates, weswegen er von einem kommunistischen Gericht als Konterrevolutionär zu zwölf Jahren Gefängnis verurteilt wurde. Eines haben alle zusammen offenbar gemeinsam bewirkt: Die Herrschenden schienen nach 1956 allmählich zu der Einsicht gekommen zu sein, dass die propagandistische Jagd nach Planerfüllung und Übererfüllung um Hunderte oder gar Tausende von Prozenten

---

1   »Der Mann aus Marmor« – Titel des berühmten Films von Andrzej Wajda (1977) über die Tragik eines polnischen »Helden der Arbeit«.

eher kontraproduktiv war und keine Kampagne normale Produktionsbedingungen oder etwas bessere Entlohnung ersetzen konnte.

Gefährliche Nachrichten

Stalins Tod am 5. März 1953 wirkte auf die Sowjetunion und die von ihr dominierten Länder wie ein Naturereignis, das die Zeit automatisch in ein »Davor« und ein »Danach« teilte. Allein die Tatsache, dass der womöglich letzte absolute Herrscher der russischen Geschichte mit halbgottähnlicher Autorität nicht mehr unter den Lebenden weilte, bedeutete einen historischen Bruch, dessen Gewicht auch für die Machthaber im Kreml offensichtlich war. Ihre größte Sorge galt, neben der noch offenen Frage der Thronfolge, den Zuständen in den Satellitenstaaten. Auf Basis ihrer geheimdienstlich eingeholten Erkundungen stellten sie fest, dass die zwei schwächsten Kettenglieder im sozialistischen Lager die DDR und Ungarn waren – beides ehemalige Kriegsgegner der UdSSR mit großen Gebietsverlusten und Reparationslasten. So entschieden sich die sowjetischen Genossen, vor allem ihre Satrapen aus Ost-Berlin nach Moskau zu zitieren. Auf die Visite der SED-Spitze am 2. Juni folgten die Einladung an die ungarische Führung mit dem Diktator Mátyás Rákosi an der Spitze und deren Moskau-Reise.

Das Ereignis fand unter der größten Geheimhaltung statt. Auffällig an der Einladung war die Tatsache, dass die Zusammensetzung der Delegation vom Kreml selbst bestimmt worden war. Alle Spitzenfunktionäre, die nicht auf der Einladungsliste des Moskauer Politbüros standen, so der Verteidigungsminister Mihály Farkas oder der Ideologiechef József Révai, begriffen dies als sicheres Zeichen dafür, dass sie in Ungnade gefallen waren.

Die KPdSU-Führung – unter ihr Chruschtschow, Molotow, Malenkow und Berija – lieferte den ungarischen Genossen eine vernichtend präzise Schilderung der katastrophalen Lage Ungarns und kritisierte scharf den Personenkult um Rákosi, die beschleunigte Industrialisierung, die Vernachlässigung der Lebensmittelproduktion, den brutalen Umgang mit der Bauernschaft im Zuge der Kollektivierung und den Terror des Sicherheitsapparats. Die Vorwürfe ähnelten denjenigen, die sie zuvor auch Ulbricht, Grotewohl und Oelßner gemacht hatte – alles »Fehler«, die nicht zuletzt aufgrund massiver Mitwirkung sowjetischer Instrukteure entstanden waren. Dennoch: Im Unterschied zu dem Gespräch mit der SED-Abordnung wurden den Ungarn auch personelle Konsequenzen nahegelegt. Partei- und Staatsführung sollten getrennt werden, was konkret die Ablösung des auch als Ministerpräsident tätigen Rákosi bedeutete. Als Kandidaten auf den Posten des Regierungschefs schlugen sie den ebenfalls eingeladenen bisherigen stellvertretenden Ministerpräsidenten Imre Nagy vor. Nagy war, ähnlich wie der Parteichef, ein Altkommunist, war ebenso wie dieser aus dem Moskauer Exil nach Ungarn zurückgekehrt, er war kein Berufspolitiker, aber ein nüchterner Landwirtschaftsfachmann, dem man zumindest die Korrektur der Agrarpolitik anvertrauen konnte. Allerdings klang die Begründung des Vorschlags verblüffend: Die Sowjets sprachen in dem Kontext über die »Förderung nationaler Kader«. In der Tat: Anders als die bisherigen Spitzenfunktionäre des Systems entstammte Nagy keiner jüdischen Familie.

Von der vehementen Kritik des »Großen Bruders« beinahe erschlagen, kehrte die ungarische Delegation am 17. Juni 1953 mit der Sondermaschine IL-18 nach Budapest zurück. In der VIP-Lounge des Militärflughafens Budaörs warteten die zu Hause gebliebenen Mitglieder des Politbüros auf sie. Sie waren nicht nur wegen der zu erwartenden Neuverteilung der Karten voller Sorge, sondern hatten auch schlechte Nachrichten für ihre Genossen. An diesem Mittwoch sei in Ost-Berlin und anderen Städten der DDR ein Arbeiteraufstand ausgebrochen.

Die erste Nachricht von dem Aufstand erschien in der ungarischen Presse am 19. Juni 1953 – es handelte sich um eine Mitteilung der sowjetischen Nachrichtenagentur TASS unter dem Titel: »Zusammenbruch des Abenteuers ausländischer Agenten«. In Berlins »demokratischem Sektor«, so die Nachricht, »war es in einigen Betrieben zu Arbeitsunterbrechungen[2] gekommen wegen einer Normenerhöhung, die jedoch die Regierung der DDR bereits am 16. Juni außer Wirkung gesetzt hatte«. Ohnehin, so hieß es, dienten die Normenerhöhungen nur als Vorwand für die in West-Berlin angesiedelten ausländischen Agenten und Provokateure, »damit diese weitere Arbeitsunterbrechungen in den Betrieben« organisieren könnten. Dieser knappen Auskunft folgte eine Erklärung der DDR-Regierung über einen gescheiterten angeblichen »faschistischen Putschversuch«, dessen

---

2 Die Angst vor dem Wort »Streik« (russ. »забастовка«) zeigte sich darin, dass der russische Originaltext für die Vorkommnisse das Wort »волынка« (*Wolinka*), d. h. »Verlangsamung der Arbeit« benützte. Diese terminologische Unsicherheit begleitete die Kommunikation der Ostblockmedien bis zu den späten achtziger Jahren.

Organisatoren »mit keiner Milde rechnen können«. Erst in den darauffolgenden Tagen gab TASS zu, dass sowjetische Militärbehörden im Laufe der Auseinandersetzung »gezwungen gewesen waren, Waffen einzusetzen«. Einzelheiten über die Vorkommnisse, etwa die Zahl der Opfer, Beteiligten oder Verhafteten, blieben der Leserschaft verborgen .

Scheinbar unabhängig von dem »Putschversuch« wurde ein anderes Ereignis, diesmal von der ungarischen Nachrichtenagentur MTI, bekannt gegeben: »Faschistische Rowdys« hätten den stellvertretenden Ministerpräsidenten der DDR und Vorsitzenden der Christlich-Demokratischen Union, Otto Nuschke, über die Berliner Warschauer Brücke in die Westzone entführt. Dort wäre er von der »sogenannten Stummpolizei[3]« festgehalten, den US-Militärbehörden übergeben und erst einige Tage später »angesichts des gewaltigen Protestes aller braver und friedensliebender Menschen« an dem Grenzübergang Prinzenstraße freigelassen worden. In diesem Zusammenhang veröffentlichten ungarische Blätter eine sowjetische und ostdeutsche Protestnote an die US-Obrigkeit. Ob und inwiefern der »Menschenraub« mit dem »Putsch« zu tun hatte, darüber schwiegen die Korrespondenten.

Auffällig war, dass die Nachricht sich allein auf die sowjetische Agentur TASS als Quelle stützte, obwohl die ungarische Nachrichtenagentur MIT ein Büro in Ost-Berlin besaß. Offensichtlich trauten sich die ungarischen Führer nicht, zunächst ohne Hinweis auf eine Moskauer Quelle eine Nachricht zu formulieren. Ganz ähnlich verfuhren auch andere KP-Zeitungen des Ostblocks, wie »Rudé pravo«, »Trybuna Ludu« oder »Rabotnitschesko Delo«, allein die rumänische »Scinteia« traute sich, die eigene Agentur »Agerpres« als Quelle anzugeben. Wegen mangelnder konkreter Angaben blieb hinsichtlich der Details der Normalbürger seiner Vorstellungskraft überlassen. Vielleicht ließ ihn der Name Otto Nuschke kalt, aber das Vorhandensein einer »Christlich-Demokratischen Union« verwunderte ihn in Anbetracht des offenen ungarischen Einparteisystems etwas. Wenig glaubhaft wirkte auch die Entführungsszene an der Brücke zwischen den Bezirken Friedrichshain (Ost-Berlin) und Kreuzberg (West-Berlin) – eine offene Grenze, wie es sie in der DDR bis zum 13. August 1961 gab, übertraf aufgrund der Existenz des Eisernen Vorhangs jede ungarische Fantasie. Neugierige oder Regimegegner waren auf

---

3 Damit wurde auf den West-Berliner Polizeipräsidenten Johannes Stumm angespielt. Die Redakteure hatten offenbar Schwierigkeiten mit diesem Begriff – einige Provinzzeitungen korrigierten das Wort zur »Sturmpolizei«.

ungarische Sendungen von Radio Free Europe, BBC und Voice of America angewiesen. Hören und Weitererzählen der Nachrichten war jedoch riskant. Mitte Juni 1953 fand in Budapest die Tagung des Weltfriedensrates statt. Die von der UdSSR finanzierte Organisation versammelte unter ihrem Dach nicht nur prominente kommunistische, sondern auch liberale und kirchliche Persönlichkeiten aus allen Kontinenten, die bereit waren, ihrem Engagement als Kriegsgegner im Rahmen der sowjetischen »Friedenspolitik« Ausdruck zu verleihen. Die mit großem Medienaufwand begleiteten Veranstaltungen thematisierten den sich soeben zum Ende neigenden Koreakrieg und die Aufrüstungspläne der Bundesrepublik. Parallel dazu lief die Solidaritätskampagne zur Unterstützung des amerikanischen Ehepaars Julius und Ethel Rosenberg, dem laut rechtskräftigem Todesurteil wegen Spionage[4] die Hinrichtung auf einem elektrischen Stuhl drohte – der Gerichtsentscheid wurde auch bald vollstreckt. Alle ungarischen Zeitungen berichteten über den Verlauf des Friedenskongresses, Arbeitswettbewerbe fanden statt, Werktätige verpflichteten sich zu Sonderleistungen aus Anlass des großen Ereignisses. Neben der Tagung selbst beteiligten sich einzelne Delegierte an Veranstaltungen in Budapest und in Provinzstädten. Zum Abschluss der Tagung ließ man bei einer Großkundgebung auf dem Parlamentsplatz hunderte von weißen Tauben aufsteigen. In diese künstlich generierte Euphorie passten die dramatischen Nachrichten aus Berlin schlecht.

Die Delegierten aus der DDR, Arnold Zweig, Johannes R. Becher, Stephan Hermlin, Helene Weigel und Anna Seghers, gehörten allesamt der antifaschistischen Exilgeneration an und waren bei allen gelegentlichen Vorbehalten eng mit der SED-Nomenklatura verbunden. Während der Tagung, die bis zum 20. Juni dauerte, reflektierten sie in der Öffentlichkeit nicht über den DDR-Aufstand. Becher hielt eine Ansprache, die mit der Vision der baldigen deutschen Einheit endete. Gleich am 17. Juni fuhr er jedoch nach Berlin zurück – er war ja als Mitglied des SED-Parteivorstands der einzige Spitzenkader in der Delegation. Anna Seghers dagegen blieb bis zum 23. Juni und versuchte während einer »Friedensversammlung« in der Musikhochschule das hochbrisante Thema anzusprechen – erfolglos. Die ungarische Presse beschränkte sich auf ein knappes Resümee ihres Redebeitrags: »Danach sprach sie über

4   Die Berechtigung des Todesurteils ist zumindest, was Ethel Rosenberg anbelangt, bis heute umstritten – seine Gnadenlosigkeit hing mit der Verschärfung des Kalten Krieges zusammen.

die Versuche der Imperialisten, den friedlichen Aufbau in Ostdeutschland zu stören ...« Offenbar betrachteten die Gastgeber die Erwähnung des »faschistischen Putschversuchs« bei einem derart edlen Anlass als unschicklich.

Während das harte Durchgreifen der Sowjets und die gnadenlosen Terrormaßnahmen des SED-Regimes eine Ausweitung des Juniaufstands zur politischen Krise verhinderten, erhöhten die Hiobsbotschaften aus Berlin beim ungarischen Parteivorstand den Effekt des Moskauer Rüffels. Anders als bei die ostdeutschen Genossen, die unter dem direkten Druck der Sowjetischen Militäradministration in Deutschland (SMAD) relativ einheitlich handelten, erwies sich der Forderungskatalog des Kremls für die Ungarn fast automatisch als Quelle der Spaltung, denn jede Korrektur an der bisherigen Linie musste personelle Konsequenzen nach sich ziehen. Am schwierigsten wog jedoch die Tatsache, dass die Partei gewöhnt war, dem sowjetischen Vorbild nachzueifern. Optierte die KPdSU nach Stalins Tod für die Trennung von Partei- und Regierungschefs, sah sich die ungarische KP veranlasst, Rákosi als Ministerpräsidenten abzulösen und »nur« als Parteichef zu behalten. Allerdings besaß selbst diese eher formale Abdankung nach Jahren des ausschweifenden Personenkults nur symbolische Bedeutung. Und der von Moskau in der Anwesenheit der engsten Mitarbeiter gedemütigte Diktator musste wenn nicht die Macht, dann doch Autorität einbüßen. Hingegen erschien die Ernennung des grauen Funktionärs Imre Nagy aus dem zweiten Glied zum Premierminister als ein echter Aufstieg. Durch diese Entscheidung war der Konflikt der beiden geradezu vorprogrammiert. In der Vorstellungsrede vor der Nationalversammlung am 4. Juli 1953 verkündete Nagy das neue Regierungsprogramm und weckte damit bei den Uneingeweihten den Eindruck, dass die sensationellen Veränderungen, wie Amnestie für politische Gefangene, Aufhebung der Zwangsaussiedlung der ehemaligen Elite und Auflösung der nicht funktionierenden LPG, auf seine Person zurückzuführen seien. So wurde er gegenüber dem verhassten Parteiführer zum Hoffnungsträger der Nation.

Nachrichten aus Poznań

Drei Jahre später ereilte die Mitteilung über den Aufstand in der polnischen Stadt Poznań die ungarische Gesellschaft in einer völlig anderen Situation. Die Machtteilung zwischen Rákosi und Nagy währte nicht lange, sondern mündete in einen regelrechten »kalten Bürgerkrieg« mit wechselhaftem Ergebnis. Auf Rákosis Seite standen stalinistische Funktionäre und Teile des

Sicherheitsapparats, die eine Vergeltung wegen ihrer Teilnahme an konstruierten Prozessen befürchteten, während Nagys Basis die humanitäre Intelligenzija, Universitätsjugend und reformerisch orientierte Parteifunktionäre bildeten. Die »Rebellion der Schriftsteller« richtete sich vor allem gegen die Zensur, allerdings erweiterten sie diese Thematik auf den Sitzungen ihres Verbands auf andere, ökonomische und politische Themen. Dasselbe lässt sich von dem Petőfi-Kreis sagen., Der Jugendverband der KP hatte ihn ursprünglich mit dem Ziel gründen lassen, die »Fehlerdiskussion« von jungen Intellektuellen zu kanalisieren. Bald aber verwandelten sich die offenen Debatten des Klubs in aufgeregte politische Versammlungen vor einem Publikum, das den Saal jedes Mal zum Bersten gefüllt hatte. Fragen zu Politik, Medien, Wirtschaft, Philosophie und Geschichte erörterte man seit vielen Jahren zum ersten Mal offen und leidenschaftlich.

In das innere ungarische Gefecht mischten sich immer wieder, wie die griechischen Götter in den Kampf der sterblichen Erdenbewohner, die sowjetischen Führer und unterstützten mal Nagy, mal Rákosi. Nagy konnte seine ersten Reformen zunächst ungehindert durchführen – eine Reihe von LPG wurden aufgelöst, Gefängnisse und Internierungslager entließen ihre Insassen. Für Rákosis Moskauer Protegés ging das zu weit, und sie setzten sich zunächst durch: Nagy wurde im April 1955 seines Amts als Regierungschef enthoben und im Dezember desselben Jahres sogar aus der Partei ausgeschlossen. Er wurde auch für die Auftritte im Schriftstellerverband und im Petőfi-Kreis verantwortlich gemacht. Gleichzeitig konnten die orthodoxen Kommunisten keine Rückkehr zu den Zuständen vor dem März 1953 erwirken. Die aus der Genossenschaft ausgetretenen Bauern wollten in keinem Fall die Freuden der Kollektivwirtschaft wieder auskosten, und die freigelassenen Opfer der Schauprozesse erzählten im privaten Kreis genug über die Methoden der Geheimpolizei, um das Ausmaß des Terrors bekannt zu machen. Vor allem aber schwand mit jedem Tag die Furcht vor dem Regime, die bis dahin auf jede Kritik oder Initiative lähmend gewirkt hatte. Schließlich verpasste der 20. Parteitag der KPdSU im Februar 1956 mit seinen Stalin-Enthüllungen und die Verbreitung von Chruschtschows Geheimrede der Rákosi-Clique einen schweren Schlag. Allerdings zeigte sich, anders als in der DDR im Juni 1953, in Ungarn zunächst kein Potential an sozialer Unzufriedenheit.

Die »Fünf Tage im Juni«, so der Titel von Stefan Heyms Tatsachenroman[5], unterschieden sich von anderen ähnlichen Ereignissen im Ostblock darin, dass sie aufgrund der relativen Offenheit der deutsch-deutschen Grenze und der Medienpräsenz des einen Staates in dem anderen keineswegs geheim gehalten werden konnten. Nichtsdestoweniger gehört das ostdeutsche Drama in die Reihe der nach Stalins Tod erfolgten Ausbrüche sozialer oder nationaler Unzufriedenheit. Die Lageraufstände von Norilsk und Workuta (Mai-August 1953) in der Sowjetunion selber wurden durch die unmenschlichen Lebensbedingungen der Gefangenen ausgelöst und trugen trotz der blutigen Unterdrückung mit 150 Todesopfern zur Auflösung des Gulags bei. Der eruptive, spontane Massenprotest in Georgien vom März 1956 richtete sich vordergründig gegen die Enthüllung der Verbrechen des Georgiers Stalin, trug jedoch erkennbar antirussisch-nationalistischen Charakter – auch dieser Konflikt wurde gewaltsam »gelöst«. Die Streiks und friedliche Demonstration in dem südrussischen Nowotscherkassk wegen gleichzeitiger Preis- und Normenerhöhung im Juni 1962 wurden mit besonderer Brutalität niedergewalzt und schonungslos geahndet (fünf Todesurteile wegen »Banditentums«). Diese tragischen Ereignisse galten vor der Perestroika als topsecret, und die Familien der Opfer mussten auf die Rehabilitierung ihrer getöteten, verwundeten oder eingekerkerten Angehörigen bis Mitte der neunziger Jahre warten.

Unter strikter Nachrichtensperre stand die Rebellion der Arbeiter der Tabakfabrik »Stalin« im bulgarischen Plovdiv am 3. Mai 1953 gegen den geplanten Personalabbau. Am 1. Juni desselben Jahres rebellierten die Arbeiter der Škoda-Werke im tschechoslowakische Plzeň gegen die von den Behörden zuerst dementierte und dann putschartig eingeführte Währungsreform, die vor allem Ersparnisse der kleinen Leute zunichte machte. Der Protest, an dem 20.000 Bürger, unter ihnen auch viele Kommunisten, beteiligt waren, erreichte seinen Höhepunkt mit der Erstürmung des Rathauses sowie des Rundfunkgebäudes und der Freilassung der Gefangenen aus der Justizanstalt. Der Aufruhr konnte erst nach zwei Tagen durch den Einsatz von Sicherheitskräften und Armeeeinheiten mit 80 Panzer beendet werden. Moskau empfand diese früheste, spontane Zusammenrottung der Werktätigen als ernsthaftes Alarmsignal. Ausreden der KPC-Führung über die Rolle aus-

---

5 Auf heißer Spur der Ereignisse verfasst, konnte das Buch zunächst nur in der Bundesrepublik veröffentlicht werden. In der DDR und Ungarn erschien es erst 1989.

ländischer Provokateure und Mitglieder der 1948 aufgelösten sozialdemokratischen Partei klangen nicht beruhigend. »Was in der Tschechoslowakei geschah«, betonte ein interner Bericht des Politbüros, »kann sich in anderen Ländern mit viel schwierigeren, unerwünschten Folgen wiederholen«. Die Berichterstattung über den Massenprotest von Poznań am 28. und 29. Juni 1956 war scheinbar der Information über den 17. Juni 1953 ähnlich: Man schrieb über »von ausländischen Agenten provozierten Ausschreitungen«, fügte jedoch beruhigend hinzu: »Die Behörden haben die Lage mit Hilfe des selbstbewussten Teils der Arbeiterklasse gemeistert.« Diesmal berief man sich nicht auf die TASS, sondern auf die polnische Nachrichtenagentur PAP und die ungarische MTI als Quelle. Neu war auch die Erwähnung der 30 Toten und 270 Verwundeten und das Eingeständnis von wirtschaftlichen Schwierigkeiten und Beschwerden der Arbeiter als Auslösefaktoren der »Unruhen«. Von dem tatsächlichen Ausmaß der Protestbewegung bekamen freilich nur die führenden Funktionäre und diejenigen ungarischen Bürger eine Ahnung, die über die Kurzwelle Westsender empfangen konnten.

Fühlte sich die ungarische KP-Führung von dem 17. Juni 1953 indirekt bedroht, reagierte sie auf die Nachricht aus Poznań geradezu panisch. Bereits am 29. Juni 1956 erschien der zweite Mann der Partei, Ernő Gerő, bei dem sowjetischen Botschafter Jurij Andropow, und auf seine Visite folgten weitere Abordnungen des Politbüros sowie die eilige Anreise sowjetischer Emissäre der KPdSU, Michail Suslow und Anastas Mikojan – praktisch verwandelte sich die diplomatische Vertretung Moskaus in der Bajza-Straße zu einem Krisenstab. Über die akute Gefahr waren sich auch die Sowjets im Klaren und mussten Gerő darin Recht geben, dass »in der nächsten Zeit auch in Ungarn unterschiedliche Provokationen möglich werden«. Der Kreml zeigte zwei Reaktionen: Als erstes opferte er Rákosi, um den Volkszorn zu stillen, als zweites ließ die sowjetische Militärführung im Eiltempo die Operation »Welle« »zur Bewahrung, gegebenenfalls Wiederherstellung der sozialistischen Gesellschaftsordnung« in der Volksrepublik Ungarn ausarbeiten. Mit der eventuellen Durchführung der Aktion wurde Generalmajor Pjotr Laschenko, Kommandeur des in Ungarn stationierten Sonderkorps beauftragt – derselbe Offizier, dessen Panzer am 17. Juni 1953 in Berlin und anderen ostdeutschen Städten aufmarschiert waren.

Der Emissär Mikojan bezeichnete die Tätigkeit des Petőfi-Kreises als »ideologisches Poznań«, und auch das Politbüro der ungarischen KP schien das

Proporzgefühl im Stich gelassen zu haben, als es auf seiner Sitzung von Mitte Juni 1956 den polnischen Aufruhr und die öffentliche Diskussion des Kreises über das Thema Pressefreiheit als gleich gefährliche Ereignisse auf die Tagesordnung setzte. Dessen darauffolgende Auflösung goss nur noch Öl ins Feuer und führte zu keiner Beruhigung der Gemüter. Dabei erkannten einige führende Kader und meldeten es auch dem Sowjetbotschafter, dass die eigentliche Bedrohung anderswo lag: Die Unzufriedenheit der Kulturschaffenden könnte »in das Arbeitermilieu durchsickern«. Stimmungsberichte bezeugten Unruhen in den Betrieben, deren Gegenstand, wie nicht anders zu erwarten, die Normen bildeten. Am 30. Juni verweigerten wegen der erhöhten Produktionsnormen einige Dreher des noch den Namen »Rákosi« tragenden Eisen- und Metallkombinats von Csepel die Arbeit. In zwei Ziegelfabriken von Budapest und Debrecen konnte ein Streik nur noch durch die Verleugnung von Preiserhöhungen seitens der Betriebsleitung abgewendet werden.

Die Ereignisse in Polen wirkten auf die ungarische Öffentlichkeit intensiver als diejenigen in der DDR oder anderen Ostblockstaaten. Hierfür sorgte die historische Dimension: Beiden Länder waren im Spätmittelalter durch gemeinsame Könige aus dem Haus Anjou, bzw. Jagiello beherrscht worden, der siebenbürgische Fürst Stefan Báthory war von dem polnischen Adel im 16. Jahrhundert zum König erkoren worden. In ihren Freiheitskriegen 1703-1711 und 1848/49 genossen die Ungarn Unterstützung aus Polen – diese Traditionslinie war eindeutig antirussisch motiviert. Die Gemeinsamkeiten waren aufgrund der ähnlichen Abhängigkeit von der Sowjetunion aktuell wirkmächtig. Als dann die Poznań-Krise mit der Rehabilitierung des wegen angeblichen »Nationalkommunismus« verurteilten Władysław Gomułka gütlich lösbar erschien, richteten sich alle Hoffnungen in Budapest auf dessen Reformen. Letztendlich begann der ungarische Volksaufstand am 23. Oktober 1956 mit einer Solidaritätskundgebung der Studentenschaft für die polnische KP und mündete erst in den späten Abendstunden in eine bewaffnete Auseinandersetzung, die dann die sowjetische Operation »Welle« in Bewegung brachte.

Das »jugoslawische Modell«

Anders als die Beziehung zu Polen war Ungarns Verhältnis zu Jugoslawien schwer vorbelastet. Im April 1941 hatte das Königreich Ungarn der deutschen Wehrmacht erlaubt, das damalige serbisch-kroatisch-slowenische Königreich, mit dem es durch einen Freundschaftsvertrag verbunden war, von ungarischem Gebiet aus anzugreifen, und beabsichtigte, dabei selber mit zu tun. Gegen diese Schandtat protestierte der Ministerpräsident Pál Graf Teleki mit seinem Selbstmord. Später marschierten auch ungarische Truppen in Batschka ein und machten sich im Januar 1942 des Massakers von Novi Sad schuldig, dem 800 Zivilisten, Serben und Juden zum Opfer fielen. Mit dieser Hypothek fiel es nicht leicht, freundschaftliche Beziehungen nach 1945 aufzubauen. Hierzu kam der Bruch Stalin-Tito im Sommer 1948, und Ungarn befand sich erneut im falschen Lager. Josip Broz Tito galt nun in den ungarischen Zeitungen nur noch als »Kettenhund der Imperialisten«, wobei die ungarische Führung besonders eifrig an der Kampagne beteiligt war. In dem großen Schauprozess vom Herbst 1949 wurden der frühere Innenminister László Rajk und seine Mitangeklagten als »trotzkistische und jugoslawische Spione« zum Tode verurteilt und hingerichtet. Nach Stalins Tod wendete der aus den Diadochenkämpfen siegreich hervorgetretene neue sowjetische Parteichef Nikita Chruschtschow das Blatt: Mit seiner Reise nach Belgrad im Mai 1955, die zweifellos einem Canossagang glich, wollte er ein neues Kapitel der zwischenstaatlichen Beziehungen öffnen und erwartete das Gleiche von den Satelliten. Die Volksrepublik Ungarn tat sich damit überaus schwer – zu tief waren Rákosi und sein Nachfolger an der Parteispitze, Ernő Gerő, in Feindschaft gegen Jugoslawien befangen. Eine persönliche Tuchfühlung machte Belgrad unter anderem von der Revision des Rajk-Prozesses abhängig, dessen Schärfe sich wohl eindeutig gegen Tito richtete.

Das Schisma des Jahres 1948 brachte Jugoslawien zweifellos Vorteile ein: Der »nicht paktgebundene« und von sowjetischer Wirtschaftsblockade bedrohte Staat kam gleich in den Genuss des Marshallplans, was seinen Nachkriegsaufbau erleichterte. An den Westgrenzen gab es keinen Eisernen Vorhang, Reisen und kulturelle Beziehungen zu den europäischen Demokratien gehörten zur Selbstverständlichkeit. Gleichzeitig begriff sich Titos Staat durchaus als »Diktatur des Proletariats« und die führende Kraft, der »Bund der Kommunisten«, bekannte sich zum Marxismus-Leninismus. Andere Parteien waren nicht zugelassen, volksfrontartige Organisationen und Gewerkschaften zu ihrem traditionellen Schattendasein verurteilt. Schauprozesse sowohl gegen Kirchenfürsten als auch gegen sowjetfreundliche Kommunisten fanden statt, »Umerziehungslager« wie das auf der Adriainsel Goli Otok wurden errichtet. Trotzdem brachte das System in Gestalt der »Arbeiterräte« eine exportfähige ideologische Marke hervor, welche die monolithische Parteiherrschaft etwas auflockerte: Diese von den Werktätigen gewählten Gremien boten etwas zwischen Mitspracherecht und Mitbestimmung an – jedenfalls wurden sie in die Gespräche über Produktionsziele, Gewinnverteilung, Konfliktlösungen und Direktorenwahl der Betriebe einbezogen.

Der Mangel an authentischen Informationen über die Arbeiterräte führte zu deren Idealisierung und naiven Vorstellungen von einem »jugoslawischen Sonderweg«, der unter Umständen von der KPdSU toleriert werden konnte.

Offenbar waren auch die Sowjets von Titos Schaukelpolitik wenig begeistert, aber ihr Wunsch, den strategisch äußerst wichtigen Staat in das sozialistische Lager herüberzuziehen, war stärker als die Vorbehalte. Die nach wie vor virulente ungarisch-jugoslawische Konfrontation stand einer weiteren Annäherung im Wege. Da handelte Chruschtschow mit der ihm eigenen Bauernschläue: Er lud sowohl Tito als auch Gerő zum Urlaub auf die Halbinsel Krim ein und arrangierte eine »spontane« Begegnung der Kontrahenten auf seiner eigenen Datscha. Die auf dieser Weise verkuppelten Staatsmänner einigten sich auf den ungarischen Canossagang nach Belgrad. Rákosi war zu dieser Zeit bereits entmachtet und die Neubestattung von Rajk und den anderen, des Titoismus bezichtigten ungarischen Kommunisten in Aussicht gestellt. Die praktisch aus dem ganzen Politbüro bestehende Delegation fuhr mit Gerő an der Spitze am 12. Oktober nach Belgrad, unterzeichnete schnell das gemeinsame Kommuniqué, wurde von Tito auf der Insel Brioni empfangen und unternahm noch eine für den krisenhaften Zeitpunkt vielleicht etwas unüberlegt lange Rundreise im Lande. Erst am 23. Oktober kehrten sie nach Budapest zurück, um dort, gleich am Ostbahnhof, von den heimgebliebenen Genossen die Nachricht über die Unruhen in der Stadt vernehmen zu müssen.

Unter den osteuropäischen Versuchen, die kommunistische Herrschaft loszuwerden oder sie mittels Reformen rationaler und humaner zu gestalten, zeichnete sich der ungarische Volksaufstand 1956 durch zweierlei Momente aus. Zum einen war es die Tiefe der Systemkrise, die sich in dem praktischen Kollaps und zeitweiligen Machtverlust der Partei manifestierte. Das zweite war der umfassende Charakter der Ereignisse, sie sollten in allen sozialen Gruppen und Generationen bleibende Wirkung entfalten. Bereits die Zahlen zeigen die Dramatik der Geschehnisse: Zwischen dem 23. Oktober und dem 31. Dezember starben infolge der Kämpfe 2.652 Menschen, verwundet wurden 19.926. Auf sowjetischer Seite forderte die Intervention

669 Tote und 1.541 Verwundete – die höchste Verlustzahl der Roten Armee zwischen dem Zweiten Weltkrieg und dem Feldzug in Afghanistan. Auf die Unterdrückung des Aufstands folgten 35.000 Gerichtsverfahren, 20.000 Gefängnisurteile und 15.000 Internierungssanktionen. Am tragischsten, weil unumkehrbar, waren die 250-300 Hinrichtungen, die Opfer bildeten einen sozialen Querschnitt der ungarischen Gesellschaft ab – vom ehemaligen Ministerpräsidenten bis zum kaum volljährigen Lehrling. Schließlich wird die Anzahl der Flüchtlinge, die das Land nach dem Niederwalzen des Aufstands verließen, mit zwischen 180.000 und 240.000 angegeben. Die Stationen des Aufstands zeigen einen Weg, der absurd und logisch zugleich und im Rückblick unaufhaltsam erscheint.

Der Beginn des Aufstands

Die von den Behörden zuerst verbotene und ein paar Stunden später doch genehmigte friedliche Studentendemonstration im Zeichen der Solidarität mit dem polnischen KP-Plenum führte in den frühen Nachmittagsstunden des 23. Oktobers 1956 über vier Donaubrücken nach Buda, zum Denkmal des polnischen Generals József Bem, einer Ikone der ungarischen Revolution von 1848. Hier wurden Reden gehalten und patriotische Lieder gesungen.

Die sichtbar schwankende Haltung der Behörden wirkte wie Öl ins Feuer gießen. Hinzu kam, dass sich die ursprünglich studentische Kundgebung sehr schnell zu einer allgemeinen Prostestdemonnstration entwickelte.

Mit dem Ende der Mittagsschicht erschienen immer mehr Werktätige auf dem Platz, und je grösser die Menge wurde, umso weniger Aussicht bestand, den Vorgang kontrollieren zu können – irgendwie musste es zu einer Explosion kommen. Dies geschah in den frühen Abendstunden, als ein Teil der Demonstranten zum Rundfunkgebäude marschierte und die Leitung des Senders aufrief, den Forderungskatalog der Jugend[6] zu verlesen. Während der zähen Verhandlungen mit der Intendantin Valéria Benke begann die unruhige Menge mit dem Sturm des Gebäudes, das von einer kleinen Betriebswache

---

6 Der ursprüngliche Zwölfpunktekatalog wurde am 22. Oktober an der Universität von Szeged aufgestellt und bezog sich hauptsächlich auf Forderungen der Studentenschaft (u. a. nach mehr Freiheiten und höheren Stipendien). Erst spätere Wunschlisten mit14 bzw. 16 Punkten enthielten radikale Forderungen, etwa nach Abzug der sowjetischen Truppen, Mehrparteiensystem und auch Einrichtung von Arbeiterräten.

und 300 Geheimpolizisten bewacht wurde. Die Verteidiger baten die Regierung um Hilfe, die sie auch bald erhielten. Allerdings traten die Armeeangehörigen und Polizisten ohne Feuerbefehl und unkoordiniert auf. In dieser spannungsladenen Situation fiel kurz vor 21 Uhr der erste Schuss – höchstwahrscheinlich hatten die Nerven einiger Verteidiger versagt, aber das Feuer wurde in der dunklen, engen Straße nicht mehr eingestellt. Die dorthin beorderten jungen Soldaten und Polizisten reagierten, indem sie – aus Angst oder Sympathie – ihre Waffen den Belagerern überließen. Andere junge Leute eilten zur Lampenfabrik – dass diese nur als Tarnung für das Waffenarsenal diente, war in Budapest ein offenes Geheimnis. Wie dem auch sei, es entstanden gegen Mitternacht die ersten Gruppen bewaffneter Aufständischer.

Indessen herrschte auf den höchsten Machtetagen eine unbeschreibliche Panik. Zunächst wollten die Genossen den erst zehn Tagen zuvor wieder in die Partei aufgenommenen Imre Nagy als »Feuerwehrmann« einsetzen. Sie wandten sich aber gleichzeitig telefonisch an Moskau mit der Bitte um Intervention. Der Leiter des in der westungarischen Stadt Székesfehérvár stationierten Sonderkorps, Generalleutnant Pjotr Laschenko, war der Meinung, dass die bereits im Sommer ausgearbeitete »Operation Welle«, also die Wiederholung der »Berliner Lösung«, unverzüglich in die Phase der Realisierung treten sollte. Das sowjetische Politbüro mit Nikita Chruschtschow an der Spitze gab nach einigem Zögern gegen acht Uhr abends – in Moskau zehn Uhr –sein Placet. Wegen des dichten Nebels konnten jedoch die Panzerkolonnen erst in den frühen Morgenstunden den Rand der Donaumetropole erreichen und stießen – ganz anders als am 17. Juni 1953 in Berlin – auf die Molotowcocktails der ungarischen Aufständischen sowie auf eine völlig demoralisierte KP-Führung mit dem ratlosen, zwischen Parteidisziplin und guten Absichten eingeklemmten Imre Nagy. Perfektere Voraussetzungen konnte es für eine in Entstehung befindliche Katastrophe nicht geben.

An diesem Dienstag, dem 23. Oktober, erschienen die Werktätigen der Stahl- und Metallwerke auf der Insel Csepel zur Morgenschicht. An Arbeit war jedoch kaum zu denken, Gerüchte wurden ausgetauscht, und der Sender Kossuth wurde gehört, aus dem man wiederum zunächst keine genaue Information beziehen konnte.

Hier das zunächst vorgesehene Tagesprogramm des Senders :

8.10 Uhr – Volkslieder

8.40 Uhr – Märsche und Gesänge

9.00 Uhr – Kinderstunde

10.00 Uhr – Nachrichten

10.10 Uhr – Flotte Rhythmen

11.00 Uhr – Viertelstunde für Mädchen und Frauen

11.15 Uhr – Schöne Musik für gute Arbeit

11.45 Uhr – Gedichte

12.00 Uhr – Nachrichten

12.10 Uhr – Volkslieder

Genau um 12.53 Uhr wurde die Sendung unterbrochen und folgende Mitteilung verlesen: »Um die öffentliche Ordnung zu gewährleisten, verbietet der Innenminister László Piros bis auf weiteres sämtliche öffentlichen Versammlungen und Kundgebungen.« Mitten in der nächsten Sendung wurde diese Information wiederholt. Es folgten Opernarien und die Sendung »Musik für die Jugend«, und um 14.15 Uhr hieß es im Sender schließlich: »Der Innenminister hat das Verbot öffentlicher Versammlungen und Kundgebungen aufgehoben.«

In der hellen Aufregung über die Meldungen schlug der Dreher Elek Nagy vor, eine Abordnung in das 10 Kilometer entfernt liegende Stadtzentrum zu senden und dort den Kontakt mit den intellektuellen und studentischen Organisatoren der Kundgebung aufzunehmen. In den frühen Abendstunden fuhren 400-500 Arbeiter in einem Lkw-Konvoi los.

Elek Nagy war kein Bilderbuch-Arbeiter. Als aus armen Verhältnissen stammender junger Kommunist arbeitete er zunächst im Bergbau und wurde vom System gefördert. Einberufen in die Volksarmee, absolvierte Nagy einen ungarischen Schnellkurs zum Offizier und einen weiteren in der Sowjetunion. Von dort kehrte er im Rang eines Leutnants zurück. Plötzlich fiel er jedoch aufgrund einer Denunziation in Ungnade,wurde 1952 aus dem Militärdienst entlassen und aus der Partei ausgeschlossen. Als einfachster Ausweg in dieser Lage bot sich ihm die Rückkehr in die Produktion: Die Werkzeugmaschinenfabrik von Csepel war damals für jede Arbeitskraft offen. Auf der Fabrikinsel arbeiteten 30.000 Beschäftigte in 18 Betriebseinheiten als Hilfs- und Facharbeiter, Techniker und Ingenieure – eine Art proletarische Aristokratie. Csepel galt bereits in der Vorkriegszeit als Bastion der Arbeiterbewegung mit einer starken Präsenz der Sozialdemokratie und teilweise der illegalen KP Ungarns[7]. Der aufgeweckte und vielseitig erfahrene Dreher Nagy gewann schnell die Sympathien der Kollegen und wurde so zur Verbindungsperson zwischen der Belegschaft und den hauptstädtischen Intellektuellen. Er besuchte die Diskussionen des Petőfi-Kreises, trat mit großem Erfolg in der so genannten »Ingenieurdiskussion« auf, las die rebellische Literaturzeitung *Irodalmi Újság* und informierte die Kollegen über die aktuellen Ereignisse. Auf seine Initiative hin beteiligten sich am 6. Oktober 1956, den Vorgaben der Verwaltung trotzend, hunderte Arbeiter von Csepel an der Trauerzeremonie aus Anlass der Neubestattung von László Rajk und seiner Mitstreiter – hier kam die arbeitende Klasse mit der »großen Politik« auf Tuchfühlung. Für die intellektuelle Szene von Budapest wiederum bedeutete das Erscheinen der Creme de la Creme von Csepel die plebejische Rechtfertigung ihres Kampfes gegen die Parteibürokratie.

Elek Nagy bewohnte damals ein Zimmer zur Untermiete in Budapest, während seine Frau mit einem kleinen Kind bei den Schwiegereltern in Győr blieb. Nach dem Zwischenaufenthalt in Budapest fuhr er nach Hause, um die Familie zu versorgen, und kehrte erst am 26. Oktober nach Csepel zurück. In einem Interview für eine Oral History-Forschung schilderte er die Ankunft dreißig Jahre später wie folgt: »Plötzlich läuft mir der Chef-Ingenieur Lajos Morvay entgegen. ›Grüß dich, endlich bist du da! Komm, der Arbeiterrat setzt sich soeben zusammen, und du bist der Vorsitzende.‹ ›Was für ein Arbeiterrat? ‹ ›Wieso weißt du das nicht? Die Verordnung lautet: In jedem Betrieb müssen Arbeiterräte gegründet werden. ‹ ›Und worin besteht ihre Aufgabe? ‹ ›Na ja, die Fabrik zu lenken. ‹ So leitete ich die erste Sitzung, ohne zu wissen, was ich sagen sollte.«

»Die Tage der Freiheit«

In der Tat forderte am 26. Oktober der Landesrat der Gewerkschaften die Werktätige im Rundfunk auf, an allen Arbeitsplätzen, d. h., nicht nur in industriellen Betrieben, sondern auch in Schulen, Theatern, Redaktionen oder Krankenhäusern, Arbeiterräte zu wählen. Ein Nebensatz enthielt den Hinweis, dass sich die neuen Arbeiterräte tunlichst bei dem Landesrat der

---

7 Als Ruhmesblatt galt der Massenprotest der Arbeiterschaft, der die Evakuierung der Csepel-Werke durch die deutschen Besatzer und ungarische Pfeilkreuzler vom Frühjahr 1945, verhindert hatte.

Gewerkschaften registrieren sollten. Offenbar wollten die Gewerkschafts-bonzen mit diesem Vorstoß einerseits ihre Präsenz in der neuen Organisation sichern, andererseits über die jugoslawischen Wundermittel die Unzufriedenheit der Arbeiterschaft kanalisieren. Dies war auch das Anliegen der Imre-Nagy-Regierung, die in einer hoffnungslosen Zwickmühle steckte: Der Einmarsch der Roten Armee machte sie in den Augen der Bevölkerung mindestens zu potentiellen »Nationsverrätern«, während Moskaus permanent anwesende hochrangige Emissäre sie des »Klassenverrats« verdächtigten. Die kommunistische Führung musste jeden Tag der sowjetischen Präsenz um den Preis immer neuer Zugeständnisse erkaufen. Am bedeutendsten von diesen war die Zulassung der Arbeiterräte.

Allerdings warteten nicht alle Werktätigen auf Genehmigung oder Anordnung von oben: Der erste Arbeiterrat wurde bereits am 24. Oktober in den Budapester Vereinigten Elektrizitätswerken aus der Taufe gehoben, und in den darauffolgenden Tagen löste das Zauberwort eine wahre Euphorie aus. »Es lebe der Arbeiterrat!«, hieß es in den Schlagzeilen der immer noch KP-eigenen Zeitungen mit dem uniformen Motto in der Kopfzeile: »Proletarier aller Länder, vereinigt euch!«. Hinter der Losung stand ein Missverständnis: Den Funktionären ging es um eine minimale Machterhaltung, und das Wort »Rat« klang in ihren Ohren keineswegs anrüchig. Die Vorstellungen bezogen sich vorerst auf die Betriebsebene: Mitspracherecht bei der Ernennung und Entlassung der Direktoren, Lohnerhöhung, Normensenkung, Wohnungszuteilung. Die Beschäftigten waren auch zufrieden – statt der KP-eigenen Gewerkschaften verfügten sie nun über eine autonome Vertretung.

In der zweiten Phase des Volksaufstands gelang es der Regierung, eine Feuerpause mit den bewaffneten Gruppen bzw. deren Integration in die Nationalgarde auszuhandeln. Gleichzeitig versuchte die ungarische Führung, darunter Imre Nagy und János Kádár, die Moskauer Emissäre von der Notwendigkeit des Abzugs sowjetischer Einheiten aus Budapest zu überzeugen. Sie argumentierten damit, dass eine für den Abzug zu vereinbarende Waffenruhe die Chance böte, die Lage mit politischen Mitteln zu konsolidieren. Tatsächlich begannen die sowjetischen Panzer am 29. Oktober, Budapest zu verlassen – dies war aber lediglich ein Manöver zur Auffrischung des Personals und das Vorspiel der Operation »Wirbelsturm«, der zweiten Invasion. Von einem derartigen Plan hatten die Ungarn keine Ahnung, und so erweckte das sichtbare Schwinden der russischen Kriegstechnik ein falsches

Siegesgefühl. Für Imre Nagy war der Aufstand keine »Konterrevolution« mehr, sondern eine »nationale, demokratische Bewegung«, selbst János Kádár pries die Ereignisse als »ruhmreichen Aufstand unseres Volkes«. Die Zugeständnisse an die Aufständischen konnten nicht mehr gestoppt werden: Zuerst wurde das Mehrparteiensystem wiederhergestellt, die alte KP (PUW) aufgelöst, dann erfolgte die Erklärung von Ungarns Austritt aus dem Warschauer Vertrag und die Deklaration der Neutralität nach dem Muster Österreichs. Unterdessen fuhren Kádár und einige seiner Mitarbeiter nach Moskau und zeigten sich bereit, die Gegenregierung zu bilden, welche die zweite sowjetische Invasion legitimieren würde.

In diesem Zeitraum, der im kollektiven Gedächtnis der Ungarn als »Tage der Freiheit« bezeichnet wird, formierten sich wichtige Arbeiterorganisationen: So der in dem Telekommunikationsbetrieb »Beloiannis« gebildete provisorische Arbeiterrat. Ursprünglich war er als lokale Vertretung der Belegschaft konzipiert, dennoch steckte in ihm von Anfang an der Keim einer bedeutsameren Vereinigung und dies aufgrund zweier herausragender Persönlichkeiten als Mitgründer. Der eine war der Werkzeugmacher Sándor Bali, Sohn einer kinderreichen und sehr armen Familie, seit 1945 KP-Mitglied. Aufgrund seiner hohen Produktionsleistungen war ihm in den frühen fünfziger Jahren der Titel »Stachanow-Arbeiter« verliehen worden. Der andere Protagonist, Sándor Rácz, entstammte einer Bauernfamilie, trat 1949 als Lehrling in den Betrieb »Beloiannis« ein und legte dort die Meisterprüfung als Werkzeugmacher ab. Mit seinem außergewöhnlichen Redetalent verkörperte er eine emotionale Ausstrahlung und Überzeugungskraft, die Jahrzehnte später auch den Elektriker Lech Wałęsa unter den Kollegen der Danziger Werft herausragen ließ. Der ältere besonnene Bali und der junge impulsive Rácz bildeten bei allem Unterschied ihrer Charakteristika ein gutes Tandem. Ihre Stunde schlug jedoch erst nach der Niederschlagung des bewaffneten Aufstands.

Bruch und Kontinuität im November 1956

Die Realisten unter den Kommunisten mussten einsehen, dass durch die Selbstauflösung der »Partei Ungarischer Werktätiger« (PWU) und die zeitgleiche Gründung der Ungarischen Sozialistischen Arbeiterpartei (USAP) ein Bruch in der Parteientwicklung entstanden war. Beide Entscheidungen waren von einem kleinen Kreis von circa 100 Genossen getroffen worden und konnten lediglich als Übergangslösung der Krise betrachtet werden. Der

Koloss PUW mit seinen 800.000 Mitgliedern war zusammengebrochen, und die zunächst sektenhafte kleine USAP agierte in einem völlig neuen Umfeld: Am 1. November trat bereits die Legitimierung des politischen Pluralismus in Kraft, und drei frühere Koalitionsparteien – die Kleinen Landwirte, die Nationale Bauernpartei und die Sozialdemokratie –meldeten sich zu Wort. Besonders die Neugestaltung letzterer Partei unter der Führung der legendären Anna Kéthly berührte kommunistische Interessen, denn sie bedeutete die Negation der Zwangsvereinigung von 1948. In der Perspektive von freien, demokratischen Wahlen – und diese schien am 1. November noch vorhanden zu sein – hätten die an den Tiefpunkt ihrer Popularität gelangten Kommunisten höchstens 10 % der Stimmen erwarten können.

Die Distanzierung von der Ära Rákosi war jedenfalls lebensnotwendig. Diese Einsicht zeigte sich in der Namenswahl. Eine »Ungarische Sozialistische Arbeiterpartei« (USAP) hatte bereits in den zwanziger Jahren als legale Tarnorganisation der strikt verbotenen KPU existiert. Das Adjektiv »sozialistisch« (und nicht »kommunistisch«) sollte darauf hinweisen, dass die Neugründung von 1956 offen gegenüber den immer noch zahlreichen ehemaligen Sozialdemokraten sein würde. Gleichzeitig betonte das Wort »Arbeiter« den proletarischen Charakter der neuen Partei. Diese USAP zählte noch Anfang November 1956 Imre Nagy und dessen engste Mitstreiter zu ihren Gründungsvätern. Sie konnten kaum ahnen, dass János Kádár, der als Erster Sekretär der Partei die Deklaration im Rundfunk vorlas, noch am selben Abend die Front wechseln und sich nach Moskau begeben würde, um dort eine Gegenregierung zu etablieren. Seine Kunst der heimtückischen Kehrtwendung sollten später auch die beiden Arbeiterführer Bali und Rácz noch kennenlernen.

Die am 4. November eingeleitete sowjetische Operation »Wirbelsturm« führte, wie nicht anders zu erwarten war, zu einem raschen militärischen Erfolg. Die letzten bewaffneten Gruppen wurden am 12. November auf der Insel Csepel zerschlagen. Das Land stand unter vollständiger sowjetischen Kontrolle. Diese wurde gewährleistet durch eine 58.000 Mann starke Armee, die Sicherheitskräfte des KGB sowie den in die kommunistische Führung delegierten Expertenstab mit den Politbüromitgliedern Suslow und Malenkow an der Spitze. Imre Nagy und seine engsten Anhänger, eigentlich die Mehrheit der noch mit Kádár gemeinsam eingerichteten Führung der USAP, erhielten Asyl in der jugoslawischen Botschaft – ein abgekartetes Spiel zwischen Chruschtschow und Tito, dessen Zweck in deren maximaler Isolierung bestand. Isoliert war aber auch die Führungsriege um Kádár – sie befand sich Tag und Nacht im Parlamentsgebäude, einem fast hermetisch abgeschlossenen Raum zwischen der Bevölkerung und den Besatzern, Kádár war in einem Panzer dorthin gebracht worden. Seine »Revolutionäre Arbeiter- und Bauernregierung« genoss keinerlei Rückhalt in der Bevölkerung.

Geschickterweise bedienten sich die neuen Machthaber sogleich des sozialen Hebels. Unmittelbar nach dem Abflauen der Kämpfe begann die Verteilung von Hilfsgütern, vor allem Lebensmitteln und Winterbekleidung an die Wohnausschüsse in den Bezirken. Hunderte von Büroräumen wurden für Geschädigte, deren Wohnungen bei den Kämpfen zerstört worden waren, als Notunterkünfte eingerichtet. Hilfspakete von ausländischen Verwandten durften von den Adressaten zollfrei empfangen werden. Ab Mitte November fing die staatliche Versicherung mit den Auszahlungen für Unfall-, Feuer- und Glasbruchschäden an. Am populärsten war jedoch die Verordnung des Ministerrats über die unentgeltliche Rückgabe aller in der akuten Geldknappheit der letzten Monate verpfändeten Gegenstände bis zum 31. Januar 1957. Dazu gehörten Kleidungsstücke, Schuhe, Besteck, später auch Schmuck. Die ewig langen Schlangen vor der zentralen Pfandleihe bezeugten, wie dringend und wichtig diese Entscheidung gewesen war. Allein in der Hauptstadt waren es fünfhunderttausend Pfandscheine, die wieder eingelöst werden sollten.

Einer politischen Konsolidierung des Regimes standen nach der Ausschaltung der bewaffneten aufständischen Kräfte entgegen, die ohne Waffen zivilen Widerstand leisteten. Noch funktionierten die provisorische Revolutionsausschüsse, Komitees der Intelligenzija, der Schriftstellerverband und studentische Oppositionsgruppen. Verhaftungen konnten zu dieser Zeit vorwiegend die Sowjets tätigen, ungarische Ordnungskräfte standen kaum zur Verfügung. Was erlaubt und was verboten war, war noch offen. Zwischen den durchlöcherten Häusern wurden lange Tische aufgestellt: Tolerierter Tauschhandel und Schwarzmarkt blühten nebeneinander. Am Abend saßen die Leute an ihren Radios – der sowjetische Stadtkommandant, Generalmajor Grebennik, hatte eine Ausgangssperre ab 19 Uhr verhängt. Allein in Budapest gab es 30.500 Radiogeräte, mehrheitlich alte Vorkriegsexemplare mit Kurzwelle. Sie verschafften den ungarischsprachigen Sendungen von Radio Free Europe ihre große Hörerschaft. In den Nachrichten, der Presseschau und den Kommentaren dieses Senders konnte man immer häufiger das Wort »Arbeiterrat« vernehmen.

Kádárs Taktieren mit den Arbeiterräten

Die auf Betriebs- oder Komitatsebene ins Leben gerufenen Arbeiterräte funktionierten landesweit verstreut. Dies entsprach ihrer originären Bestimmung als Akteure der Basisdemokratie. Mit der Niederwerfung des Aufstands gerieten sie jedoch in eine ganz andere Rolle als einzige quasilegale Massenorganisation. Im Prinzip standen sie vor der Wahl, entweder am jeweiligen Standort ihren »unpolitischen« Verpflichtungen nachzugehen oder aber eine hierarchische Organisation mit dem Ziel politischer Einflussnahme aufzubauen. Der erste Weg hätte unter konsolidierten Bedingungen vielleicht beschritten werden können, doch es herrschte Chaos. Die zweite Option versprach Konflikte, und zwar nicht nur mit der schwachen ungarischen Regierung, sondern auch mit der Besatzungsmacht. Außerdem hatten die noch existierenden Widerstandsgruppen wie das »Revolutionskomitee der Ungarischen Intelligenz« und der Schriftstellerverband, deren Vertreter in engem Kontakt mit den Arbeiterräten standen, die Erwartung, dass die Räte als Nachhut der Revolution funktionieren sollten.

Das Zentrale Arbeiterrat von Groß-Budapest rief die einzelnen Organisationen zu einem Gründungskongress am 13. November im Rathaus des Bezirks Újpest zusammen. Dieser Ort wurde jedoch auf Bitte der Kádár-Regierung von sowjetischen Panzern umzingelt. Delegierte wurden festgenommen. Daraufhin verlegten die 500 Delegierten die Tagung auf den 14. November und in den Kultursaal der »Vereinigten Elektrizitätswerke« – in der wohl begründeten Annahme, dass der Eingang zu einem der wichtigsten Großbetriebe kaum militärisch blockiert werden würde. In der Tat konnten die Kollegen zwei Tage lang ungestört konferieren, Sándor Rácz zum Vorsitzenden, Sándor Bali zu seinem Stellvertreter wählen und ein Acht-Punkte-Programm beschließen. Darin forderten sie die Übernahme der Regierungsgeschäfte durch »den Genossen Imre Nagy«, Freilassung »aller Revolutionäre«, Verhandlungen über den Abzug der sowjetischen Truppen, Entfernung aller Grundorganisationen der KP aus den Betrieben, Zulassung aller Parteien, die »auf dem Boden des Sozialismus stehen«, sowie »Abhaltung freier Wahlen binnen kürzester Zeit«. Um diesen Forderungen Nachdruck zu verleihen, fügten sie folgenden Satz hinzu: »Solange wir keine Antwort erhalten, können wir nur die allernotwendigsten Betriebe am Laufen halten, die zur Versorgung der Bevölkerung dienen« – praktisch eine massive Streikdrohung.

Solche Art von Forderungen und ihren ultimativer Ton konnte die Kádár-Regierung unmöglich akzeptieren – der Abzug der formal von ihr selbst »eingeladenen« Sowjettruppen befand sich außerhalb ihrer Kompetenz, und die Rückkehr »des Genossen Imre Nagy« an die Spitze der Regierung hätte die Abdankung von Kádár vorausgesetzt. Trotzdem war Kádár brennend daran interessiert, den Kontakt mit den Vertretern der Arbeiterschaft aufzunehmen: Gegenüber seinen Auftraggebern musste er Erfolge aufweisen können, um den eigenen Bewegungsspielraum zu erweitern und auch gegenüber der Bevölkerung nicht einfach als Kollaborateur dazustehen. Die einzige Waffe der Arbeiterräte war zweifelsohne der Streik, besser gesagt die Streikdrohung. Sie mussten nämlich einsehen, dass jeder Tag der Arbeitsunterbrechung nicht nur die Wirtschaftskatastrophe vertiefen, sondern auch die Arbeiter demoralisieren würde. Die Regierung verfügte ebenfalls über ein Machtmittel: Die Verweigerung der Löhne. Gleichzeitig war sie nicht stark genug, um sich auf einen offenen Kampf mit den 2.000 Arbeiterräten des Landes einzulassen. Aus dieser Pattsituation heraus entstand die Notwendigkeit zu Gesprächen.

Die Delegationen des Arbeiterrats Groß-Budapest und vieler Betriebe gingen in diesen Tagen im Parlament ein und aus. Der junge charismatische Sándor Rácz verhandelte in den Nachtstunden vom 15. auf 16. November direkt mit dem Machthaber Kádár, der den Verzicht auf den Streik aber als Vorbedingung der Verhandlungen gestellt hatte. Der Arbeiterführer willigte ein, hielt allerdings daran fest, die diesbezügliche Erklärung im Rundfunk persönlich vorlesen zu dürfen – um dadurch die legitime Existenz des Arbeiterrats zu demonstrieren. Und weil das Studio seit dem 23. Oktober, der Belagerung des Rundfunkgebäudes, im Parlament arbeitete, konnte sein unzensierter Aufruf direkt von dort ausgestrahlt werden: »Arbeiterbrüder! In dieser kritischen Situation schreiben der nüchterne Sinn und die Vernunft, das Gewissen und Arbeiterherz uns befehlend vor, dass wir morgen früh die Arbeit unter Vorbehalt des Streikrechts aufnehmen. Wir erklären euch gegenüber feierlich, dass diese Entscheidung kein Jota Abkehr von den grundsätzlichen Zielsetzungen und Errungenschaften unseres nationalen Aufstands bedeutet. Die Verhandlungen laufen weiter ...«

Dieses Statement erreichte landesweit an die zwei Millionen Rundfunk-abonnenten und beinhaltete zwei wichtige Aussagen, nämlich dass der Arbeiterrat erstens am Streikrecht festzuhalten gedachte und er zweitens auf dem Boden des »nationalen Aufstands« (d. h. keiner »Konterrevolution«) stehe. Die Wiederaufnahme der Arbeit betrachtete der Zentrale Arbeiterrat als Vorschuss auf ein anderes Zugeständnis: die amtliche Genehmigung der Arbeiterräte. Diese wurde in einer schleunigst ausgearbeiteten Gesetzesverordnung vom 21. November gewährt. Sie räumte den Arbeiterräten breite Rechtsbefugnisse ein, inklusive der Mitbestimmung in Lohn-, Planungs- und Gewinnfragen. Obwohl die Betriebsdirektoren nach wie vor von den staatlichen Gremien ernannt werden sollten, brauchte man zu ihrer Einsetzung oder Ablösung das Einverständnis des Arbeiterrats. Dieser durfte die Ernennung oder Ablösung auch selbst initiieren. Mitglieder des Arbeiterrats standen unter Kündigungsschutz. Obwohl die Gesetzesverordnung ziemlich große Lücken und Mängel aufwies – wie aus Versehen wurde zum Beispiel das von den Räten als *sine qua non* betrachtete Streikrecht unterschlagen –, wäre die Einrichtung einer solchen Institution selbst mit beschnittenen Rechten ein im damaligen Ostblock einzigartiger Erfolg der Arbeiter gewesen – vorausgesetzt, dass sich die Regierung an die Vereinbarung gehalten hätte.

Allerdings entflammte direkt nach dem scheinbaren Kompromiss ein neuer Konflikt zwischen Arbeiterbewegung und »Arbeiterregierung«. Der Arbeiterrat Groß-Budapest initiierte die Schaffung eines landesweiten Gremiums unter der Bezeichnung »Zentraler Arbeiterrat« und bereitete dessen Gründungskongress zum 21. November vor. Dies wurde auf Kádárs direkte Instruktion hin vereitelt – wieder mit Hilfe des sowjetischen Militärs. Der Parteichef protestierte gegen die Idee einer Dachorganisation, denn das roch allzu sehr nach Doppelmacht. Viele Arbeiter strömten daraufhin in das Gebäude der »Elektrischen Verkehrsgesellschaft« und forderten nun aus Protest einen Generalstreik von 48 Stunden. Damit war klar geworden, dass es über die zu verfolgende Taktik kein Einvernehmen gab. Die Arbeiter von Csepel zogen nicht mit, Elek Nagy war der Meinung, dass die Möglichkeiten einer gütlichen Konfliktlösung noch nicht erschöpft seien. Auch Kádár plädierte für weitere Verhandlungen und bezeichnete am 23. November den Arbeiterrat als »zu konsultierenden Partner«. Weitere Gespräche wurden in Aussicht gestellt, gleichzeitig aber Verhaftungen von Aktivisten vorgenommen. Die Forderung vom 26. November zur Genehmigung einer »Arbeiter-

Zeitung« wurde von Kádár persönlich strikt abgelehnt, lediglich ein internes, mit dem Kopiergerät verfertigtes Mitteilungsblatt wurde erlaubt.

Bis zuletzt offen blieb die Frage, welche Stelle der Arbeiterrat im politischen System einnehmen sollte. Für eine lokale Interessenvertretung wog er zu viel, als Massenbewegung erreichte er weder die enorme Dynamik des St. Petersburger Sowjets von 1905 noch die nationale Dimension der Solidarność von 1980. Gleichzeitig verwandelte er sich in dem Machtvakuum des Novembers und Dezembers 1956 in die letzte Bastion der Verteidigung eines sozialistischen Pluralismus.

Seine Aufwertung erfuhr der Arbeiterrat Groß-Budapest dank der Tatsache, dass der kluge und tapfere politische Denker István Bibó sein »Kompromissprojekt zur Lösung der ungarischen Frage« dem Zentralen Arbeiterrat als Plattform vorgeschlagen hatte und von dem Gründungskongress auch angenommen worden war. In diesem Dokument schlug Bibó vor, sowohl den ungarischen Kommunisten als auch den Sowjets gewisse Garantien anzubieten, damit bei der demokratischen Umgestaltung deren spezielle Interessen berücksichtigt werden konnten. So würde die Volksrepublik Ungarn die Neutralitätserklärung von Imre Nagy zurücknehmen und den Warschauer Vertrag nicht ganz verlassen. Zur Beruhigung der kommunistischen Kader diente das Versprechen, dass sie, selbst ohne Diplom, ihre Funktionen ausüben dürften, wenn sie Weiterbildungskurse besuchen würden. Ähnliche Ideen reiften auch in den Köpfen von manchen der Akteure der Arbeiterräte. Es gab z. B. die Idee eines Parlaments, in dem der Arbeiterrat das Unterhaus und Staatsvertreter und Partei das Oberhaus stellen würden und kein Gesetz ohne Einverständnis des Arbeiterrats angenommen werden könnte. Geblieben von diesen Träumereien ist allein der Verhandlungsweg als Option, die sich dreißig Jahre später in der Gestalt des Runden Tisches manifestierte.

János Kádár spielte auf Zeitgewinn. Das größte Kopfzerbrechen verursachten ihm zu dieser Zeit nicht die Streikdrohungen der Arbeiterschaft, sondern die in der jugoslawischen Botschaft isolierten 17 Erwachsenen und 14 Kinder, Personen, die Imre Nagy in sein absurdes Asyl gefolgt waren. Da Nagy trotz zahlreicher Ansuchen nicht bereit war, auf seinen Posten als Ministerpräsident zu verzichten und die Regierung Kádár anzuerkennen, war seine von Chruschtschow und Tito ausgeklügelte provisorische Anwesenheit in der Villa gegenüber dem Heldenplatz ein Stachel in dem Fleisch der neuen Herrschaft geworden – er musste möglichst schnell von dem Terrain entfernt werden. Dies forderten auch die Sowjets und setzten sogar die jugoslawische Führung unter Druck. Irgendwann dachte auch diese nur noch daran, wie sie unter der Wahrung ihres Gesichts aus der prekären Lage herauskommen könnte. Schließlich half Kádár den Jugoslawen und den Sowjets gleichzeitig, indem er sich nach langem Zögern bereit erklärte, allen Botschaftsflüchtlingen freies Geleit zuzusichern. Die Tinte seiner Unterschrift war noch nicht trocken, als er das feierlich gegebene Wort bereits gebrochen hatte. Er hatte nämlich mit der rumänischen KP-Führung vereinbart, dass diese die Imre-Nagy-Gruppe »übernehme«. Den Transport nach Rumänien garantierte Moskau. Als die Asylsuchenden, die Kádárs Zusicherungen geglaubt hatten, die Villa am Heldenplatz verließen, wurden sie von sowjetischen Militärs entführt, nach Rumänien gebracht und dort interniert. Nach der verlogenen offiziellen Erklärung hatten Nagy und seine Gefährten von Rumänien ein »Asylangebot« erhalten und dies angenommen. Nun wussten die Vertreter des Arbeiterrates, dass ihre Forderung nach Imre Nagys Rückkehr zu den Regierungsgeschäften obsolet geworden war.

Die Regierung in der Offensive

Am 8. Dezember tagte der Zentrale Arbeiterrat in geheimer Runde und plädierte angesichts der offensichtlichen Hinhaltetaktik und der fortgesetzten Verhaftungen für einen Warnstreik, den er für den 11. und 12. Dezember anberaumen wollte. Seine Entschlossenheit wurde noch verstärkt durch die während der Sitzung eingetroffene Nachricht von einem Massaker in der nordungarischen Stadt Salgótarján. Dort war auf eine unbewaffnete Demonstration gegen die Verhaftung des lokalen Arbeiterrats durch sowjetische Militärs und ungarische Sicherheitskräfte das Feuer eröffnet worden– fünfzig Tote und neunzig Verletzte waren das Ergebnis. Die blutig aufgelöste Kundgebung gehörte zu den letzten dieser Art und diente als Warnsignal für alle, die noch bereit waren, für irgendwelche Forderungen auf die Straße zu gehen. Um hierüber keine Zweifel aufkommen zu lassen, ließ die Regierung die territorialen Arbeiterräte auflösen – das Verbot bezog sich also nicht auf die Betriebsorganisationen. Als Nächstes folgte die Einführung des Standrechts mit abendlichem Ausgehverbot, Internierungen und Sondergerichten, die das Recht besaßen, schnell Todesurteile zu fällen. Inzwischen bewertete die Führung der Partei – die zu dieser Zeit lediglich über 38.000 Mitglieder verfügte – die Oktober-Ereignisse weder als »nationale demokratische Bewegung« noch als »ruhmreichen Aufstand unseres Volkes«, sondern als »Konterrevolution«. Diese Sprachregelung blieb bis zum Januar 1989 in Kraft.

Die Umbenennung war keine Wortspielerei – die sowjetischen Emissäre hatten darauf gedrängt. Sie machten Kádár klar, dass er nur über eine derart scharfe Definition freie Hand erhalten würde, endlich die Strafmaschinerie in Bewegung zu setzen. Bereits am 30. November machten sie Druck auf die ungarischen Führer und forderten die Aufstellung eines Militärtribunals, das berechtigt sein sollte, für die begangenen »konterrevolutionären« Delikte zu einem Höchstmaß an Strafe zu verurteilen: Zivilisten sollten an den Galgen, Militärangehörige erschossen werden. Kádár gab sicher ohne Begeisterung dem Druck nach, und zwei von den Sowjets benannte Aufständische wurden Mitte Januar gehenkt, nur der dritte, ein Offizier, kam mit zehn Jahren Gefängnis davon. Mit den Führern des Zentralen Arbeiterrats ging man vorsichtiger um: Überraschenderweise wurden sie nach dem erklärten 48-Stunden-Warnstreik zu Verhandlungen in das Parlamentsgebäude eingeladen. Doch es kam nicht mehr dazu: Bali und Rácz betraten am späten Nachmittag das Gebäude und wurden gleich am Eingang verhaftet.

Womit die Regierung damals rechnen konnte, war die allgemeine Ermüdung der Bevölkerung und ihre Desillusionierung angesichts des Ausbleibens der erhofften Befreiung mit Hilfe der »UNO-Truppen«. Angesichts der Tatsache, dass die Verhandlungen mit den loyalen, ihre Tätigkeit auf die Betriebe konzentrierenden Arbeiterräten noch eine Zeitlang weitergingen, und Sándor Bali vorübergehend sogar aus dem Gefängnis entlassen wurde, beruhigten sich die Seelen, und die Streikbewegung ebbte ab. Am 30. November wurde das Alkoholverbot aufgehoben, und es entstand gleich ein Mangel an Wein und Schnaps. Weihnachten stand vor der Tür. Am 8. Dezember genehmigte man im Unterschied zur Praxis der Ära Rákosi für das größte christliche Fest gleich zwei bezahlten Feiertage. Versprochen wurde außerdem, dass diesmal dank der Lieferungen aus Jugoslawien, ČSSR, Rumänien und Österreich genügend Tannenbäume zur Verfügung stehen würden. Eine Sonderregelung hob für Heiligabend das Ausgehverbot auf, damit die Bürger die Nachtmesse besuchen konnten.[8] Die aus ihren Trümmern auferstandene Nationale Front richtete eine offene Botschaft an ungarische Mütter: »Denkt an die glänzen-

---

8   Eine ähnliche Ausnahme wurde zugunsten von Polens Katholiken nach der Einführung des Kriegsrechts im Dezember 1981 in Warschau gemacht.

den Weihnachtsbäume, an die lachenden, Beifall klatschenden Kinder, an die leuchtende Kinderaugen. Zündet die Kerzen für alle kleinen Ungarn an!«

In den ersten anderthalb Monaten nach der Niederwerfung des Aufstands waren die Erfolgschancen für das illegale Verlassen des Landes sehr groß. Obwohl die Rote Armee die Westgrenze der Volksrepublik bereits vor dem 4. November militärisch abgesperrt hatte, behinderte sie die gewaltige Fluchtbewegung nur sporadisch. Die Lastwagen, die Fluchtwillige für 300 bis 500 Forint in die Grenzregion brachten, waren ständig überfüllt. Auf den Bahnhöfen der nordwestlichen Städte Győr, Sopron und Szombathely warteten Schlepper, die sich sehr gut mit den inzwischen entschärften Grenzbefestigungen auskannten. Das Regime brauchte das Ventil und war bereit, für eine Atempause den empfindlichen Aderlass in Kauf zu nehmen. Die daheimgebliebenen Familienangehörigen lauschten dem Programm des Senders Free Europe. In der Sendung »Grüße mit Musik« meldeten sich die soeben in der freien Welt eingetroffenen Verwandten und Freunde. »László B. aus der Kálmánstraße in Budapest lässt seiner Schwester Margit, der lieben Mutter und dem Vater sowie der Oma ausrichten, dass er glücklich in Wien angekommen ist.« Für den Fall, dass die Adressaten nicht am Radio saßen, wurde noch ein Satz hinzugefügt, der zum geflügelten Wort wurde: »Wer mithört, soll es weitersagen.«

Ungarische Arbeiter im deutschen Exil

In den österreichischen und deutschen Flüchtlingslagern warteten an die 70.000 Asylsuchende aus Ungarn auf ihre vorläufige Anerkennung als Flüchtlinge. Die Akten des Bundesministeriums für Vertriebene gewähren einen Einblick in die Sozialstruktur der ersten Exilwelle. Demnach waren 57 % der Flüchtlinge ledig, 75 % männlich, 25 % weiblich, 41 % zwischen 19 und 25, 30 % zwischen 26 und 40 Jahre alt. Die meisten von ihnen stammten aus der metallverarbeitenden Industrie (22 % Schlosser, 7.9 % Schweißer und Dreher, 3,6 % Fräser, 3,6 % Elektriker), allerdings mit einem hohen Anteil von ungelernten oder in Ausbildung befindlichen Arbeitern. Relativ hoch (5,5 %) war der Anteil der Bergleute. Ein beträchtlicher Anteil der weiblichen Emigranten (knapp 10 %) bestand aus Hausfrauen. Wie nicht anders zu erwarten war, begannen die Sorgen mit den Ungarnflüchtlingen bereits auf der Ebene der elementaren Kommunikation. Einem Bericht des Staatssekretärs Dr. Peter Paul Nahm vom 26. Februar 1957 lässt sich entnehmen:

»Die Masse der Ungarnflüchtlinge spricht kein Wort Deutsch und meist auch keine andere europäische Weltsprache. Andererseits ist die Kenntnis der ungarischen Sprache in Deutschland nur ganz wenig verbreitet, so dass sich zunächst außerordentliche Sprachschwierigkeiten ergeben.« Manche Arbeiter konnten wegen schwacher Deutschkenntnisse »nicht an den Arbeitsplätzen eingesetzt werden, auf die sie entsprechend ihren Fähigkeiten und ihrer heimatlichen Vorbildung ein Anrecht hatten«.

Das Problem der mangelhaften Sprachkenntnis führte besonders an Lohntagen zu Reibereien, da die ungarischen Kollegen das ausgeklügelte bundesdeutsche Abzugssystem nicht verstanden (etwa die Differenzierung zwischen Ledigen, Verheirateten – mit einem oder mehreren Kindern –, die Einstufung in die Steuerklassen, die Pflichtversicherungsbeiträge sowie die Zahlung von Kleidergeld für Berufskleidung). Im Bergbau erstellte man für die Neuankömmlinge eine Sicherheitsfibel und ein Bildwörterbuch, damit sie mit Begriffen wie »Sprachrohr«, »Signalhebel«, das »Hangende«, »wagenlangs« aus der Anschauung umgehen, mit den deutschen »Kumpeln« gemeinsam »buttern« und sie mit »Glückauf« grüßen können. Die Auswertung der Interviews von Sozialarbeitern mit den Asylsuchenden ergaben ein recht tristes Psychogramm: »Einer Anzahl von ungarischen Flüchtlingen haftet eine gewisse Ruhelosigkeit an, die einmal wohl dem Volkscharakter entsprechen mag, zum anderen zeigt, wie schwer es den meist jugendlichen Flüchtlingen fällt, vom Freiheitskampf in den täglichen Arbeitsrhythmus zurückzufinden. Starkes Heimweh, Vereinsamungsgefühle, die Andersartigkeit des Arbeitsrhythmus, der große Unterschied der Ernährung und auch die Unfähigkeit bzw. die Unmöglichkeit, die arbeitsfreie Zeit nutzbringend zu verwerten, führen zur Unruhe, Unausgeglichenheit, mitunter auch zum plötzlichen Arbeitsplatzwechsel, Rückkehr in die Flüchtlingslager usw.« Hinzu gefügt werden kann das Wissen darum, dass die Rückkehr nach Ungarn für viele, besonders für die Aufständischen, trotz der verkündeten Amnestie für Rückkehrer direkt zur Verhaftung, Gerichtsurteil und in einigen Fällen zur Hinrichtung führte.

Die Abrechnung mit den Arbeiterräten

Die politischen Prozesse der späten fünfziger Jahre folgten nicht mehr dem klassischen stalinistischen Muster, nach dem Geständnisse der Angeklagten und belastende Zeugenaussagen als Schuldbeweis für eine Verurteilung ausreichten. Auch mit den brutalen Verhörmethoden hörte die Exekutive auf. Man war auch nicht auf phantasiereiche Konstrukte von geheimen Verschwörungen angewiesen. Die Ereignisse, die während der Ermittlungen und Gerichtsverhandlungen zur Sprache kamen, hatten sich fast alle vor den Augen der ganzen Nation abgespielt – es hatte wenig Sinn, Einzelheiten zu erdichten. Trotzdem wäre es ein Irrtum, in der peniblen Einhaltung der Prozessordnung die Tendenz zur Rechtsstaatlichkeit zu suchen. Angeklagte konnten ihre Anwälte nur aus einer Liste regimetreuer Advokaten auswählen, welche die Lizenz besaßen, »Staatsfeinde« zu verteidigen. Obwohl die sadistischen Verhörmethoden der Ära Rákosi nicht mehr praktiziert wurden, konnte die monatelange hermetische Isolierung während der Ermittlungen, die Erpressung durch Verweigerung oder Zulassung von Besuchen der Familienangehörigen durchaus als psychische Folter bezeichnet werden.

Die Besonderheit der Strafverfahren gegen Aktivisten der Arbeiterräte bestand in ihrer nicht zu leugnenden Klassenzugehörigkeit. Formal handelte es sich um eine »proletarische Klassenjustiz«. Ein speziell für diese Prozesse ausgeklügelter Gesetzeskommentar empfahl sogar, eine etwaige Arbeiter- und Bauernabstammung der Angeklagten als mildernden Umstand zu betrachten. Demgegenüber sollten Angehörige oder Sprösslinge der bürgerlichen Vorkriegselite außer für die ihnen vorgeworfenen Handlungen auch noch für ihre Abstammung büßen. Die gesamte Tätigkeit des Zentralen Arbeiterrats von Groß-Budapest wurde nach den Kriterien des Strafrechts beurteilt, das auch die »Organisation gegen die volksdemokratische Staatsordnung« beinhaltete. Das höchstmögliche Strafmaß für die führende Beteiligung an einer derartigen Zusammenrottung wie einem Arbeiterrat war die Todesstrafe.

So konnte sich der Hauptangeklagte des Prozesses gegen den Zentralen Arbeiterrat Sándor Rácz beinahe glücklich schätzen, dass er am 17. März 1957 – ausgerechnet an seinem 25. Geburtstag! – »nur« zu einer lebenslänglichen Zuchthausstrafe verurteilt wurde, während sein Stellvertreter Sándor Bali zwölf Jahre Freiheitsentzug erhielt. Ähnliche Verdikte betrafen auch Angeklagte von späteren Gerichtsverfahren. Selbst gemäßigte Arbeitervertreter sind keineswegs heil davongekommen. Der Arbeiterführer Elek Nagy wurde zu 10 Jahren Gefängnis verurteilt, einige seiner Mitstreiter erhielten zwischen zwei und acht Jahren – eine Amnestie gab es nicht früher als im Frühjahr 1963. Selbst die Freilassung brachte den Betroffenen keine Beruhigung – während der langen Kerkerjahren ist das Familienleben der meisten zerrüttet worden, sie konnten nicht an ihren früheren Arbeitsplatz zurückkehren, litten bis in die späten 1980er Jahren unter Ausreiseverbot, Bespitzelung, Schikanen. Eine vollständige Rehabilitierung brachte ihnen erst das Systemwechsel 1989 – einigen von ihnen erst postum. Erst dann konnte man über ihre Taten und Schicksale in Ungarn offen reden und dank der Sichtung der Archivbestände ihre Geschichte wissenschaftlich rekonstruieren.

Arbeiterräte nach der ungarischen Wende – ihre Dilemmata

Mitte August 1989 protestierten die Werktätigen der Porzellanmanufaktur von Herend gegen ungerechte Prämienverteilung und wandten sich zunächst an die offizielle Gewerkschaft, die sich jedoch nicht bereit zeigte, die Forderungen gegenüber der Betriebsleitung zu unterstützten. Daraufhin versammelten sich 500 Kollegen im Kulturhaus des Unternehmens und gründeten den ersten ungarischen Arbeiterrat seit 1956 – 1.700 von den 2.000 Beschäftigten traten bei. In den darauffolgenden Monaten entstanden noch an die 50 Arbeiterräte in verschiedenen Fabriken und anderen Unternehmen. Diese nach Branchenprinzip aufgebauten Organisationen vereinte der im Juli 1990 gegründete Landesverband der Arbeiterräte (MOSZ), der sich zum »geistigen Erbe der 56er Revolution« bekannte. Als kollektives Mitglied gehörte dem Verband auch der wiedergegründete »Zentraler Arbeiterrat« mit Sándor Rácz an der Spitze an, der zugleich als Ombudsmann für Arbeiterrechte in den Vorstand kooptiert wurde.

Von Anfang an führte man heiße Debatten über die mögliche Funktion und Programmatik des Verbandes und seiner Untergliederungen. Eine reine Interessenvertretung durch gelegentlichen Streiks in innerbetrieblichen Konflikten entsprach der Tradition der Arbeiterräte von 1956 nicht – hierzu waren eher die gleichzeitig entstandenen autonomen Gewerkschaften gefragt. Andererseits wäre eine grundsätzliche Konfrontation à la November-Dezember 1956 gegenüber einer frei gewählten, demokratischen Regierung unangemessen, zumal die direkte Politik seit den ersten freien Wahlen im Mai 1990 durch die Auseinandersetzung zwischen Regierungs- und Oppositionsparteien sowie die Mediendebatten geprägt worden war. Irritierend wirkte auch die Tatsache, dass die ersten Arbeiterräte der Regierungspartei Ungarisches Demokratisches Forum nahestanden, was auch Sándor Rácz

Prinzip widersprach, laut dem sich die Räte von der Tagespolitik fernhalten sollten. Allerdings bildete sich im Lande gerade ein parlamentarisches System aus, das vor allem Parteien finanzierte, und zwar nach der Stärke ihrer Wählerschaft. Der Zentrale Arbeiterrat passte ebenso wenig zu dem Budapester Parlament wie die Charta 77 zur Prager Nationalversammlung oder die Solidarność zum Sejm.

Ein anderes Problem bedeutete die ökonomische Systemänderung: Rácz, Bali und Elek Nagy bekämpften als Arbeiter eine sich zur sozialistischen Arbeitermacht deklarierende Diktatur. Sie betonten damals zu jedem sich ergebenden Anlass, keine Anhänger des kapitalistischen Systems zu sein. Nun aber stand der »wilde Kapitalismus« mit Arbeitslosigkeit und Massenarmut vor der Tür. Ursprüngliche Hoffnungen auf Erwerb von Arbeitereigentum an dem Betrieb, wie dies zunächst in der Porzellanmanufaktur von Herend praktiziert wurde, erwiesen sich angesichts der chaotischen Privatisierung als eitle Träumereien.

So erging es dem Arbeiterführer Rácz wie vielen ehemaligen 56-ern, die keinen Platz unter der neuen Sonne fanden. Nachdem er keine ausreichenden Stimmen für ein Mandat im Parlament und später als Kandidat zum Budapester Bürgermeister erhalten hatte, suchte er die Nähe von Parteien im rechten Spektrum, ohne bleibenden Erfolg. Schließlich zerstritt er sich mit allen Parteien und landete oder strandete eher am Lebensabend in der protokollarischen Funktion des Ehrenvorsitzenden des Weltverbands der Ungarn. Mit seinem Tod im Jahre 2013 verlor Ungarn die letzte große Symbolfigur der klassischen Arbeiterbewegung.

Fazit

In der Frühphase der europäischen Arbeiterbewegung dominierten elementare und zunächst zerstörerische Kräfte: Die Ludditen und Saboteure wandten sich gegen die Maschinen, und selbst in der Mitte des 19. Jahrhunderts erschien die Technik als potentielles Druckmittel im Klassenkampf. So rühmte auch Georg Herwegh in seinem »Bundeslied« den »Mann der Arbeit«: »Alle Räder stehen still,/ wenn dein starker Arm es will.« Erst später entstand eine moderne Struktur in Gestalt der Gewerkschaften und der Sozialdemokratie, die sich gegen Bismarcks Sozialistengesetze behaupten konnte und als ernstzunehmender politischer und kultureller Faktor wirksam wurde. Ein ähnlicher Prozess ließ sich in den proletarischen Protesten der osteuropäischen Arbeiterschaft gegen die sich als »proletarisch« deklarierenden Diktaturen verfolgen: Unorganisierte Aufmärsche und an Rowdytum grenzende Gewaltausbrüche gehörten und gehören bis heute zum Szenario des emotional geprägten plebejischen Aufbegehrens – Parteikomitees und Rathäuser gingen in Flammen auf, Läden wurden leergefegt und ganze Stadtteile in Schlachtfelder verwandelt. Strukturierte Formen des Widerstands erschienen erst nach der Niederlage dieser Bewegungen, wie in Polen 1970, wo der Dissident Jacek Kuroń die bessere Methode formulierte: »Steckt keine Komitees in Brand, sondern schafft eure eigenen!« Er selbst gründete dann das »Komitee zur Verteidigung der Arbeiter« (KOS), eine Vorstufe der Solidarność, die reifste Form einer politischen Arbeiterbewegung im Ostblock, die nachhaltigen Einfluss auf die ganze Gesellschaft ausübte und im Februar 1989 als der KP-Führung ebenbürtiger Partner an den Runden Tischen Platz nehmen konnte.

Nicht überall gelang es den Werktätigen, eine derart signifikante Rolle in der demokratischen Umgestaltung ihrer Länder zu spielen. Ausschlaggebend für den gesamten Prozess war zweifellos die Perestrojka in der UdSSR, in deren Verlauf die KPdSU nach und nach auf ihre Dominanz gegenüber den Mitgliedstaaten des Warschauer Vertrages verzichtete. Innerhalb der einzelnen Ostblockländer erwiesen sich die Intelligenzija und die aufgeklärte oder anpassungsfähige Funktionärselite als Motor der Reformen – die Volksmassen füllten die Straßen eher in der Endphase der Systemkrise (Montagsdemos in Leipzig, Woche der Protestkundgebungen in Prag) oder gerieten, wie in Bukarest, in die traurige Rolle der Statisten eines zweifelhaften Machtwechsels. Trotzdem kann man die historische Bedeutung des Arbeiterprotestes von vier Jahrzehnten – Ost-Berlin 1953, Poznań und Budapest 1956, Nowotscherkassk 1962, Jil-Tal 1977, Gdansk 1980 und Brașov 1987 – kaum überschätzen. Ob Lohnkämpfe oder Ablehnung von putschartigen Preiserhöhungen – sie erfüllten noch eine andere Funktion: In einem undemokratischen System schufen sie, wenn auch für einige Tage, Wochen oder Monaten Inseln der Demokratie und demonstrierten dadurch die grundsätzliche Fähigkeit der Gesellschaft, Autonomie einzufordern und sie auch zu praktizieren.

György Dalos

Der kurze Prager Frühling von 1968

Am 24. Oktober 1956 wüteten in Budapest bereits Kämpfe, und mit der Operation »Welle« (»zur Bewahrung, gegebenenfalls Wiederherstellung der sozialistischen Geschäftsordnung«) begann der Aufmarsch der Sowjetarmee. Zur gleichen Zeit versammelten sich die »Bruderparteien« zu einem Krisenstab im Kreml – die Ungarn konnten an der Konferenz wegen des Aufstands nicht teilnehmen. Bei der Auflistung der Sorgen bekam plötzlich die von Antonín Novotný geleitete Delegation der ČSR einen Pluspunkt von den sowjetischen Freunden: »Es ist kein Zufall, dass es in Polen und Ungarn zu Unruhen kam und nicht in der Tschechoslowakei. Die Erklärung hierfür ist, dass in der Tschechoslowakei das Lebensniveau unvergleichlich höher ist.« Warum es in einem Land zu »Unruhen« und in einem anderen zu keinen kam, hing selbstverständlich nicht allein vom Essbaren ab. Der relative Wohlstand und die Stabilität der Tschechoslowakei mit ihren 13,6 Millionen Einwohnern war kein Ergebnis der Fürsorge der kommunistischen Partei, sondern verdankte sich auch dem Umstand, dass es hier bereits vor dem Krieg eine technisch und ökonomisch hoch entwickelte Zivilgesellschaft gegeben hatte. Als einziger von den späteren Ostblockstaaten verfügte die Tschechoslowakei zu dieser Zeit über freiheitlich-demokratische Einrichtungen, wenn auch keine makelfreien: Staatliche Gleichrangigkeit der föderierten Slowakei gehörte ebenso wenig dazu wie die kollektiven autonomen Rechte der Deutschen, Ungarn, Ruthenen und anderer Minderheiten.

Als 1945 die Regierung von Eduard Beneš aus dem Londoner Exil zurückgekehrt war, brachte der Neuanfang nicht nur Positives mit. Zum einen begannen aufgrund des Kaschauer Regierungsprogramms die Vertreibung des deutschen Bevölkerungsteils sowie die Repressalien gegen die ungarische Minderheit. Zum anderen, und dies wiegt schwerer, bildete die zweite Beneš-Regierung eine Koalition mit den Kommunisten, die eindeutig nach Moskaus Vorgabe handelten. Obwohl ihre Popularität ihnen 1946 bei der einzigen freien Parlamentswahl nach dem 2. Weltkrieg 40 Prozent der Stimmen eingebracht hatte, strebten sie nach der vollständigen, alles umfassenden

Macht. Mit dem Putsch vom Februar 1948, der später als »Februarrevolution« Berühmtheit erlangte, verjagten sie die bürgerlichen Politiker aus der Regierung und zwangen die kleineren Parteien zu einem bloßen Schattendasein. Die Sowjetisierung der Machtstrukturen stärkte vor allem die Armee und die Geheimpolizei und führte zu ähnlichen Folgen wie in anderen osteuropäischen Staaten – Massenprozesse, insgesamt 178 Todesurteile, lebenslängliche Gefängnisstrafen, Zwangsarbeit in den Uranbergwerken, Verhaftungen, Bespitzelung, Verrat. Und obwohl sich die Schärfe des künstlich generierten »Klassenkampfs« zunächst gegen die innere Opposition richtete – so im Prozess gegen die ehemalige Antinazikämpferin Milada Horáková, die 1950 wegen »Hochverrat« und »Verschwörung« hingerichtet wurde –, war es nur eine Frage der Zeit, bis die Räder des Terrors auch Kommunisten zermalmten, darunter nicht zuletzt diejenigen, die ursprünglich am Auf- und Ausbau des kommunistischen Systems beteiligt gewesen waren. Im osteuropäischen Vergleich kam es relativ spät zum für den Stalinismus üblichen Monsterprozess »gegen das staatsfeindliche Verschwörungszentrum«. In der ČSR war dies der Prozess gegen Rudolf Slánský im November 1952.

Slánský war ein Altkommunist und Mitstreiter des Partei- und Staatschefs Klement Gottwald. Der alkoholkranke und willenlose Präsident opferte aber nicht nur Slánský. Er erlaubte auch die Inszenierung eines monumentalen antisemitischen Schauspiels – ganz nach dem Muster des Budapester Rajk-Prozesses. Dazu ließ man mit Foltermethoden zum »Geständnis« gebrachte jüdische Angeklagte aufmarschieren. Einer von ihnen sollte im KZ mit der SS kollaboriert, der andere die jüdische Auswanderung nach Israel betrieben haben, um der tschechoslowakischen Wirtschaft zu schaden. Ein dritter, ein Arzt, war angeklagt, Gottwald mit falschen Behandlungsmethoden krank zu machen. Dies alles geschah kaum ein Monat vor Stalins letztem ähnlichem Coup gegen eine Gruppe jüdischer Ärzte in Moskau, deren Leben nur Stalins Tod im März 1953 retten konnte. Prozesse liefen aber auch nach 1953 – so z. B. gegen die »slowakischen Nationalisten«, unter ihnen der zu lebenslänglicher Haft verurteilte Kommunist Gustáv Husák, der in den siebziger und achtziger Jahren Chef der KPČ und Präsident der ČSSR[1] werden sollte. Die tschechoslowakischen Parteiführer folgten einem oft verwendeten Pro-

---

1 Kein Schreibfehler: In der Verfassung von 1960 erhielt das Land den Namen »ČSSR« (Tschechoslowakische Sozialistische Republik), da es angeblich »den Grundstein des Sozialismus gelegt hatte«.

pagandaslogan: »Gemeinsam mit der Sowjetunion sein für alle Zeiten und nicht anders!« In Stalins Fall handelten die Prager jedoch etwas abweichend. Zum einen weihten sie das 15 Meter hohe Denkmal auf dem Prager Letná-Plateau etwas spät ein, erst Anfang Mai 1955, zu einer Zeit, als diesen Personenkult niemand mehr betrieb. Zweitens wussten sie lange nicht, was sie mit dem Monument nach Chruschtschows Geheimrede auf dem 20. Parteitag der KPdSU von 1956 anfangen sollten. Erst als der Generalsekretär einige Passagen der Entlarvung seines Vorgängers öffentlich kundgetan hatte und Stalin von seinem Platz neben Lenin aus dem Mausoleum in ein ordinäres Grab umgebettet worden war, fanden die Prager den Mut, das Denkmal aus dem Park zu entfernen. An ein Volksfest à la Budapest 1956 dachten sie kaum: Vielmehr ging es ihnen in der Juninacht 1962 um eine diskrete Lösung – falls man die Verwendung von 800 Kilo Sprengstoff und 1.650 Zündern als diskret bezeichnen kann. Bescheiden blieben nur die Medien: Sie ließen kein Sterbenswort zu dem Thema fallen, worüber die ganze Bevölkerung sprach. Dabei war Stalins Tod einfacher zu überwinden als sein Erbe.

Bis auf den kurzen Arbeiterprotest in Plzeň gegen die Anfang Juni 1953 vom Staat unerklärt eingeführte Währungsreform gab es keine Vorkommnisse in der ČSR, die auch nur im Entferntesten gewaltsame Züge getragen hätten. Fälschlicherweise erklärt man dieses Phänomen mit dem friedlichen, »Schwejkschen« Charakter der »Tschechen«. Dabei wird vergessen, dass die Unzufriedenen auch in anderen »proletarischen Diktaturen« selten einen zweiten Versuch machten, ihre Muskeln gegen die geballte Staatsmacht spielen zu lassen. Und die tschechoslowakischen Arbeiter gehörten zu den ersten in Osteuropa, die nach Stalins Tod mit der Kraft der Armee und der Polizei konfrontiert waren. Nach Budapest 1956 wussten sie ohnehin, dass ein nationaler Aufstand angesichts des »Kalten Krieges«, der nicht zuletzt ein »Kalter Frieden«, eine Aufteilung der Einflusssphären des Kontinents zwischen den Großmächten war, so gut wie keine Chancen hatte. Einen Ausbruch aus dem »Lager« wagten selbst die tollkühnen Polen nicht.

Gleichzeitig begann mit dem Ableben des halbgottähnlichen Kremlführers eine neue Ära. Kein Befehl aus Moskau war mehr absolut, kein Dogma perfekt. Chruschtschows Geheimrede mit den Enthüllungen über die »hunderttausende Opfer des Personenkults« sickerte trotz strengster Geheimhaltung über Westsender und durch über Ballons verbreitete Flugblätter in die sozialistischen Staaten ein und stellte nicht allein für die ČSR kaum lösbare Fragen. Wenn Stalin somit ein Massenmörder war, was konnte man dann über Gottwald sagen? Wenn Gottwald ein Henker, der Mörder seines besten Freundes Slánský war, wie ließ sich die Rolle seiner engeren Mitarbeiter, unter ihnen Antonin Novotný, qualifizieren? Überhaupt: Wer waren die unschuldigen Opfer? Nur die unter das Räderwerk des Terrors geratenen kommunistischen Funktionäre oder auch Arbeiter, Bauern, kleine Existenzen, Künstler, Pfarrer, gegen die mehr als hunderttausend Strafverfahren eingeleitet worden waren? Wie sollte es nun weitergehen? Wie konnte man die »Fehler« reparieren, zumal die Politik größtenteils von derselben Führungsriege bestimmt wurde?

Vor allem das Werk der Rehabilitierung sollte in Bewegung gebracht werden, aber die Partei, in genauer Kenntnis ihrer Rolle, tat alles, um die Sache auf die lange Bank zu schieben. Die ersten offiziellen Mitteilungen über die nachgewiesene Unschuld der Verurteilten erschienen erst 1963 in der Presse, und die Revision der Gerichtsurteile konnte bis 1968 nicht abgeschlossen werden.

Das Tauwetter in Prag

Gegenüber der zynischen und ausgebrannten Schicht der Apparatschiks bildeten vor allem Intellektuelle und aufgeklärte verantwortungsbewusste Funktionäre den Gegenpol. Während Ökonomen wie Ota Šik an einem funktionsfähigen sozialistischen Marktmodell arbeiteten, versuchten Parteireformer den Monolithen der KPČ durch demokratischere Entscheidungsverfahren aufzulockern und Novotnys persönliche Macht einzuschränken. Filmemacher wie Milos Forman oder Vera Chytilova schufen eine ganze Schule satirischer, sozialkritischer Werke, eine »Prager Welle«. Und Schriftsteller wie Josef Skvorecky oder Milan Kundera entdeckten die weißen Flecken der unmittelbareren Vergangenheit. Das Wichtigste aber, was auf dem geistigen Terrain gelang, war die Vorbereitung und Durchführung der Kafka-Konferenz von 1963 in Liblice. Die Tagung brachte drei richtungweisende Ergebnisse:

Das Revival des Prager Autors, bis dahin als »bürgerlich dekadent« vom Büchermarkt verbannt, leitete die Thematisierung von dessen Hauptwerk »Der Prozess«, als Sinnbild staatlich organisierter Entfremdung ein und die wagemutige Fragestellung nach der Existenz anderer Stilrichtungen neben dem als kanonisch betrachteten »sozialistischen Realismus«.

Vier Jahre danach forderten 1967 die Schriftsteller auf ihrem IV. Kongress bereits die Abschaffung der Zensur, und die Literaturzeitung *Literárny Listy* verwandelte sich in ein oppositionelles Blatt, das die Zensur nicht mehr kontrollieren, sondern nur noch beschlagnahmen konnte. Parallel dazu brachen im Oktober 1967 Studentenunruhen im Bezirk Strahov gegen die trostlosen Zustände in den Wohnheimen aus. Aber weder das Verbot der Zeitung noch die regelmäßigen Stromausfälle in den Studentenheimen lösten relevante Konflikte aus. Vielmehr zeigte sich als Achillesferse des Systems ein Problem, dass die führenden Genossen als gelöst betrachtet hatten. Es gab ein mangelndes Gleichgewicht zwischen den beiden Landesteilen, dem industriell hochentwickelten und kulturell reichen Tschechien und der eher agrarischen patriarchalen Slowakei mit ihren nationalen Empfindlichkeiten.

»Eto – vashe djelo« – Palastrevolution mit Moskauer Rückenwind

Anders als in Moskau, wo Chruschtschows Ablösung durch Leonid Breschnew in einem konspirativen Komplott während des Urlaubs des KP-Führers im Oktober 1964 ausgeheckt wurde, verliefen die Vorbereitungen zu einem Machtwechsel an der Moldau innerhalb des engeren Machtbereiches relativ offen. Gegen Novotný agierte eine Koalition aus slowakischen Funktionären, die ihm die zweifellos gegebene Benachteiligung ihrer Republik übel nahmen, und tschechischen Kadern, die ihm seinen autoritären Führungsstil und seine Ignoranz gegenüber einer Vielzahl von Problemen, darunter die mangelnde Erklärung über die stalinistischen Prozesse, zum Vorwurf machten. Dazu kamen die Ökonomen, denen es vor allem um die Überwindung der Stagnation der Wirtschaft ging. Diese drei Strömungen konnten nicht nur mit der Unterstützung der Intelligenzija, sondern auch mit einem gewissen Verständnis bei einigen sowjetischen Führern rechnen. Als dem sowjetischen Parteiführer Breschnew Ende Dezember 1967 die politischen Änderungswünsche für die Spitze der KPČ mitgeteilt wurden, reagierte er, jedenfalls so die Legende, mit dem kurzen Satz: »*Eto – vashe djelo*« (Das ist Eure Sache).

In der Tat fand der Sowjetführer außerordentlichen Gefallen an der Idee, den jungen und dynamischen Parteichef Alexander Dubček von Bratislava auf die Prager Burg zu holen. Schließlich hatte sein neuer Protegé, den er ohne Dolmetscher ansprach, gerne duzte und »Sascha« oder »Aleksandr Petrowitsch« nannte, seine Kindheit und Jugend in Sowjet-Kirgisien verbracht, wo seine kommunistischen Eltern als Gastarbeiter an dem Aufbau des Sozialismus mitgewirkt hatten. Beruhigend war für Breschnew auch die Tatsache, dass der als Parteiführer abgelöste Novotný zunächst sein Amt als Präsident behalten durfte und damit eine gewisse Kontinuität garantiert zu sein schien. Auch die ersten Vereinbarungen der neuen Riege zur Erweiterung demokratischer Rechte (»Demokratismus«) und zu wirtschaftlichen Reformen klangen nicht alarmierend – mit solchen Versprechen, die in Wahrheit hohle Phrasen waren, operierten die Sowjets ebenfalls gern. Die Idylle schien ungetrübt, osteuropäische Parteigrößen beglückwünschten den neuen Kollegen unisono. Allein der ungarische Parteichef János Kádár wählte andere Worte, als er Dubček Ende Januar 1968 bei einem vertraulichen Treffen im slowakischen Topolcany zu Gesicht bekam: »Nehmen Sie meine Gratulation und gleichzeitig mein herzliches Beileid entgegen!«

Am 22. Februar 1968, genau am 20. Jahrestag der kommunistischen Machtübernahme – Dubček und Novotný feierten noch gemeinsam unter den Riesenporträts von Lenin und Gottwald – floh der Parteisekretär des Verteidigungsministeriums, Generalmajor Jan Šejna, vor einem drohenden Korruptionsverfahren mit seinem Sohn und dessen Freundin aus dem Land. Die jungen Leute verfügten über ein Visum nach Bulgarien mit Transit durch Jugoslawien, während der Generalmajor wie viele hohe Funktionäre einen Diplomatenpass sein Eigen nannte. Nach einigen Verwicklungen erreichten sie mit ihrem Škoda die italienische Stadt Triest, wo Šejna im US-Konsulat um Asyl ersuchte und dies auch umgehend erhielt. Die Affäre um diesen bisher ranghöchsten Überläufer aus dem Osten löste einige Unruhe im Warschauer Pakt aus, aber mit besonderer Brisanz traf sie die tschechoslowakische Innenpolitik. Der Sohn des Generalmajors gehörte zum engsten Freundeskreis des Novotný-Sohns, und Šejna selbst verdankte seine Ernennung der persönlichen Förderung des damals noch mächtigen Paten. Nun warf sein Landesverrat einen langen Schatten auf den zum formalen Staatschef degradierten Novotný. Diesmal war die Sensation nicht nur ein gefundenes Fressen für die Westmedien, sondern beschäftigte auch heimische Zeitungen wie das Gewerkschaftsblatt oder die wieder zugelassene Literaturzeitung.

Dass diese mediale Freizügigkeit überhaupt möglich war, hing mit einer Instruktion der neuen Parteiführung zusammen. Anfang März 1968 war das Pressegesetz geändert worden: Die als »Hauptverwaltung für Veröffentlichungen« bezeichnete Zensurbehörde wurde der Zuständigkeit des Innenministeriums entzogen und war nun unter dem Dach des Kulturministeriums tätig. Da aber die Aufgaben nicht spezifiziert wurden, lief die ohnehin schwach beaufsichtigte Presse binnen weniger Tage aus dem Ruder. Dabei handelte es sich keineswegs um die Rückkehr bürgerlicher Zeitungen, sondern um einen Wechsel in der Tonlage der KP-Presse. So forderte das ZK-Organ *Rudé právo* die Untersuchung des gewaltsamen Verhaltens der Polizei während der Studentenproteste des vorigen Herbsts sowie die Rehabilitierung aller auf 40.000 geschätzten Opfer der früheren Schauprozesse.

Kopfschmerz im Ostblock

An diesem Punkt begann es für manche Nachbarn brenzlig zu werden. »Die ganze Presse, aber zumindest die zentrale, das Fernsehen, der Rundfunk und die Nachrichtenagentur ČTK befinden sich in der Hand feindlicher Kräfte«, meldete mit einer gewissen Übertreibung der DDR-Botschafter in Prag, Peter Florin, bereits am 10. März 1968. Er sah eine direkte Parallele zu den ungarischen Ereignissen von 1956 und phantasierte über ein offenes und geheimes Zentrum der Konterrevolution. Als besonders gefährlichen Akt ideologischer Diversion betrachtete Florin die Aufhebung des Einfuhrverbots für westliche Bücher und Presseprodukte (aus dem Westen durfte man bis dahin nur KP-Blätter wie *L'Humanité*, *Unita* oder die *Österreichische Volksstimme* erwerben). Die Moskauer Führung reagierte weniger hysterisch, aber unüberlegt. Während sie Dubček weiter hofierte, ließ sie Novotný auf diplomatischen Kanälen ausrichten, dass er in keinem Fall unter der Last der Affäre Šejna seine Position als Präsident räumen sollte. Es war zu spät: Der depressive ehemalige Parteichef sah ein, dass seine Lage unhaltbar geworden war, und dankte ab. Zu seinem Nachfolger bestimmte die Nationalversammlung General Ludvik Svoboda – immerhin ein Mann, der im 2. Weltkrieg an Moskaus Seite gegen den Faschismus gekämpft und dafür den Titel »Held der Sowjetunion« erhalten hatte.

Auch für Breschnew war die Lage völlig neu. Anders als in der DDR 1953 oder in Ungarn 1956 brach in der ČSSR keine Rebellion aus, keinem KP-Funktionär wurde auch nur ein Haar gekrümmt, und es wurden keine Forderungen laut nach Austritt aus dem Warschauer Pakt oder nach Neutralität. Mehr noch: Dubčeks Neubeginn stieß aus unterschiedlichen Gründen auch innerhalb der Staatengemeinschaft auf Sympathie. Ungarn hoffte auf einen sicheren Verbündeten bei seinen Reformplänen, Rumänien fühlte sich durch Prag in seinem Sonderweg gestärkt, der blockfreie Kommunist Tito hieß die

Modellabkehr von Moskau willkommen, und westeuropäische KPs sahen im »Prager Frühling« die Rechtfertigung ihres eigenen Projekts, einem Sozialismus ohne Parteidiktatur. Eben deswegen befürchtete der Kreml nicht ganz zu Unrecht einen Dominoeffekt, wie er sich zwanzig Jahre später tatsächlich durch Gorbatschows Perestroika einstellte.1968 war ein Jahr der Systemkrise im sozialistischen Lager: Studentenrevolten in Polen, Liberalisierung in der ČSSR, Wirtschaftsreform und Annäherung an den Westen in Ungarn, Rumäniens Entfernung vom Ostbündnis und die beinahe militärische Konfrontation der Sowjetunion mit der Volksrepublik China. Moskau konnte sich glücklich schätzen, dass die USA mit Vietnam und Westeuropa mit der linken Studentenbewegung beschäftigt waren.

Der Einmarsch in die Tschechoslowakei war kein militärisches, sondern ein rein politisches Problem. Im Siegerland und UNO-Gründungsmitglied ČSSR waren nach 1945 keine Truppen der Roten Armee stationiert gewesen, im Land herrschte Ruhe und Ordnung, niemand flehte den Kreml an, seine Panzer gegen den friedlichen Reformprozess in Bewegung zu setzen. Atmosphärisch bedeutend war zudem die Tatsache, dass anders als in Ungarn oder Polen im tschechoslowakischen Geschichtsbewusstsein eine russlandfreundliche Tradition dominierte, die in diesem Konflikt auf dem Spiel stand, zumal bei einer Invasion auch Blutvergießen nicht auszuschließen war. International war der Einmarsch paradoxerweise an einer wichtigen Front abgesichert: Ebenso wie 1956 während der Ungarn-Krise signalisierten die USA und die NATO auch jetzt über diplomatischen Kanäle, dass sie sich keinesfalls in den Konflikt einmischen würden. Gefährdet war lediglich Moskaus Image als Friedensmacht sowie seine Beziehungen zu westlichen KPs und sowjetfreundlichen Linken. Ein spezielles Problem bedeutete die eventuelle Abkühlung der Beziehungen zu Jugoslawien, weil die sozialistische Republik ein hohes Ansehen in der Bewegung der 120 blockfreien Staaten genoss – von Ägypten bis Indien. All diese taktischen Erwägungen wurden jedoch von der Aussicht in den Schatten gestellt, dass die ČSSR-KP mitten im Ostblock dicht an der Grenze zur Bundesrepublik Deutschland einen nachahmenswerten pluralistischen Halbsozialismus errichten könnte. Dies hätte unabsehbare Folgen nach sich gezogen und unter Umständen Breschnew die Position des Generalsekretärs gekostet – im Zweifelsfall konnte er ebenso wenig mit der Loyalität seiner Kollegen rechnen, wie damals sein Förderer Chruschtschow auf Breschnews Treue bauen konnte.

Dubčeks Problem lag woanders: Als früherer KP-Chef der Slowakei war er eher mit regionalen Problemen vertraut. Zu seinen bleibenden Verdiensten gehörte die Durchsetzung der Rehabilitierung slowakischer Opfer der Schauprozesse. Der öffentliche Druck in dieser Frage hing mit dem nationalen Komplex der Slowaken zusammen, denen die eigene Staatlichkeit zuerst durch die K.u.K.-Monarchie, vor allem durch Ungarn, und danach durch die erste Masaryk-Beneš-Republik verwehrt worden war. Selbst die Stadt Bratislava durfte erst ab Januar 1968 wieder offiziell als »Hauptstadt« bezeichnet werden. Nun forderten slowakische Politiker, nicht zuletzt früher als »bürgerliche Nationalisten« eingekerkerte Genossen, die Föderalisierung der ČSSR, die eine slowakische Regierung und Nationalversammlung zum Inhalt haben sollte. Ein Slowake in der Prager Burg erschien in dieser Hinsicht für seine Landsleute ermunternd. Mit dem Umzug in die tschechische Metropole erreichte der damals 47-jährige Alexander Dubček den Höhepunkt seiner Karriere.

Seltsamerweise wurde durch diesen Aufstieg sein Spielraum aber eingeengt – die tschechoslowakische Abhängigkeit von Moskau war ungleich größer als die slowakische von Prag. Außerdem wurde Dubček durch die plötzliche Popularität blockiert, die seine Versprechungen ausgelöst hatten und die sicherlich auch seiner Eitelkeit schmeichelte. So erlebte er die Euphorie der Bevölkerung am 1. Mai 1968, als vor seiner Ehrentribüne Hunderttausende vorbeidefilierten, unter ihnen auch Vertreter der neuen Oppositionsgruppen »Klub 231« und »Klub engagierter Parteiloser«. Der KP-Führer winkte allen freundlich zu. Die Szene wurde vom Fernsehen live übertragen und zog Walter Ulbrichts bösen Blick auf sich. »Er hat sie gegrüßt«, merkte der SED-Chef einige Tage später in Moskau giftig an, »wir haben den Film, darauf sieht man alles.« Einen ungewollten Beitrag zur Erhöhung der Beliebtheit Dubčeks und seiner Mitstreiter lieferten Artikel in der Presse der »Bruderländer«, die immer häufiger den Teufel der »Konterrevolution« an die Wand malten. Die tschechoslowakischen Zeitungen übernahmen und kommentierten recht gallig diese Angriffe und lösten damit einen Solidarisierungseffekt mit der KP aus, der durch die zunächst abstrakte Bedrohung einer Invasion noch verstärkt wurde. Unter diesen Bedingungen hätten die Politiker, selbst wenn sie es gewollt hätten, die von ihnen freigesetzten Dynamik nicht mehr bändigen können. Schuld daran war nicht allein Dubčeks »Weichherzigkeit«, sondern die grundsätzliche Unmöglichkeit, den Demokratisierungsprozess ohne die Ausübung von Gewalt rückgängig zu machen, zum Beispiel die soeben abgeschaffte Medienzensur wiedereinzuführen.

Kalter Krieg gegen den Prager Frühling

Mehr als Moskau fühlte sich Ulbrichts DDR vom »Prager Frühling« bedroht. Kein Wunder: Eine demokratisierte ČSSR könnte ihre Souveränität – ähnlich wie Rumänien – über die Aufnahme diplomatischer Beziehungen zu dem »Bonner Staat« demonstrieren. Auch der indirekte Propagandaeffekt des Binnengeschehens in Prag war nicht zu unterschätzen: Schließlich folgte auf jede »Aktuelle Kamera« des ostdeutschen eine »Tagesschau« des westdeutschen Fernsehens, die auf 70 Prozent des DDR-Gebiets zu sehen war und die man nicht in ähnlicher Weise aus dem Verkehr ziehen konnte wie etwa die deutschsprachige *Prager Volkszeitung*. Dies erklärt auch die plumpe und aggressive Reaktion der ostdeutschen Medien auf Dubčeks Vorstoß. Bereits im April 1968 erschien auf dem Titelblatt der humorlosen satirischen Wochenschrift *Eulenspiegel* eine Karikatur, die eine tschechische Taube zeigt, wie sie den sudetendeutschen Adler küsst – damit sollte Prag eine Liebelei mit den westdeutschen Revanchisten unterstellt werden. Bald darauf brachte die *Berliner Zeitung* eine provokative Sensationsnachricht über die Präsenz amerikanischen Panzer in der ČSSR. In Wirklichkeit handelte es sich um die Dreharbeiten zum Kriegsfilm »Die Brücke von Remagen«, für die acht ausgediente US-Panzer, einige Militär-LKWs und Jeeps sowie Sprengstoffe für Spezialeffekte angeliefert worden waren. Dazu kamen 5.000 tschechische Statisten in GI-Uniformen des Zweiten Weltkriegs. Ulbrichts Kommentar dazu lautete: »Wenn die tschechoslowakische Regierung die Amerikaner nach Plzeň [in *Neues Deutschland* stand wörtlich »Pilsen«] lässt, dann müssen wir dieser Sache ein Ende bereiten« – eine kaum verhüllte militärische Bedrohung an Prag.

Soweit wollte Breschnew noch nicht gehen. Allerdings setzte der Kremlführer bereits seit Mai 1968 Separatverhandlungen mit den Verbündeten über die ČSSR an, ohne diese in die Gespräche einzubeziehen. Sie versuchten im Juli, Dubček noch einmal für eine gemeinsame Debatte in Warschau zu gewinnen, aber die Prager Führung lehnte erstaunlicherweise ab. Allzu sehr roch die Konferenz nach Tribunal, und in der tschechischen Tradition saß die Erinnerung an Magister Jan Hus tief. Diesen hatte 1415 das Konzil von Konstanz zum offenen Disput seiner ketzerischen Ansichten eingeladen, und die Sache war für ihn auf dem Scheiterhaufen geendet. Breschnew wollte einen letzten Versuch machen und schickte mit diesem Ziel den fle-xibleren János Kádár in die Grenzstadt Komarno/Komárom an der Donau. Der Ungar stieß auf keinen Widerstand, nur auf die pure Verzweiflung seiner Gesprächspartner Alexander Dubček und Ministerpräsident Oldřich Černík. »Besonders Genosse Dubček war außerstande zu sprechen«, meldete er am nächsten Tag in Warschau, wo die Konferenz ohne die Tschechoslowakei (und das unzuverlässige Rumänien) begann. Dann fuhr er fort: »Beide wein-ten und fragten, was sie nun tun sollen.« Daraufhin bemerkte Breschnew verächtlich: »Sie heulen die ganze Zeit.«

Eine endgültige Entscheidung in Ulbrichts Geist brachte diese Konferenz noch nicht – dies lag an Breschnews unentschiedenem Naturell und Kádárs Vorbehalt. Der ungarische Führer, der sein Ansehen in Moskau dem Um-stand verdankte, dass er als Mitbesieger der »Konterrevolution« von 1956 galt, optierte zunächst für eine gütliche Lösung unter Beteiligung der Prager Reformer und notfalls auch der »gesunden Kräfte« (soll heißen: der moskau-treuen Parteikonservativen). Er sprach von einer konterrevolutionären Ge-fahr, nicht aber von einer offenen Konterrevolution. Nach seiner Erfahrung konnte eine militärische »Lösung« ebenso im Chaos enden wie seinerzeit in Budapest. Vor allem aber bangte er um die eigenen Reformen, zumal Ungarn sehr auf sowjetische Energielieferungen angewiesen war. Mit seiner gemäßigten Vermittlerposition brachte er Ulbricht geradezu in Rage: »Aber lieber Genosse Kádár, der nächste Schlag [der »Imperialisten« und »Revan-chisten«, Anmerkung des Autors] wird sich gegen die Volksrepublik Ungarn richten. Laut Informationen, über die wir verfügen, konzentriert die Bonner Regierung gegenwärtig ihre Arbeit auf intellektuelle und andere Kreise in Ungarn.« Kádár musste von dieser wenig kameradschaftlichen Tonart nicht besonders beunruhigt sein: Seine Flexibilität entsprach der Hinhaltetaktik des sowjetischen Chefs. Dieser hörte noch lange nicht auf, mit dem Ketzer von Prag zu sprechen, aber die grundsätzliche Entscheidung für eine mili-tärische Option lag in der Luft. Und es war auch klar, dass diesmal Moskau nicht allein die Rolle des Eindringlings würde spielen müssen.

Arbeiterschaft, Streikängste, Sozialdemokratie

Was den Prager Frühling von den früheren Kollisionen im Ostblock am meisten unterscheidet, ist die faktisch führende Rolle der Kommunistischen Partei an den Ereignissen. Anders als in der DDR 1953 und Ungarn 1956 wich das Projekt »Sozialismus mit menschlichem Antlitz« nicht ein Jota von dem systembedingten Rahmen ab und sollte auch keineswegs an der Verbundenheit des tschechoslowakischen Staates mit der UdSSR rütteln. Gleichzeitig entbehrte der Aufbruch des Jahres 1968 jenes plebejischen Charakters, der dem dramatischen Geschehen in Berlin und Budapest eigen gewesen war. Die soziale Basis der Reformbewegung bildete eine lose Allianz von aufgeklärten Funktionären und kritischen Intellektuellen. Dabei zeichnete sich die Tschechoslowakei unter den Mitgliedstaaten des Warschauer Pakts durch ihre hoch entwickelte Industrie und traditionell gut organisierte Arbeiterschaft aus. Während der Ersten Republik (1918-1938) hatten neben der Sozialdemokratie und der KPC auch kampflustige und streikerfahrene Gewerkschaften agiert, die mehrheitlich dem Gewerkschaftsverbund der Amsterdamer Internationale angehörten.

Durch die Zwangsvereinigung mit der KP, die nach einem ähnlichen Drehbuch wie in Ungarn, Polen und der DDR verlief, hörte die Sozialdemokratie als historische Bewegung auf zu existieren – die Tradition konnte nur durch exilierte Gruppen weitergeführt werden. Ebenso lösten sich die bisher freien Vertretungen der Arbeiterinteressen in der gleichgeschalteten »Revolutionären Gewerkschaftsbewegung« (ROH) auf. Die vier Millionen Mitglieder zählende Organisation fasste 15 Branchengewerkschaften zusammen und gehörte dem kommunistisch gesteuerten Weltgewerkschaftsbund an, dessen Sitz sich in Prag befand. Die ROH verfügte über die (nach dem Parteiorgan zweitgrößten) Tageszeitungen *Práce* in Tschechien (Auflage: 250.000 Exemplare) und *Praca* in der Slowakei (Auflage: 120.000) sowie über ein ausgedehntes Netz von Erholungsheimen. Diese Einrichtungen, die einfache Werktätige nur über ihre Gewerkschaft buchen konnten, befanden sich häufig in den von der Bourgeoisie konfiszierten Immobilien und waren sehr populär. Was die »Arbeitermacht« den Arbeiter noch anzubieten hatte, war ein regelrechter Arbeitskult, der sich sogar in der offiziellen Begrüßungsformel äußerte. »*Čest práci!*« (Ehre der Arbeit!) sagte der anständige Staatsbürger statt »Guten Tag!« und erhielt darauf »*Čest!*« als politisch korrekte Antwort.

Paradoxerweise erwies sich gerade die frühere Unterordnung der Gewerkschaft unter das Kommando der KP ab Januar 1968 als befreiender Faktor: Das reformwillige ZK befahl nun autonomes Handeln. Hohe Funktionäre wie der damalige Vorsitzende Miroslav Pastyřík verkündeten die neue Wahrheit so: »Wenn die Gewerkschaften Augen und Hände der Partei unter den

Massen sind, dann muss ihnen auch ein Mitbestimmungsrecht eingeräumt werden, das sie bisher nicht besaßen.« Offenbar wurden solche Lippenbekenntnisse skeptisch aufgenommen, denn im Vorfeld des 5. Plenums der ROH wurde die alte Garde teilweise abgelöst. Aber auch der neue Vorstand mit dem früheren Vizevorsitzenden Karel Poláček an der Spitze konnte mit der aktuellen Reformsituation wenig anfangen. Mangels politischer Phantasie befasste man sich zunächst mit der Frage der Transparenz der Verwendung der eigenen Finanzmittel. Zur Ausarbeitung eines detaillierten Programms war es zu diesem Zeitpunkt noch zu früh, und angesichts der kurzen Dauer der »Erneuerung« verblieb für grundsätzlichere Überlegungen ja auch wenig Zeit.

Eines der wichtigsten Themen, welche die tschechoslowakische Öffentlichkeit in Bezug auf die Lohnabhängigen beschäftigte, war das Phänomen des Streiks, und dies gleich auf drei Ebenen. Erstens sollte man im Sinne der heroisierenden KP-Geschichte regelmäßig Tribut an die kommunistische Streiktradition der Vorkriegsjahre zollen, zweitens reflektierte die Tagespresse die ungemein intensiven Arbeitskämpfe des Jahres 1968 im Westen, vor allem die gewaltigen Streikwellen in Frankreich und Italien. Drittens schließlich hing die Frage in der Luft, ob die mit der »Erneuerung« einhergehende Ausweitung der Versammlungsrechte nicht zu einer Belebung der sozialen Widersprüche führen würde. Das 6. Plenum der ROH im April 1968 beantwortete diese Frage wie folgt: »Selbstverständlich sind Streiks zulässig, allerdings sollten sie nur im äußersten Fall angewendet werden, wenn alle andere Möglichkeiten ausgeschöpft sind, die der Gewerkschaftsorganisation zur Verfügung stehen.« Der Beschluss des ZK der KP über die aktuelle Lage vom Juni warnte vor einer Politisierung der ökonomischen Konflikte: »Diejenige, die zu Streiks auffordern, stellen sich gegen die technische Intelligenz.«

Andere Stimmen mahnten vor dem Konflikt zwischen Stadt und Dorf angesichts der mangelnden Gewerkschaftsstruktur auf dem Lande. Orthodoxe Genossen stellten die Frage, ob sich die Streiks aus den realen Produktionsverhältnissen ergäben, oder von außen künstlich geschürt würden. Am genauesten formulierten sich die Streikängste in dem Redebeitrag des Mitglieds des Zentralkomitees Libuše Hrdinová[2] auf dem Aprilplenum der KP: »Die in den Betrieben entstehende Atmosphäre kann es jederzeit er-

---

2   Libuše Hrdinová (*1929) – tschechische Altkommunistin, ab 1966 Mitglied des ZK der KPC – verurteilte im August 1968 die Invasion der Warschauer Pakt-Staaten und

möglichen, dass die Werktätigen für eine Forderung in den Kampf treten, z. B. für die Ablösung eines Fabrikdirektors. Solcherart Strömungen sind gefährlich und können bei der Lenkung der Produktion Schäden anrichten.« Hrdinová, eine der wenigen politisch aktiven Frauen des Prager Frühlings, wusste, wovon sie sprach: Sie vertrat damals die Kreisorganisation von Plzeň (Pilsen), deren Arbeiterschaft Ende Mai 1953 mit einem Massenstreik gegen die putschartig eingeführte Währungsreform protestiert hatte.

Reale Streiks gab es – an westlichen Maßstäben gemessen – sehr wenige, diese Tradition war mit der kommunistischen Machtübernahme Ende der 1940er Jahre gebrochen worden. Anfang Mai 1968 erschienen die ersten, recht wortkargen Streikberichte in den slowakischen Medien *Rimavska Sobota* und *Dolny Kubin* – Einzelheiten wie Ursachen und Folgen wurden den Lesern vorenthalten. Die Jungarbeiter des Fernsehbetriebs Tesla in Orava »probten den Aufstand« Ende Mai, ihr Streikkomitee nannten sie »Erneuerungskomitee« in Anlehnung an die Eigenbezeichnung des Prager Frühlings. Wie man streikt, wussten sie bloß aus sowjetischen Filmen über die Zarenzeit oder hatten es in Émile Zolas »Germinal« gelesen. Die Arbeiter des Bahnhofs der Kleinstadt Žilina stellten Anfang Juni 1968 bei ihrem sechsstündigen Streik gar keine Lohnforderungen, sondern verlangten die Ablösung der ganzen Betriebsleitung – schließlich wimmelte es im Lande nur so von politischen Wachablösungen! Daraufhin dankte das Management freiwillig ab, und die Werktätigen versprachen eine Sonderschicht, um die Wirtschaftsschäden wiedergutzumachen. Eine Eskalation blieb aus.

Die versuchte Wirtschaftsreform

Der harmlose Verlauf der Konflikte hing gewiss auch mit dem bescheidenen Wohlstand und der sozialen Stabilität vor allem der tschechischen und deutlich weniger der slowakischen Arbeitnehmer zusammen. Allerdings litt die Ökonomie des Landes unter ähnlichen Problemen wie die in anderen Ostblockstaaten vorhandenen. Die Quellen des extensiven Wachstums der Nachkriegsjahre waren erschöpft, die Produktion durch staatliche Kommandowirtschaft gehemmt, technisch veraltet, der Konsum von Mangel geprägt. Makroökonomisch bedeutete diese Lage eine wachsende Abhängigkeit von sowjetischen Rohstoff- und Energielieferungen sowie einen chronischen

---

verlor deshalb ihre Position. Sie zog sich aus der Politik zurück und arbeitete bis zur Pensionierung in den Škoda-Werken von Plzeň.

und wachsenden Rückstand gegenüber den westlichen Staaten. Im Fall der Tschechoslowakei war dies besonders offenkundig im Vergleich zum Entwicklungsstand des Nachbarn Österreich. Allen Führern der Mitgliedstaaten des Comecon, der Wirtschaftsorganisation des Ostblocks, waren diese Probleme längst bewusst, und sie versuchten seit den frühen sechziger Jahren, Gegenstrategien auszuarbeiten. In der DDR hieß das Projekt »Neues System der Ökonomischen Planung und Lenkung« (1963), in Ungarn »Neuer Wirtschaftsmechanismus«[3] (1964), in der Sowjetunion sprach man von »Vervollkommnung« des Wirtschaftsmechanismus (1962-1965), in der ČSSR hieß es »Neues Ökonomisches Modell« (1967). Das Wort »Reform« versuchte man zu vermeiden, schließlich warfen die Kommunisten ihren sozialdemokratischen Gegnern schon immer »Reformismus« vor – ein Synonym für Klassenverrat.

Gemeinsam war den unterschiedlichen Reformprojekten eine Einschränkung der zentralen Planung, größere Selbstständigkeit der sozialistischen Unternehmen, die jedoch rentabel und profitabel zu sein hatten, Lockerung des staatlichen Außenhandelsmonopols, freie Preisbildung für manche Waren, Lohndifferenzierung, materielle Stimulierung der Produktivität. In Ungarn ging man so weit, vorzusehen, dass es dabei »entbehrliche Werktätige« geben könnte. Deren Umgruppierung sollte mit »weitgehender Humanität« durchgeführt werden – dies bedeutete, dass zumindest temporär Arbeitslosigkeit in Kauf genommen wurde. Ökonomen wie Ota Šik konnten das alles wie eine Rationalisierung des Wirtschaftssystems interpretieren, sozusagen eine weitergehende Fortsetzung von Lenins »Neuer Ökonomischer Politik« (NÖP, 1921). Die Gegner dachten aber mit einem gewissen Recht daran, dass eine verstärkte Rolle des Markts im Wirtschaftsleben mittelbar auch Lockerungen im kulturellen und politischen Bereich nach sich ziehen würde.

Šik befand sich vom Anfang an in der Defensive, als er am 5. März 1968 im Prager Rundfunk das für ihn Selbstverständliche erklären musste: »Helfen wir etwa den Menschen, wenn wir ihnen Papiergeld in die Hand geben, ohne die genügenden Waren und Dienstleistungen gewährleisten zu können, die sie fordern? Die unrichtige, einseitige Lenkung der Produktion verursachte unseren Rückstand gegenüber den kapitalistischen Ländern. Deswegen ver-

---

3 Bezeichnenderweise waren die beiden Ökonomen Erich Apel und Rezső Nyers, die in der DDR bzw. der Volksrepublik Ungarn die Reformidee vertraten, ehemalige Sozialdemokraten.

fügen wir heute über kein ausreichendes Nationaleinkommen. Gleichzeitig erwarten die Leute mit Recht, dass ihre Reallöhne steigen. Wenn aber die Produktion keine Voraussetzungen dafür schafft, dann kann selbst der gutwilligste, fähigste Mensch dieses Ziel nicht verwirklichen. [...] In der Vergangenheit konnte man nicht einmal über ein neues Lenkungssystem reden, sondern nur über ein vervollkommnetes System. Laut einigen Genossen war alles gut, es musste nur vervollkommnet werden. Dem ist aber nicht so.«

Geben wir zu: In die euphorische Phase des Prager Frühlings passte diese trockene Rede schlecht. Šiks eigentliches Pech bestand aber darin, dass der Höhepunkt seiner Laufbahn in das Intermezzo des Prager Frühlings fiel. Man konnte nicht ungestraft in Alexander Dubčeks Regierung stellvertretender Ministerpräsident sein und gleichzeitig das quietschende Rad der Planwirtschaft mit Marktmechanismen ölen wollen. Früher als die Idee des »Sozialismus mit menschlichem Antlitz« ist der Entwurf der Wirtschaftsreform für Moskau suspekt gewesen, und von Anfang an heftete ihr der Verdacht der Restauration des kapitalistischen Systems an. Die Tragik des Reformators lag jedoch noch tiefer: Seine Utopie von einer »sozialistischen Marktwirtschaft«, die 1968 eine Generation inspirierte, war zwanzig Jahre später in den Tagen der »samtenen Revolution« längst überholt und ebenso wenig gefragt wie der politische Traum vom »Sozialismus mit menschlichem Antlitz«.

Sozialdemokratie – eine gescheiterte Neugründung

Nicht weniger tragisch gestaltete sich das Schicksal der im Jahre 1968 noch unter den Lebenden weilenden alten Sozialdemokraten wie František Čoupek, Josef Munzar, Josef Veverka, Přemysl Janýr und des Vorsitzenden Zdeněk Bechyně. Diese Leute, die den Februarputsch der Kommunisten als junge Funktionäre erlebt und sich der Zwangsvereinigung mit der KP widersetzt hatten, versuchten nun ihre Partei neuzugründen. Inhaltlich waren sie mit Dubčeks Reformen einverstanden, wollten aber in den neuen pluralistischen Strukturen ihre Autonomie bewahren. Kontaktaufnahmen im Mai 1968 mit den führenden Köpfen der Reformbewegung Josef Smrkovský und Frantisek Kriegel scheiterten an der Weigerung der kommunistischen Gesprächspartner, die Sozialdemokratie als Partei zu akzeptieren. Sie hatten dazu gute Gründe: Im Vorfeld der wachsenden Spannungen mit dem Kreml und unter Androhung einer sowjetischen Invasion wollten diese Führer (die geläuterten Kommunisten) mit der Legitimierung ihrer ehemaligen Genossen keineswegs den Großen Bruder provozieren. Sie wussten wohl, welchen blanken, beinahe persönlichen Hass sowjetische oder DDR-Ideologen gegen die Sozialdemokratie hegten.[4]

Ein Konzept jenseits des Reformkommunismus – die »2000 Worte«

Ohne dem propagandistischen Geschwafel über die »Konterrevolution« auch nur ein Quentchen Glauben zu schenken, müssen wir zugeben, dass vom Frühjahr bis zum Sommer die Entwicklung des Reformprogramms über das hinausging, was sich seine Schöpfer je hätten vorstellen können. Ende Juni 1968 veröffentlichten mehrere Zeitungen gleichzeitig das »Manifest der 2000 Worte« des Schriftstellers Ludvík Vaculík. Der Text ließ sich schwer einordnen. Formal handelte es sich um einen Aufruf an Arbeiter, Landwirte, Beamte, Künstler, überhaupt an alle. Dem Stil nach war es eher ein literarisch-essayistischer Text, in dem der Werdegang des Landes seit 1948 geschildert wurde. Demgemäß habe sich die KP aus einem von »einer Idee durchdrungenen Bund in eine Machtorganisation verwandelt«, »die große Anziehungskraft auf herrschsüchtige Egoisten, neiderfüllte Feiglinge und Leute mit schlechtem Gewissen ausübe«, und diese Partei habe schließlich auch das Modell des neuen Staates geliefert. »Das Parlament verlernte, zu beraten, die Regierung zu regieren und die Direktoren zu leiten. Die Beziehungen zwischen den Menschen verkamen, die Freude an der Arbeit verflüchtigte sich, kurzum, über die Nation brachen Zeiten ein, die ihre seelische Gesundheit und ihren Charakter gefährdeten.« Für diese Missstände, so Vaculík weiter, »sind wir alle verantwortlich, mehr jedoch die Kommunisten«. Wenn sie nun den Erneuerungsprozess initiieren, dann sei das nur »eine Anzahlung auf die Schuld, die die gesamte Partei gegenüber den Nichtkommunisten trägt«. Dennoch sei die demokratische Wiedergeburt ohne die KPČ nicht denkbar, allerdings müsse die Tätigkeit anderer Organisationen wie etwa der Nationalen Front oder der Gewerkschaften neu belebt werden, und der Kampf gegen den konservativen Druck müsse mit allen friedlichen Mitteln, darunter auch mit Streiks, weitergeführt werden.

---

4 Immerhin bewahrt heute eine Gedenktafel die Erinnerung an jenen gescheiterten Gründungsausschuss in der Hybernska ulica dem *Lidový dům* (Volkshaus) – seit 1907 Sitz der sozialdemokratischen Partei Tschechiens.

Angesichts der Gefahr, »dass ausländische Kräfte in unsere Entwicklung eingreifen könnten«, versprach der Aufruf die Unterstützung der Regierung »notfalls mit der Waffe«. Allerdings hoffte man auf den Fortbestand der Möglichkeit, »unsere Sache, die den Arbeitstitel Sozialismus trägt, in die Hand zu nehmen«.

Der Aufschrei, den die Publikation und die an die 70 Unterzeichnungen des Manifestes auslösten, führte im Nachhinein zur Auffassung, dass sie den eigentlichen Grund der Invasion von fünf Mitgliedstaaten des Warschauer Paktes im August lieferten. Dies ist eine starke Übertreibung, obwohl die sowjetfreundliche Medienfront den poetischen Text einhellig als »Konterrevolutionäre Plattform« verdammt hatte. In der Tat kann man das Manifest schwerlich als kommunistisch bezeichnen, aber sein wirkliches Gefährdungspotential bestand eben darin, dass es bei aller Kritik der KPČ keine antikommunistische Ausrichtung hatte, sondern schlicht und ergreifend die Meinung des nichtkommunistischen Teils der Gesellschaft zum Ausdruck brachte. In diesem Sinne war Vaculíks Manifest ein erster Schritt in Richtung der Bürgerbewegung »Charta 77« und der »samtenen Revolution« von 1989. Der Schriftsteller, der bis zum Frühjahr 1967 selber Parteimitglied gewesen war und in den 1970er und 1980er Jahren unter großen Entbehrungen und Behördenschikanen seinen Samisdat-Verlag betrieben hatte, war gewissermaßen ein Brückenbauer zwischen der Ära Dubček und der Ära Václav Hável. Dieser für die Zeit unglaublich kühne Gedankengang wurde von Moskau über Ost-Berlin bis Sofia im Nachhinein als »casus belli«, als endgültiger Bruch zwischen der ČSSR und dem Warschauer Vertrag empfunden.

Eklat am Grenzbahnhof

Der letzte ernst gemeinte Versuch einer zivilen Lösung der »tschechoslowakischen Frage« fand am 29. Juli 1968 in der slowakischen Ortschaft Čierna nad Tisou im Dreiländereck ČSSR, Ungarn und Ukrainische Sozialistische Sowjetrepublik statt. Die Verhandlungen wurden im Kulturhaus gegenüber dem Hauptbahnhof abgehalten. Die tschechoslowakische Delegation mitsamt Übersetzern, Experten und Hilfspersonal übernachtete im Schlafwagen ihres Sonderzugs auf eigenem Gebiet, während die sowjetische Abordnung in einem ähnlichen Waggon auf dem Territorium der UdSSR untergebracht war. Jeden Morgen fuhr diese über die Grenze ins Nachbarland hinüber und kehrte am Abend wieder zum sowjetischen Grenzbahnhof Tschop zurück.

Die ungewöhnliche Wahl des Verhandlungsorts diente der maximalen Abschirmung von der in- und ausländischen Öffentlichkeit.

Das dreitägige Treffen begann mit einem Vieraugen-Gespräch zwischen Breschnew und Dubček im sowjetischen Waggon. Darauf folgte eine Plenarsitzung im Kulturhaus unter Beteiligung der beiden Parteiführungen – auf tschechoslowakischer Seite waren die »gesunden Kräfte« wie zum Beispiel Vasil Bil'ak ebenso anwesend wie die auf der Abschussliste der Kremlführung stehenden »Revisionisten«, darunter František Kriegel. Nach einer dreistündigen Rede des sowjetischen Parteichefs begann die »Diskussion«, wenn wechselseitige Monologe so bezeichnet werden können. Am zweiten Tag führte ein Beitrag von Pjotr Schelest, dem Parteiführer der Ukrainischen Sowjetrepublik, zum Eklat. Offensichtlich ließ er seinen Emotionen freien Lauf, indem er das gegenübersitzende Delegationsmitglied Kriegel als »irgendein galizischer Jude« titulierte und Dubček des Verrats an der Sache des Sozialismus bezichtigte. Daraufhin verließ dieser den Saal, und die Verhandlungen wurden abgebrochen. Erst am Abend nach einem Versöhnungsbesuch der Sowjets im tschechoslowakischen Sonderzug einigten sich die Seiten auf eine Fortsetzung des Gesprächs – diesmal ohne Dolmetscher und als »wosmjorka«, Treffen von acht Personen. Seitens der KPČ waren dies Dubček, Černík, Svoboda und Josef Smrkovský, von den Sowjets nahmen Breschnew, Podgorny (formaler Staatschef), Ministerpräsident Kossygin und Chefideologe Suslow teil. Auf der Abschlusssitzung wurde ein von den Kremlführern verfasstes Kommuniqué verlesen, in dem eine Begegnung mit anderen Ostblockführern in Bratislava angekündigt wurde – offensichtlich um die Kapitulation der tschechoslowakischen KP auch im »Bruderkreis« abzusegnen.

Nach der Abfahrt des sowjetischen Politbüros erwartete die tschechoslowakischen Führer im Speisewagen ein frisch gebratenes Spanferkel – ein Geschenk der ostslowakischen Parteileitung. Am späten Abend im engeren Kreis, also in Abwesenheit der »gesunden Kräfte«, öffnete man eine Flasche Wodka – so erinnerte sich Dubčeks Chefdolmetscherin, Tamara Reimanova –, und zur Aufheiterung der Bedrückten wurden auch politische Witze erzählt. Dubček und Černík gaben sich optimistisch, nur der als »galizischer Jude« beschimpfte Kriegel schwieg.

Das Treffen von Bratislava war als rein protokollarische Formsache und ergebnislos abgelaufen. Ab jetzt sprach Moskau mit der Prager Mannschaft nur noch zur Tarnung der längst beschlossenen und in direkter Planung befindlichen Invasion.

Dennoch geschah in der nunmehr slowakischen Hauptstadt am 3. August 1968 etwas, was Alexander Dubček nicht einmal als Gerücht zu Ohren kam: Mehrere Repräsentanten der »gesunden Kräfte«, der konservativen, moskaufreundlichen Fraktion, so Vasil Biľak, Drahomir Kolder und Alois Indra, ließen Breschnew einen Brief zukommen, in dem sie gegen eine angebliche konterrevolutionäre Gefahr um direkte Hilfe baten. Angesichts der sichtbaren Erfolglosigkeit politischer Lösungswege konnte ein solcher Appell nur als Einladung zur militärischen Intervention begriffen werden. Selbstverständlich war die Invasion vor allem eine Entscheidung der Kremlführung, bei der die Verbündeten eine Statistenrolle spielten, aber für die Legitimierung brauchten sie ein formelles Dokument und zur Durchführung der Aktion eine politische Gruppierung, die den »nationalen« Hintergrund bildete. In Ungarn waren das 1956 die früheren Mitglieder der Imre-Nagy-Regierung, János Kádár und Ferenc Münnich, gewesen, die mit sowjetischer Hilfe in Szolnok eine »Revolutionäre Arbeiter- und Bauerregierung« bildeten und in deren Namen um Hilfe baten.

Während jedoch Kádárs Mannschaft zur Machtübernahme praktisch bereitgestanden hatte, zögerten die »gesunden Elemente« diesmal bis zuletzt: Sie behaupteten gegenüber den Sowjets, im Präsidium über eine Mehrheit von 6:5 zu verfügen und nicht weniger als 50 Unterschriften von ZK-Mitgliedern zugunsten der militärischen Aktion versammeln zu können. Sie versprachen, auf dem für den 20. August anberaumten Plenum des ZK gegen Dubček aufzutreten und mit Hilfe der Staatssicherheit die Redaktion der Parteizeitung *Rudé právo* sowie Rundfunk und Fernsehen zu besetzen. Über diese Medien könnten sie sich mit der direkten Bitte an die Verbündeten wenden, bei der Wiederherstellung der Ordnung behilflich zu sein. Gleichzeitig versicherten sie, zu versuchen, schwankende Elemente, zu denen sie den Regierungschef Oldrich Černík und den Verteidigungsminister Martin Dzur rechneten, zur Kollaboration zu bewegen. Wenn es jedoch nicht anders ging, dann könnten sie eine »Provisorische Revolutionsregierung« bilden und jedenfalls die Westgrenzen des Landes vorübergehend sperren lassen. Als eine Regierung konnte man das jedoch nicht bezeichnen, höchstens als einen Kreml-Fanclub.

Die letzten Tage des Prager Frühlings

Der koordinierte Einmarsch der fünf Armeen aus den Warschauer Pakt-Staaten sollte spätestens in der Nacht vom 20. auf den 21. August beginnen, um einen eventuellen Sieg der Reformfraktion auf dem darauffolgenden XIV. (Außerordentlichen) Parteitag zu vereiteln, der eigentlich die Reformlinie offiziell durchsetzen sollte. Gleichzeitig standen drei politische Termine der Aktion im Wege. Prag erwartete zwei Staatsbesuche: Josip-Broz Tito (9.-11.) und Nicolae Ceaușescu (15-17. August) – beide waren als Akt politischer Solidarität vorgesehen, Panzer hätten schlecht in das Bild gepasst. Noch wichtiger war es, unangenehme Überraschungen mit dem Westen zu vermeiden. So wussten die Herren im Politbüro, dass U Thant, Generalsekretär der UNO, am 16. August von Wien aus, wo er an der Weltraumkonferenz teilnahm, einen Abstecher nach Prag wagen wollte, um einer schon lange erfolgten Einladung der Karls-Universität Genüge zu tun. Da der geplante Besuch ausgerechnet in den bevorstehenden kritischen Tagen stattfinden sollte, telegrafierte das Moskauer Politbüro dem sowjetischen UNO-Vertreter Kutakow nach New York einen dringenden Ukas. Er solle U Thant streng vertraulich und rein privat klarmachen, dass seine Visite an der Moldau »unter den gegebenen Bedingungen von Kräften ausgenutzt werden könnte, die einen Kampf gegen die in diesem Land herrschenden Ordnung führen und denen es am wenigsten um die Unterstützung des Ansehens des UNO-Generalsekretärs gehe«. Bevor er den endgültigen Beschluss fasse, dorthin zu reisen, solle er alle Aspekte erwägen, »damit er nicht im Nachhinein ungewollt in eine schwierige Situation gerate.« Beziehungsweise: Damit er nicht die sowjetischen Panzer in Prag erblickte, bevor man ihm den Ehrendoktorhut der Karls-Universität überreichte. Und der Generalsekretär verzichtete folgsam auf den riskanten Besuch eines Staats, der einst zu den Gründungsmitgliedern der UNO gehört hatte.

Unterdessen unternahm Leonid Breschnew – ob ernst gemeint oder nur noch aus taktischen Gründen – immer noch telefonische Versuche, seinen Protegé Dubček vor dem Abgrund zu bewahren. Zweimal, am 9. und am 13. August, rief er ihn an. Trotz des väterlichen Tons, den er dabei anschlug, musste seinem Gesprächspartner klar sein, dass es jetzt ums Ganze ging und dass als Ultima Ratio nur noch die Panzer übrigblieben.

»BRESCHNEW: Sascha, ich verstehe, dass du nervös bist, ich verstehe, dass die Situation für dich sehr kompliziert aussieht. Aber verstehe auch du, dass ich mit dir als einem Freund spreche und nur das Beste will. Wir sprechen mit dir über sehr wichtige, sehr große Fragen, die nicht nur für das Schicksal der KP der Tschechoslowakei, sondern für das Schicksal des ganzen sozialistischen Lagers entscheidend sind.

DUBČEK: Ist es etwa einfach, solche Fragen zu lösen, Genosse Breschnew?

BRESCHNEW: Dann bitte ich dich, sag mir, bist du bereit, all diese Fragen zu lösen? [Gemeint war die Ablösung der Reformer wie des ZK-Sekretärs František Kriegel, des Ökonomen Ota Šik, des Fernsehintendanten Jiří Pelikán und anderer, des Weiteren das Verbot aller unabhängiger Klubs, die Verhinderung einer Neugründung der sozialdemokratischen Partei sowie die lückenlose Kontrolle der Medien.]

DUBČEK: Voriges Mal habe ich Ihnen bereits alles gesagt, und das kann ich nur wiederholen. Wir rufen das Plenum zusammen, und dafür brauchen wir Zeit. Wenn Sie der Meinung sind, dass wir Sie betrügen, dann ergreifen Sie die Maßnahmen, die Ihr für notwendig haltet. Das ist Eure Sache.

BRESCHNEW: Siehst du, Sascha, die Maßnahmen, die wir für richtig halten, werden wir unbedingt ergreifen. Und du sagst richtig, dass dies unsere Sache ist.«[5]

Währenddessen bereitete die Propagandaabteilung der KPdSU vielfältige Informationen vor: Erklärungen für die »Bruderparteien«, für befreundete Staaten, Aufrufe für das Sowjetvolk und die Armee, eine Adresse an die »Arbeiter, Bauer und Intelligenz der ČSSR« und verschiedene diplomatische Verlautbarungen, um die Interessierten rechtzeitig »aufklären« zu können. Selbst für die »gesunden Kräfte« entwarf sie, vielleicht auf die versprochene 6:5-Mehrheit im Präsidium und die angeblichen 50 Unterschriften schielend, eine langatmige Deklaration. Erst am Vorabend der Invasion stellte sich heraus, dass von den versprochenen 50 Unterschriften nur 12 wirklich vorhanden waren. Die militärischen Vorbereitungen liefen mit der Präzision eines Uhrwerks, während die »zivile« Verschwörung keinen Schritt vorankam. Ein einziges Moment lief nach Drehbuch: Um 22 Uhr am Abend des 20. August informierte Sowjetbotschafter Tscherwonenko den Verteidigungsminister

---

5   Der Prager Frühling und die internationale Krise 1968. Dokumente, Moskau 2010, S. 201.

Dzur über den Anfang der Operation »Dunaj« (Donau), sodass dieser im Einvernehmen mit dem Präsidenten und dem Oberkommandierenden Svoboda zum Zeitpunkt des Einmarsches alle tschechoslowakischen Soldaten in den Kasernen und Garnisonen zurückhalten konnte. Ein Blutbad a la Budapest sollte vermieden werden.

Der Einmarsch – militärischer Erfolg, moralische Niederlage

Die Operation verlief reibungslos. Nachdem an allen Grenzen zu den »Bruderstaaten« insgesamt 500.000 Soldaten marschbereit und Panzer und Flugzeuge mobilisiert waren, war die Aktion zu einem durchschlagenden Erfolg verurteilt. Zwei Stunden nach dem Startsignal brachten die Besetzer den Prager Flughafen Ruzyně[6] unter ihre Kontrolle, um fünf Uhr morgens die wichtigsten Gebäude und die Moldaubrücken in der Hauptstadt, um neun Uhr Brno, und nach 36 Stunden war das ganze Land besetzt. Alle strategischen Punkte des Landes waren unter Kontrolle Obwohl der Vormarsch durch die zuvor garantierte Neutralität der Tschechoslowakischen Volksarmee deutlich erleichtert wurde, war dennoch die logistische Leistung beachtlich.

Wenn man über diese Invasion gerechtigkeitshalber noch etwas Positives sagen kann, dann war es die Tatsache, dass es praktisch keine militärische Beteiligung der DDR gab. Diese in letzter Minute beschlossene Enthaltsamkeit hing sicher mit der Einsicht zusammen, dass deutsche Stiefel auf tschechischem Gebiet unangenehme Assoziationen hervorrufen konnten. Schließlich war die Tschechoslowakei Verbündeter der UdSSR im Krieg gegen Hitlerdeutschland gewesen, und viele Marschälle und Generäle der jetzigen Okkupation waren im 2. Weltkrieg für ihr Wirken in der Anti-Hitler-Koalition hoch dekoriert worden. So überließ man der DDR den Aufbau des Propagandasenders »Vltava« (= Moldau), der in den ersten Tagen der Invasion den unkontrollierten lokalen tschechoslowakischen Radiosendern entgegenwirken sollte. Außerdem wurden Soldaten und Offiziere instruiert, sich gegenüber der Bevölkerung zurückhaltend und höflich zu verhalten und vor allem Todesopfer zu vermeiden. Dies wurde jedoch nicht vollständig eingehalten: Tschechische und slowakische Historiker sprechen heute von 106 Toten, und auf russischer Seite gab es 60 tote Soldaten. Die meisten Zivilisten starben bei einer panischen Schießerei der Okkupanten am Rundfunk-

6   Heute nach Václav Havel benannt.

gebäude, andere wurden von Panzern zermalmt. Die meisten sowjetischen Opfer gab es bei einem Flugzeugabsturz.

Mitten in die spätabendliche Sitzung des Präsidiums der KP platzte die Nachricht über die Invasion und kippte das ursprüngliche Drehbuch völlig. In einer Blitzabstimmung verurteilte das Präsidium mehrheitlich die militärische Einmischung. Als die Prager Bevölkerung vom Klirren der Panzerketten geweckt wurde, ließen die Interventen mit Hilfe des tschechoslowakischen Geheimdienstes die führenden Reformpolitiker im Präsidium festnehmen und heimlich nach Moskau bringen. Die Hardliner um Bil'ak, Kolder, Indra, Svestka und andere flüchteten mit ihren Familien[7] in die sowjetische Botschaft und träumten dort von ihrer Schattenregierung. Der einzig sichere Faktor im Geschehen war Präsident Svoboda, der in den frühen Morgenstunden im Radio Ruhe und Besonnenheit empfahl. Hierdurch entstand ein Interregnum, in dem jeder Protagonist nach eigenem Gutdünken handelte. So beschloss die Mehrheit der zum Plenum in Prag versammelten ZK-Mitglieder, den XIV. Parteitag als Außerordentlichen bereits am 22. August zu beginnen[8] und die Aktion der fünf Bruderländer eindeutig zu verurteilen. Alles in allem herrschten reines Chaos und Hysterie. Und obwohl die Moskauer Zeitungen Triumphberichte über die »Niederlage der Konterrevolution« brachten, musste die Kremlführung nach und nach einsehen, dass das Scheitern des »bürokratischen Putsches« auch den Erfolg der militärischen Operation »Dunaj« in Frage stellte[9]. Ohne den internierten Teil der KPČ-Führung war die Krise nicht zu bewältigen.

Obwohl der Einmarsch der fünf Armeen weltweit für Empörung und Verurteilung sorgte – China, Rumänien, Jugoslawien, die westlichen KPs

---

7 Offensichtlich hatte man mit viel mehr Flüchtlingen aus dem kremltreuen Apparat gerechnet. Jedenfalls erbat der Sowjetbotschafter Tscherwonenko hundert Feldbetten aus Moskau. Für die geplante Evakuierung der Sowjetbürger wurden sieben Flugzeuge angefordert.

8 Ganz legitim war diese Entscheidung nicht. Erstens fand sie ohne das inzwischen festgenommene Präsidium statt, zweitens war durch sie die Beteiligung der slowakischen KP nicht gesichert.

9 Eine auffällige historische Parallele entstand im Verlauf des Putsches gegen Michail Gorbatschow im August 1991, als die Militärs zwar rational handelten, aber die von ihnen als zweite Garnitur auserkorenen Funktionäre weder über ein klares Programm noch über persönliche Fähigkeiten verfügten. Dieser Fehler konnte nicht mehr korrigiert werden und führte zum Zusammenbruch der UdSSR.

inklusive –, hatte der Kreml keine Angst vor außenpolitischen Komplikationen, am wenigsten vonseiten der USA. Der sowjetische Botschafter in Washington, Anatolij Dobrynin, erhielt die Instruktion, den US-Präsidenten Johnson von der bevorstehenden Invasion zu unterrichten. Der Diplomat hatte bereits ein entsprechendes Training hinter sich – er vertrat sein Land in den USA schon seit 1962, dem Jahr der Kuba Krise, in dem die Welt kurz vor einer nuklearen Katastrophe stand. Allerdings war sein Auftrag jetzt einfacher. Erstens befanden sich die amerikanisch-sowjetischen Beziehungen aufgrund des Atomwaffensperrvertrags vom März 1968 in einer günstigen Phase. Zweitens hatte Johnson erklärt, er wolle nicht mehr für eine weitere Amtszeit kandidieren, und drittens hatten die USA ein recht dramatisches Jahr hinter sich. Außer dem Fiasko im Vietnamkrieg warfen zwei politische Attentate – die Ermordung von Robert Kennedy und von Martin Luther King – einen dunklen Schatten auf die Stimmung im Land.

Dementsprechend verhielt sich Johnson bei der Begegnung mit Dobrynin im »Cabinet Room« des Weißen Hauses recht passiv und sogar etwas blasiert. Im Rahmen des einführenden Small Talks bot er seinem Gast ein Glas »Fresca« an, ein alkohol- und kalorienfreies Getränk, das er, wie er sagte, im Rahmen einer Schlankheitskur zu sich nehme. Als Dobrynin die Absicht äußerte, eine Mitteilung seiner Regierung zu verlesen, bat ihn der Präsident, ein bisschen lauter zu sprechen, denn er sei etwas schwerhörig, gebrauche aber aus Gründen der Eitelkeit kein Hörgerät. Nach dieser grotesken Szene war es kein Wunder, dass Johnson mit dem Hinweis, er müsse nun seine Mitarbeiter konsultieren, einer direkten Reaktion auswich. Mehr noch: Er brachte seine geplante Reise nach Leningrad zur Sprache, über die er die Öffentlichkeit in den nächsten Tagen informieren wolle. Doch nach diesem Gespräch begann sein Apparat unter dem Eindruck der Invasion, die nun bereits stattgefunden hatte, zurückzurudern. Dobrynin wurde von Außenminister Rusk einbestellt, der ihn aufforderte, jede Mitteilung über eine geplante Visite Johnsons in Leningrad zu unterlassen[10]. Außerdem protestierten die USA nun auch offiziell gegen den Einmarsch in die Tschechoslowakei und schlachteten diesen in ihrer Propaganda aus. Mehr Engagement in die-

10 Dobrynin war 24 Jahre lang Sowjetbotschafter in Washington. Unter Michail Gorbatschow arbeitete er als ZK-Sekretär, zuständig für die sowjetische Außenpolitik. Von Putin erhielt er den Titel des »Verdienten Diplomaten«.

ser Frage war aber nicht intendiert. Die Randnotiz des Außenministers auf dem Bericht eines Mitarbeiters lautete: »No action.«

In der okkupierten Tschechoslowakei herrschte das Chaos. Die meisten Zeitungen und Sender agierten nach wie vor frei und ungebremst. Der Außerordentliche XIV. Parteitag wählte den verschwundenen Parteichef und seine ebenfalls von den Sowjets entführten Kollegen einstimmig wieder, während einige Konservative, die man nicht ohne Grund als mitschuldig an der Operation verdächtigte, aus der neuen Führung ausgeschlossen wurden. Außer unkontrollierten Radiosendungen, die zu passivem Widerstand aufforderten, zeigten sich auch andere Formen des Protestes – recht pittoreske Ideen, wie vom braven Soldaten Schwejk erfunden. So änderte man zahllose Straßennamen, um Panzer in die Irre zu leiten. Es gab überall Graffiti mit eher humorvollen als pathetischen Losungen, zum Beispiel: »Lenin, wach auf! Breschnew ist wahnsinnig geworden!« oder: »Iwan, kehr schnell heim! Deine Sinotschka geht gerade fremd!« Dennoch gab es Anzeichen von Müdigkeit und Besorgnis wegen der erdrückenden Alltagsprobleme. Der Binnenverkehr war noch nicht komplett wiederhergestellt, die Lebensmittelversorgung stockte, und der gelähmte Apparat des Ministeriums für Unterrichtswesen brachte nicht einmal eine Entscheidung zustande, wann die Schule wieder beginnen sollte.

Selbst im Kreml spürte man, dass mit jedem Tag der Unsicherheit die Gefahr einer Implosion größer wurde. Man war also bereit, den Vorschlag des Präsidenten Svoboda anzunehmen, der an der Spitze einer Delegation gemeinsam mit dem Vertreter der »gesunden Kräfte« nach Moskau fahren und unter Einbeziehung des dort praktisch als Geisel gehaltenen Präsidiums einen neuen Kompromiss aushandeln wollte. Im letzten Augenblick flog die Regierungsmaschine nach Bratislava, um dort einen bisher nicht eindeutig einer Strömung zuzurechnenden Politiker, den Slowaken Gustáv Husák, abzuholen. Svoboda wurde auf dem Flughafen Wnukowo von Regierungschef Kossygin in allen Ehren samt Militärorchester empfangen, und nachdem ihm ein Vier-Augen-Gespräch mit Dubček genehmigt worden war, begannen am 24. August die Verhandlungen mit der gespaltenen Führung der KPČ. Parallel dazu erschienen in Moskau auch die Partei- und Staatsführer der an der Invasion beteiligten Staaten, die Breschnew über den jeweiligen Stand informierte. Bei diesem Marathon ging es dem sowjetischen Parteichef um zwei wichtige Dinge: Erstens sollte der Außerordentliche XIV. Parteitag der

KPČ für null und nichtig erklärt, zweitens eine Partei- und Staatsführung installiert werden, die sich für die Einhaltung des Abkommens von Čierna nad Tisou einsetzte. Die Frage nach der Annullierung des XIV. Parteitag blieb zunächst offen, und der frühere, bei dem Grenztreffen ausgehandelte Kompromiss – Zurückdrängung der Medien, Auflösung der oppositionellen Clubs und Ablösung der als revisionistisch eingestuften Funktionäre – wurde von niemandem in Frage gestellt. Allerdings konnten die Vertreter der fünf Warschauer Pakt-Staaten diesmal ihren Forderungen durch die Tatsache der Invasion mehr Nachdruck verleihen – ein fait accomplit, das Präsident Svoboda bereits akzeptierte hatte, und dem sich auch die Gruppe um Dubček nicht widersetzen konnte. So entstand ein Kommuniqué, das alle außer František Kriegel unterzeichneten. Dieser Mann, ehemaliger Spanienkämpfer und einer der Organisatoren der kommunistischen Machtübernahme 1948, verurteilte sich durch die Verweigerung seiner Unterschrift zur inneren Emigration bis zu seinem Tod 1979. Das Kommuniqué diente lediglich zu Beruhigung der Gemüter in dem okkupierten Land. Darin versprach man u. a. den Abzug der Truppen, sobald »die Ordnung« wieder hergestellt sein würde. Und so geschah es: Svoboda und Dubček wurden in Prag nach ihrer Rückkehr als nationale Helden gefeiert, und nur wenige ahnten, dass es sich um eine Niederlage handelte. Einerseits waren die Menschen glücklich, dass ihre Idole heil und gesund davongekommen waren, andererseits waren sie des eigenen passiven Widerstands inzwischen müde geworden.

Beschwichtigungen in Moskau

Als etwas schwieriger erwies es sich, die verbrüderten Invasoren auf die neue Linie zu bringen. Sie mussten mit der Tatsache versöhnt werden, dass Dubček und seine Mitstreiter zunächst – und sei es auch nur vorübergehend und formal – ihre Funktionen behalten konnten und die »gesunden Kräfte« nicht in die Spitzenpositionen gelangten. Auf dem gemeinsamen Treffen in Moskau protestierten die Hardliner gegen diese als windelweich empfundene Lösung des Konflikts.

»ULBRICHT Wenn Svoboda jetzt zurückkehren muss, dann kann man ihn nicht mit einem Kommuniqué entlassen (sic!), in dem steht, dass Verhandlungen mit Dubček fortgesetzt werden. Dies würde bedeuten, dass wir uns auf dem Rückzug befinden, und dies würde die Konterrevolution ermuntern.

GOMUŁKA Wenn wir ein Kommuniqué veröffentlichen, dass er zurückkehrt und dass hier Verhandlungen mit Dubček geführt werden, dann setzt sich der konterrevolutionäre Druck weiter fort. [...] Hier gibt es nur entweder Kapitulation oder Kampf. Es wird einen Kampf geben.
SCHIWKOW Es wird bewaffneten Kampf gebe.«[11]

Breschnew dachte sachlicher als der vom westdeutschen Fernsehen wegen dessen Empfangsmöglichkeit in der DDR hypnotisch gelähmte Ulbricht, der vor polnischen Nachahmungseffekten zitternde Gomułka oder der von keinerlei Skrupeln geplagte Schiwkow. Er wusste, dass Kriege nicht ohne Schlachten gewonnen werden können, und Kriegskunst erfordert des Öfteren Manöver sogar den taktischen Rückzug. Er war auch nicht an raschen Ordnungsmaßnahmen, sondern an einer langfristigen Konsolidierung interessiert. Und er war sich darüber im Klaren, dass diese weder mit Dubček und dessen Mitstreitern noch mit den so kläglich gescheiterten »gesunden Kräften« zu erreichen war. Er brauchte eine Figur zwischen den Fronten, und seine Wahl fiel in jenen stürmischen Augusttagen auf den knochentrockenen, vorsichtigen und machtbewussten Gustáv Husák. Dieser war führend am slowakischen Nationalaufstand 1944 gegen die Nationalsozialisten beteiligt gewesen, wurde dann aber als »bürgerlicher Nationalist« zu lebenslänglicher Haft verurteilt und erst 1960 amnestiert – die Rehabilitierung dauerte weitere drei Jahre.

Als Mitglied der tschechoslowakischen Delegation erklärte sich Husák mit den internierten Genossen solidarisch, kritisierte die militärische Aktion, wich aber an einem Punkt von dem Standpunkt der Dubček-Gruppe ab: Er hatte Vorbehalte gegenüber dem XIV. Parteitag der KPČ und zeigte sich bereit, auch den parallel in Bratislava beginnenden slowakischen Parteikongress auf bessere Zeiten zu verschieben. Damit lag er auf Vasil Biľaks Linie und hatte sogar formal Recht: Ein Parteitag ohne Führer der Partei war statutenwidrig. Breschnew schätzte und interpretierte das Argument auf seine Weise: »Husák verstand, dass der Parteitag unseren konstruktiven Gesprächen schaden kann.« In der Tat versuchten Husák und Biľak über die von den Sowjets zur Verfügung gestellte Telefonverbindung ihre slowakischen Genossen von der Idee des Parteitages abzubringen. »Und Husák, das

11 Der Prager Frühling und die internationale Krise 1968. Dokumente, Moskau 2010, S. 307.

muss ich Ihnen offen sagen, Genossen«, fügte Breschnew hinzu, »hat einen großen Einfluss in der Slowakei, vielleicht sogar einen größeren als Bil'ak.«

Die Normalisierung

»Normalizace« – das Unwort bezeichnete etwas als normal, was weder mit gesundem Menschenverstand noch mit politischem Anstand vereinbar schien: militärisch aufgezwungene Bündnistreue. Kurz nach dem euphorischen Empfang für die aus Moskau zurückgekehrten Parteiführer ließen die Sowjets die Nationalversammlung über den Verbleib ihrer Truppen in der Tschechoslowakei abstimmen – alle anderen Verbündeten waren bereits abgezogen. Das Parlament stimmte der sowjetischen Militärpräsenz mit vier Gegenstimmen zu, und Svoboda und Dubček unterzeichneten den Beschluss. Alle politischen Vereinigungen außer der KPČ und den kleinen Blockparteien wurden aufgelöst, die Zensur wurde nach und nach wieder eingeführt. Es kam zu Gegendemonstrationen, die aber nun wieder als illegal galten. Erst jetzt fühlten sich die Bürger von den Protagonisten des ehemaligen Frühlings im Stich gelassen, und die Frustration entlud sich in dramatischer Weise.

Im Januar 1969 verbrannte sich der junge Student Jan Palach aus Protest gegen die Okkupation öffentlich auf dem Wenzelsplatz[12] – die Trauer brachte die Menschen wieder auf die Straße. Ende März kam es nach einem Spiel anlässlich der Stockholmer Eishockey-Weltmeisterschaft zwischen der tschechoslowakischen und sowjetischen Mannschaft (Ergebnis 2:0 für die ČSSR) zu einer letzten Aufwallung der Leidenschaften. 150.000 siegestrunkene tschechoslowakische Bürger zogen durch das Zentrum und demolierten das Büro der sowjetischen Fluggesellschaft Aeroflot. Die Grenzen zwischen Sport und Politik schienen aufgelöst.

Diese Episode lieferte den Vorwand zu hartem Durchgreifen – sowohl auf der Straße als auch in den führenden Gremien der Republik. Im April wurde Dubček im Präsidium abgelöst und, nach der als Diplomatentätigkeit getarnten Verbannung auf den Botschafterposten in Ankara, gemeinsam mit seinen engsten Mitarbeitern aus der Partei ausgeschlossen. Danach arbeitete der nun völlig isolierte ehemalige Hoffnungsträger als Beamter in

---

12   Eine Woche später folgte der 16-jährige ungarische Autoschlosserlehrling Sándor Bauer Palachs grausamem Beispiel und verbrannte sich im Garten des Budapester Nationalmuseum.

einer Forstverwaltung in der Nähe von Bratislava. Husák, der neue Erste Sekretär, ließ die Parteiausschlüsse wie am Fließband fortsetzen. Hunderttausende Genossen galten nicht mehr als Genossen, und die meisten durften auch ihren Arbeitsplatz nicht behalten. Intellektuelle Wortführer des Prager Frühlings verloren ihre gesellschaftlichen Positionen, Historiker schufteten als Heizer, Lyriker als Nachtwächter. Namhafte Künstler wie Pavel Kohout, Milan Kundera, Miloš Forman und andere verließen das Land. Und die Zurückbleibenden wie der Schriftsteller Bohumil Hrabal oder die Filmregisseurin Vera Chytilova waren Behördenschikanen und Zensur ausgesetzt.

Dieser unblutige Terror war allerdings um einiges erträglicher als der Rachefeldzug nach dem ungarischen Volksaufstand mit zweihundertfünfzig Hingerichteten, unter ihnen dem ehemaligen Ministerpräsidenten Imre Nagy. In der Tschechoslowakei wurde versucht, nicht nur durch Drangsalierung die Gesellschaft zu befrieden, sondern auch auf andere Mittel gesetzt. So wurde das 1968 begonnene Werk der Föderalisierung vollendet – eine slowakische Regierung und ein slowakisches Parlament wurden gebildet, und in diesem rückständigen Landesteil wurden größere Investitionen getätigt. Insgesamt verbesserte man die sozialen Bedingungen im Land durch umfassenden Wohnungsbau und bedarfsgerechtere Befriedigung der Konsumwünsche. Nach und nach formierte sich daraus eine Gesellschaft mit ausgeprägtem Hang zum Privaten, zum Wochenendausflug mit klapprigen Skodas ins Grüne sowie mit einer spießigen Massenkultur samt gelegentlich sogar weltberühmten Idolen wie Karel Gott. Um die Gemüter nicht zu reizen, hütete man sich vor Preiserhöhungen, die deshalb zwischen 1970 und 1985 maximal 17 Prozent erreichten – in Ungarn stiegen die Preise der Konsumgüter zur selben Zeit um das Doppelte und in Polen sogar um das Vierfache. Eine Opposition meldete sich erst im Januar 1977 mit dem Erscheinen der »Charta 77« wieder zu Wort.

Die Breschnew-Doktrin und ihre Spätfolgen

Als Gastredner auf dem V. Parteitag der Polnischen Vereinigten Arbeiterpartei im November 1968 sagte der sowjetische Parteiführer unter anderem: »Die Souveränität der einzelnen Staaten findet ihre Grenze an den Interessen der sozialistischen Gemeinschaft. Wenn innere und äußere, dem Sozialismus feindliche Kräfte die Entwicklung eines sozialistischen Landes zu wenden und auf eine Wiederherstellung der kapitalistischen Zustände zu drängen versuchen, wenn also eine ernste Gefahr für die Sache des Sozialismus in diesem Lande, eine Gefahr für die Sicherheit der ganzen sozialistischen Gemeinschaft entsteht – dann wird dies nicht nur zu einem Problem für das Volk dieses Landes, sondern auch zu einem gemeinsamen Problem, zu einem Gegenstand der Sorge aller sozialistischen Länder.« Diese Äußerung, die von den internationalen Medien gleich als »Breschnew-Doktrin« oder »Doktrin der beschränkten Souveränität« tituliert worden war, gab in der Tat die realen Kräfteverhältnisse zwischen der UdSSR und ihren Verbündeten wieder, war aber eher eine nachträgliche Rechtfertigung der Invasion als eine exakte Leitlinie zukünftiger Politik. Dazu mangelte es an Eindeutigkeit. Weder formulierte Breschnew Kriterien für die »Wiederherstellung der kapitalistischen Zustände« in einem Land noch wurden konkrete Mittel – Wirtschaftlicher Druck? Öffentliche Polemik? Panzer? – zur Durchsetzung der »Doktrin« genannt. Es fehlte eine klare geographische Beschreibung der »sozialistischen Gemeinschaft« – insbesondere jeder Hinweis auf Staaten, die nach sowjetischem Verständnis ohne Zweifel als sozialistisch galten., aber weder militärisch noch organisatorisch etwas mit dem Warschauer Pakt zu tun hatten. Kuba, Nordvietnam, Nordkorea und die Mongolei waren »Bruderländer«, ohne der militärischen Allianz anzugehören. Die Volksrepublik China war damals sicher sozialistisch, aber mit der UdSSR geradezu verfeindet. Selbst wenn die »Doktrin« nur für die europäischen Verbündeten der UdSSR gedacht war, stellte sich doch die Frage, wie weit sich die einzelnen Länder von Prinzipien und Praxis der Gemeinschaft entfernen konnten, ohne an die Grenzen ihrer Souveränität zu stoßen und dafür Sanktionen in Kauf zu nehmen.

An einem Punkt erwies sich die »Breschnew-Doktrin« als zu kurz gegriffen: Sie orientierte sich an einer möglichen Katastrophe wie einer Konterrevolution und kapitalistischen Restauration mit Hilfe von KP-Revisionisten und imperialistischen Geheimdiensten. Aber sie rechnete nicht mit ganz ordinären Schwierigkeiten einzelner Staaten, die sich plötzlich zu Schritten gezwungen sahen, die für Moskau unangenehm waren, beispielsweise zur Aufnahme westlicher Kredite. Ein Dubček erschien nicht jeden Tag als Schreckgespenst am Horizont, aber technische Engpässe, Lebensmittelknappheit, Preiserhöhungen und die damit zusammenhängenden inneren Unruhen waren auch durch einen Marxismus-Leninismus reinsten Wassers nicht zu verhindern. Breschnews Doktrin wirkte in dieser Hinsicht wie eine Versicherungspolice, die allerdings dann, wenn sie fällig wurde, von der mit inneren Problemen ringenden Sowjetunion immer weniger bezahlt werden konnte.

Zwei Jahre nach Breschnews berühmt-berüchtigter Rede auf dem polnischen Parteitag ordnete die Warschauer Regierung massive Preiserhöhungen an, von denen insgesamt 45 Produkte betroffen waren, darunter Fleisch (18 %), Spaghetti (15 %), Marmelade (12 %), Fisch (10 %), Textilien und Schuhe (20 bis 37 %) – all das kurz vor Weihnachten. Daraufhin brachen in den Küstenstädten Gdańsk, Gdynia, Sopot, Słupsk und Elbląg Streiks aus. Die empörte Menge randalierte, steckte öffentliche Gebäude in Brand, demolierte und plünderte Geschäfte. Armee und Miliz reagierten mit Schüssen und Gewalt, und Gomułkas Politbüro erklärte auf einer Krisensitzung am 15. Dezember 1970: »Wir haben es mit einer Konterrevolution zu tun.« Allerdings wollte Moskau das Wort »Konterrevolution« nicht mehr hören – man wusste wohl, dass es eigentlich um eine Hungerrevolte ging. Eine direkte Einmischung in Polen erschien der Sowjetführung auch wegen des »russischen Komplexes« der polnischen Gesellschaft als nicht diskutabel, man brauchte andere Lösungswege. Auf einer Sondersitzung der führenden KP-Gremien am 18. Dezember wurde Gomułka, der, wie sich herausstellte, an Kreislaufstörungen litt, kurzentschlossen in die Rente geschickt, und gleichzeitig löste man seine nächsten Mitarbeiter ab. Der aus der Wojewodschaft Katowice stammende neue Parteichef Edward Gierek ließ im ersten Schritt die Preiserhöhungen zurücknehmen, versprach soziale Reformen, und als Appell an den Nationalstolz seiner Landsleute kündigte er die Rekonstruktion des im Krieg zerstörten Warschauer Königspalais an. Jedenfalls rettete er das Weihnachtsfest aller Polen und die Macht der Partei.

1980/81, zur Zeit der Solidarność, befand sich die UdSSR, damals bereits in den törichten Afghanistankrieg verwickelt, kaum mehr in der Lage, die »Breschnew-Doktrin« noch einmal auszuprobieren. Bezeichnenderweise vertraten auf der Sitzung des sowjetischen Politbüros im Spätherbst 1980 dieselben Genossen, die ehemals vehement den Einmarsch in die Tschechoslowakei gefordert hatten, nun den gegenteiligen Standpunkt:

»ANDROPOW (KGB-Chef) Wir müssen die Linie verfolgen, dass unsere Truppen in Polen nicht einziehen.
USTINOW (Verteidigungsminister) Wir dürfen unsere Armee nicht in Polen einsetzen, die Polen würden das nicht akzeptieren.

GROMYKO (Außenminister) Ein Einmarsch in Polen ist unmöglich.

SUSLOW (Chef-Ideologe) Wir sind uns in der Auffassung einig, dass von einem Aufmarsch der Truppen keine Rede sein kann.«[13]

Der klarsichtige Berater von Generalsekretär Breschnew (und später auch von Gorbatschow) Anatolij Tschernjajew liefert in seinem Tagebuch die plausible Erklärung für die erstaunliche Zurückhaltung: »Wenn die UdSSR das Jahr 1968 bei ihnen wiederholt, werden die Polen verzweifelt kämpfen. Die sind doch keine Schwejks.« Zunächst gelang es aber, das Problem mit »polnischen Händen«, d. h., durch Einführung des Kriegsrechts zu lösen oder jedenfalls zu verschieben. Es sollte aber weitere Jahre dauern, bis Michail Gorbatschow auf der Sitzung des Politbüros seiner Partei im Juli 1986 erklärte: »Die Methoden, die wir gegenüber der Tschechoslowakei und Ungarn anwendeten, sind unannehmbar. Wir können keine administrative Methode bei der Führung der Freunde anwenden. Im Grunde brauchen wir die Führung über sie gar nicht. Das bedeutet nämlich, dass wir sie am Hals haben.« Diese etwas spät gekommene Einsicht zeitigte nicht nur das Ende des »sozialistischen Lagers«, sondern auch den beginnenden Zerfall der Sowjetunion.

Von 1968 zu 1989

Die »normalisierte« ČSSR war zweifelsohne das ökonomisch und sozial stabilste Land des Warschauer Pakts. Sogar die unangenehmen Auslandsschulden, die 1985 32 Prozent der Exporteinahmen ausmachten (im benachbarten Ungarn waren es 148 Prozent), bereiteten keine allzu großen Sorgen. Kurz vor dem Zusammenbruch des Systems äußerte sich Miloš Jakeš, Husáks Nachfolger an der Parteispitze, im August 1989 halb kritisch, halb selbstlobend über dessen vermeintliche Stärke im Gespräch mit seinem polnischen Kollegen Rakowski: »Der Fleischkonsum in der Tschechoslowakei liegt bei neunzig Kilogramm pro Einwohner und steigt ständig. Die Leute fressen in sich hinein, was geht, zur Arbeit haben sie aber immer weniger Lust. De facto beträgt die Wochenarbeitszeit dreißig Stunden.« Und er vertrat die feste Überzeugung: »Solange die Läden voller Ware bleiben, braucht man nichts zu befürchten.« Mit dieser vielleicht unbewusst zynischen Äußerung

13 Sitzung des Politbüros des ZK der KPdSU, 29. Oktober 1981. Quelle: <https://nsarchive.gwu.edu/document/26824-document-15-zasedanie-politbyuro-ck-kpss-ob-itogakh-poezdki-rusakov>.

benannte der Parteichef zwei Eckpfeiler der »normalisierenden« Befriedungsstrategie: die halbwegs befriedigten Grundbedürfnisse und die äußerst niedrige Arbeitsproduktivität.

In der Tat konnten die um die »Charta 77« versammelten Bürgerbewegungen zunächst nicht mit sozial relevanter Unterstützung rechnen. Ihr aus mehrheitlich humanistischen Intellektuellen bestehender harter Kern um den Dramatiker Václav Havel konzentrierte sich auf Prag und Tschechien, während in der Bruderrepublik Slowakei und deren Hauptstadt Bratislava höchstens ein exklusiver Zirkel um Ján Čarnogurský, Milan Šimečka und Jaroslav Kusý sowie einige Protagonisten aus der ungarischen Minderheitenszene oppositionelles Gedankengut hegten. Die Dissidenten, die versuchten, nach Havels Maxime »in der Wahrheit zu leben«, fanden wegen der tschechisch- und slowakisch-sprachigen Westsender sicher bei vielen Landsleuten Respekt und Bewunderung, der Nachahmungseffekt allerdings hielt sich bis zuletzt in engen Grenzen.

Die Passivität hing mit der noch frischen Erfahrung zusammen, dass jede Demokratisierung zwangsweise den Einmarsch der Sowjets nach sich zieht, und mit einer noch älteren, nämlich dass die westliche Welt die Tschechoslowakei im Zweifelsfall im Stich lässt. Das Menetekel dazu hieß: »München, 1938!« Außerdem schwappte die in den Jahren der »normalizace« akkumulierte Frustration auch auf den Prager Frühling über, dessen Fiasko die Chancen einer systeminternen Freiheitsbewegung als historischer Alternative grundsätzlich in Frage stellte. Als zwei Jahrzehnte später infolge der sowjetischen Perestroika die Gesellschaft aus ihrem politischen Koma zu erwachen begann, waren die Hoffnungen von einst längst in der Erinnerung der damaligen Generation archiviert, und man suchte nicht mehr den Weg zur Verbesserung des Systems, sondern den kürzesten Weg zum Notausgang. Hierbei spielte auch die Inaktivität der führenden Gestalt des Prager Frühlings eine wichtige Rolle. Die Tatsache, dass Alexander Dubček sich fast 20 Jahre lang dem neuen Regime nicht anpasste, aber dennoch keinen einzigen Satz für die Öffentlichkeit bereithielt, hatte bereits in den siebziger Jahren Rätsel aufgegeben. Dabei übte seine Erneuerungsbewegung, der »Prager Frühling«, nachhaltigen Einfluss auf die europäische Linke aus. Ohne Übertreibung lässt sich feststellen, dass der Eurokommunismus, damals ein international beachtetes Phänomen, in gewisser Hinsicht der westliche Erfolg eines östlichen Fiaskos war.

Dennoch: Im Herbst 1989 konnte der Prager Frühling – mit oder ohne Dubček und seine Kampfgefährten – nicht einfach fortgesetzt werden. Die Bürgerbewegung der späten siebziger Jahre war anders strukturiert als der reformkommunistische Kern der KPČ und auch ideologisch von dessen Wurzeln weit entfernt. Außer auf sozialistisch-sozialdemokratisches Gedankengut stützten sich die Sprecher der Charta auf bürgerlich-liberale und konservative Traditionen aus der Zeit der Ersten Republik. Als höchste moralische Autoritäten zählten der Vordenker und Philosoph Jan Patočka und der Dramatiker Václav Havel. Im eigentlichen Sinne verstanden sie sich nicht als Oppositionspolitiker, sondern als Bürger, welche vom Staat die Achtung der Menschenrechte forderten. Das System wollten sie weder reformieren noch stürzen und erklärten sich grundsätzlich sogar für einen Dialog mit der Macht bereit, was diese jedoch strikt ablehnte. Aktivisten der Bewegung riskierten tägliche Schikanen seitens der Geheimpolizei STB, Nachteile für ihre Kinder und mitunter lange Gefängnisstrafen.

Der erste Schritt vom intellektuellen Dissidentenwesen zu einer breiteren Form des zivilen Widerstands wurde im kirchlichen Milieu unternommen. Im Januar 1988 begann die Unterschriftensammlung einer »Katholischen Initiative zur Besserung der Lage der Gläubigen« in allen katholischen Kirchen außer denen in der Slowakei auch in Mähren und Tschechien. Die Petition, die schon bald eine halbe Million Unterschriften trug, thematisierte das Verhältnis zwischen Kirche und Staat und forderte einen grundlegenden Wandel. Es ging vor allem darum, die Vormundschaft des atheistischen Staates über die Religionsgemeinschaften abzuschaffen, die dieser mittels des Staatlichen Kirchenamts ausübte. Einmischung in innerkirchliche Angelegenheiten, Erpressung und Diskriminierung von Eltern, deren Kinder am Religionsunterricht teilnahmen, Bespitzelung und Verunglimpfung von Pfarrern sowie staatlicherseits verweigerte Besetzung von zehn Bischofsämtern – diese alten Beschwerden waren recht scharf formuliert, und die Handschrift von Kardinal František Tomášek verlieh ihnen besonderen Nachdruck. Sogar dessen Aufruf zu einem friedlichen Dialog klang angesichts der Praxis der Partei, ausschließlich Direktiven abzusondern und niemals mit jemandem zu sprechen, fast wie ein Ultimatum. All dies ermunterte die katholischen Laiengruppen in Bratislava, am Freitag, dem 25. März 1988 ein öffentliches Gebet mit Kerzen zugunsten der Glaubensfreiheit und Menschenrechte abzuhalten. Zwar wurden die ungefähr 4.000 in ihrer Mehrheit jugendliche Kundgebungsteilnehmer vom Hviezdozslav-Platz vertrieben, dennoch markierte ihr Auftritt eine historisch bedeutsame Grenze: Zum ersten Mal seit fast zwanzig Jahren zeigte sich der öffentliche Wille auf der Straße – ein Tabubruch für jede Diktatur.

Der Prager Frühling blieb jedoch immer noch Anziehungspunkt für zahlreiche Bürger, sie hofften, damals noch auf den Spuren von Perestroika und Glasnost, auf ein Revival von 1968. Vor allem die Jahrestage der Invasion, der 21. August 1988 und 1989, sowie der 20. Jahrestag des Freitods des Studenten Jan Palach bewegten leidenschaftlich. Besonders die Kundgebung im Gedenken an Palach, die eine Woche lang andauerte und in heftige Konfrontationen mit den Ordnungskräften mündete, war von Trauer und Empörung geprägt, ohne dabei direkten Bezug auf den Reformprozess zu nehmen, nach dessen gewaltsamer Unterdrückung die Selbstverbrennung auf dem Wenzelsplatz stattgefunden hatte. Eine von den Demonstrationen, die letztendlich zum Sturz des Regimes beitrugen, war jedoch einem anderem ebenfalls runden Datum gewidmet: der Gründung der Ersten Republik am 28. Oktober 1918. Diesmal – vierzig Jahre nach 1948 – zelebrierte die Staatsmacht selbst den Geburtstag ihres Vorgängers, der »bourgeoisen« Republik. Im Anschluss an die von den Funktionären mit Zähneknirschen absolvierten Gedächtnisfeiern marschierten die Oppositionsgruppen in Richtung Wenzelsplatz – dort warteten bereits die Wasserwerfer auf sie. Trotz alledem erschien an diesem Tag für einen Moment Masaryks und Beneš‹ Československo am Horizont, nicht ganz das Land, von dem die Männer und Frauen des Prager Frühlings geträumt hatten, aber auch nicht das, was letzten Endes aus der ehemaligen ČSSR infolge der »samtenen/zarten Revolution« (tschechisch »sametová revoluce«, slowakisch »nežná revolúcia«) wurde.

Die ČSSR von 1968 erschien auf dem Bildschirm der Geschichte zum letzten Mal als Momentaufnahme. Nach einer Woche friedlicher Kundgebungen feierten eine Dreiviertelmillion Teilnehmer auf dem Letnaplateau, wo einmal das Stalin-Denkmal gestanden hatte, die Demokratie. Die Fahnen mit der tschechischen Trikolore wehten im eisigen Wind, und die Bürger hörten Václav Havel und Alexander Dubček, in denen sie wahrscheinlich nicht nur die Protagonisten der beiden historischen Strömungen des Prager Frühlings und der Charta 77 sahen, sondern auch die Vertreter der tschechischen und slowakischen Nation, für die der Systemwechsel mit der Wiedererlangung der vollständigen Souveränität einherging. Havel als Staatspräsident und Dubček als Präsident der Föderativen Versammlung (Parlament) sollten zum idealen Tandem der Dritten Republik werden, obwohl es klar war, dass die Symbolfigur des Prager Frühlings in diesem Orchester nur die zweite Geige spielen würde. Damals, ja selbst nach den ersten freien Wahlen (Juni 1990), glaubten noch viele, dass die Föderation von langer Dauer sein würde. Es kam anders. Soziale Spannungen, Machtintrigen und unbewältigtes Erbe, nicht nur der kommunistischen Vergangenheit, führten dazu, dass sich der Rahmen der jungen Demokratie für das Zusammenleben der beiden Nationen als zu eng erwies. Glücklicherweise erfolgte die Spaltung des Staates auf friedlichem Wege, und ihre Folgen konnten zehn Jahre später durch den gleichzeitigen Beitritt beider Republiken in die Europäische Union relativiert werden.

Fazit

Historische Bewegungen sind oft von Illusionen geleitet – selbst der frühe Sozialismus huldigte edlen Utopien und wollte alles Übel der alten Gesellschaft mit einem Schlag aus der Welt schaffen. Der Prager Frühling war in dieser Hinsicht bescheidener: Man konfrontierte ein System mit den von ihm lauthals verkündeten Werten, man forderte Moral in der Politik ein. Was aber jenseits sozialer Träumereien und ideologischer Doktrinen von der Reformbewegung 1968 übrigblieb, war das Bestreben der Gesellschaft, das eigene Schicksal ohne äußere Einmischung selbst zu bestimmen, möglichst viel Freiheit vom Staat zu erringen und an dieser Freiheit Lust zu spüren. Organisationen, die seinerzeit Träger der Selbstbefreiung waren – Charta 77 und Občanské fórum (Bürgerforum) in der Tschechoslowakei, Solidarność in Polen, SZDSZ (Szabad Demokraták Szövetsége, Bund Freier Demokraten) in Ungarn oder Neues Forum in der DDR–, gehören heute der Vergangenheit an. Sie werden von der neuen Politikergeneration oft schulterklopfend oder, speziell der Prager Frühling, als naive Utopie ironisch abgetan. Die Prosa der modernen Demokratien mit ihren Parteirankünen, Korruptionsaffären und autoritären Auswüchsen verträgt sich schwer mit dem Pathos, Humor und der Spontaneität und der direkten Kommunikation der späten sechziger Jahre.

Literatur (eine Auswahl)

György Dalos: 1968 in Osteuropa. Hoffnungen und Enttäuschungen. Erfurt 2018.

Stefan Karner, Natalja G. Tomilina, Alexander Tschubarjan, Günther Bischof, Viktor V. Ischenko (Hrsg.) Der Prager Frühling. Das internationale Krisenjahr 1968. Erster Band. Wien, Köln, Weimar 2008.

Jan Pauer: Prag 1968. Der Einmarsch des Warschauer Paktes. Hintergründe, Planung, Durchführung. Bremen 1995.

Susanne Schattenberg: Leonid Breschnew, Staatsmann und Schauspieler im Schatten Stalins. Eine Biographie. Wien, Köln, Weimar 2017.

Huszár, Tibor: Kádár János politikai életrajza [János Kádárs politische Biographie]. Budapest 2003.

Stefan Wolle: Die versäumte Revolte: Die DDR und das Jahr 1968. Bonn 2008.

Jean-Yves Potel

Kämpfe der Arbeiter in Polen von 1956 bis 1989 für Freiheit und Demokratie

Am Ende des Zweiten Weltkriegs war Polen ein Ort der Verwüstung. Es musste die Verheerungen beseitigen, die die fünfjährige Besatzung durch Nazi-Deutschland und die zweijährige durch das stalinistische Russland an Körper, Geist und Landschaft hinterlassen hatten. Theoretisch im Lager der Sieger, wurde Polen, nachdem es von der Roten Armee »befreit« worden war, unter eine sowjetisch kontrollierte Verwaltung gestellt. Einen großen Teil des nationalen Widerstands, der mit der polnischen Exilregierung in London, der *Armia Krajowa* (AK), verbunden war, hatten die Deutschen während des Warschauer Aufstands, der 130.000 Menschenleben kostete, im August 1944 aufgerieben. Die Kämpfer waren von der Sowjetunion im Stich gelassen worden, deren Streitkräfte auf der anderen Seite der Weichsel stationiert waren und die am 21. Juli in Lublin ein Nationales Befreiungskomitee (PKWN) gegründet hatte, in dem die *Armia Krajowa* nicht vertreten war. Schlimmer noch, mehrere der AK-Führer wurden verhaftet und in die UdSSR deportiert. Polen nahm an den Verhandlungen der Alliierten teil, ohne direkt daran beteiligt zu sein. Die erzielten Vereinbarungen stellten die Vorkriegsgrenzen Polens nicht wieder her, sondern ließen die beiden östlichen Städte Wilno und Lwów in Stalins Händen und gaben Polen als »Entschädigung« Teile Schlesiens und Pommerns, die bis dahin deutsch gewesen waren, das alles war mit erschütternden Bevölkerungsverschiebungen verbunden.

Es war also ein verwüstetes und gequältes Polen, das den Tod von 17 % seiner Zivilbevölkerung, darunter 95 % seiner Juden, zu beklagen hatte und der Sowjetunion praktisch machtlos gegenüberstand. Zunächst war die von Władysław Gomułka geführte Kommunistische Partei aufgrund der Abkommen von Jalta und Potsdam gezwungen, eine Koalitionsregierung mit anderen Parteien der Londoner Regierung zu bilden, insbesondere mit der Agrarpartei von Stanisław Mikołajczyk, der als Ministerpräsident der Exilregierung zurücktrat, um der Koalition beizutreten. Unter dem Vorsitz eines Sozialisten, der von den Kommunisten ferngesteuert wurde, verteilte die Koalition landwirtschaftliche Betriebe mit einer Fläche von mehr als 50 Hektar unter den Bauern um, verstaatlichte die Banken und die Industrie und brachte das Land auf einen »polnischen Weg zum Sozialismus«. Ein Wiederaufbau- und Sanierungsplan, der von 1946 bis 1949 durchgeführt wurde, hatte einen gewissen Erfolg bei der vom Krieg traumatisierten Bevölkerung, insbesondere auf dem Lande. Ein privater Sektor wurde geduldet, der Wiederaufbauprozess eingeleitet und der Plan dank einer gewaltigen nationalen Anstrengung umgesetzt. Es wurde sogar eine Verbesserung des Lebensstandards der Arbeitnehmer festgestellt.[1]

Angesichts des Drucks im Inland – die Feindseligkeit der Bevölkerung und die Fortsetzung des gegen die Kommunisten gerichteten Bürgerkriegs in einigen Teilen des Landes – und des vom Ausland herrührenden Drucks – die Demontage von Fabriken und deren Verlagerung in die Sowjetunion, die Ablehnung der Aussicht auf eine Beteiligung am Marshallplan und der Beginn des Kalten Krieges – ließen die führenden Kommunisten die Koalition auseinander brechen. Eine Gruppe polnischer Funktionäre, die vom »Großen Bruder« und seinen Sonderorganisationen unterstützt und geschult wurde und von Bolesław Bierut, einem ehemaligen Komintern- und NKWD-Mitarbeiter, angeführt wurde, zerstörte den politischen Pluralismus, der ohnehin schon sehr begrenzt war. Nach der Durchführung eines Referendums über die Landesgrenzen, die Abschaffung oder Beibehaltung des Senats und die Wirtschaftsreformen im Juni 1946 und nach den Parlamentswahlen im Januar 1947, beide Ergebnisse waren gefälscht, zwang das neue Regime die meisten Oppositionsführer ins Exil oder inhaftierte sie. Die anderen schlossen sich dem Plan der Kommunisten an, eine einzige, angeblich »einheitliche« Partei zu gründen – die Polnische Vereinigte Arbeiterpartei (PZPR) –, die sie Ende 1948 ins Leben riefen. Eine Verfassung, die Polen offiziell in eine »Volksrepublik« mit einem allmächtigen Staatsrat an der Spitze umwandelte, ein Dokument, das sich an Stalins Verfassung von 1936 anlehnte, vervollständigte 1952[2] das Gebäude. Es war eine Machtübernahme.

Das 1949 errichtete politische System war ein Polizeistaat, eine auf totalitäre Herrschaft ausgerichtete soziale und wirtschaftliche Schreckens-

---

1 Vgl. Szurek (1982), S. 19.
2 Die Verfassung blieb bis zum Ende des Regimes in Kraft und wurde dreizehn Mal geändert, stets in Krisenzeiten. S. Izdebski (1984).

herrschaft. Der Jahreswechsel von 1948 auf 1949 war nicht nur durch die Repression gegen einige der kommunistischen Führer gekennzeichnet, einschließlich der Absetzung von Gomułka, nachdem die agrarische und sozialistische Opposition das gleiche Schicksal erlitten hatte, sondern markierte auch den eigentlichen Bruch mit der Vergangenheit. Unter der Führung des inzwischen zum Staatspräsidenten avancierten Bolesław Bierut wurden radikale Reformen durchgeführt, um die Kollektivierung der Landwirtschaft zu beschleunigen, eine autoritäre Planung der industriellen Tätigkeit einzuführen und ein staatliches Monopol für den Außenhandel zu schaffen.[3] Kleine Unternehmen wurden in staatlich kontrollierte Genossenschaften integriert.

Dieses auf dem sowjetischen Modell basierende System erwies sich trotz mehrerer Reformen als instabiler als erwartet. Bis 1989 kam es immer wieder zu Krisen, vor allem infolge von Arbeiterrevolten. Die kommunistischen Behörden versuchten, die Unterwerfung einer ausgebluteten und gequälten Bevölkerung zu erkaufen, indem sie ihr Frieden und relatives Wohlergehen in Bezug auf Versorgung, Wohnraum, Gesundheitsfürsorge usw. garantierten. Diese Garantien waren oft nicht mehr als illusorische Propaganda. In den 40 Jahren nach dem Zweiten Weltkrieg waren die offiziellen Glücksversprechen ein ständiges Rezept für Enttäuschungen und Unzufriedenheit in der Bevölkerung.

Soziale Veränderungen

Am Ende des 2. Weltkriegs war die polnische Gesellschaft überwiegend ländlich geprägt. Im Jahr 1950 arbeiteten von 25 Millionen Einwohnern etwa 11,6 Millionen, d. h. 47,1 % der Erwerbsbevölkerung, in der Landwirtschaft. Im Bergbau, im Baugewerbe und in der Industrie waren nur 6,6 Millionen oder 24,7 % beschäftigt. Es gab also doppelt so viele Landwirte und Landarbeiter wie Industrie- und Bauarbeiter und Bergleute. Das rasche Bevölkerungswachstum bis Mitte der 1970er Jahre, als die Zahl der Erwerbstätigen 35 Millionen erreichte, kehrte diese Verhältnisse um. Im Jahr 1978 machten die 12 Millionen Arbeiter und Bergleute 34,6 % der Erwerbsbevölkerung aus, während die Zahl der selbstständigen Landwirte und der Beschäftigten in staatlichen Betrieben 8,2 Millionen oder 23,4 % betrug. In den Jahren 1988 bis 1995 stabilisierte sich die Bevölkerungszahl bei etwa 38 Millionen, wobei

---

3   Nicht ohne Rückschläge. Vgl. Chavance (1992), Kap. 2 und 5.

weniger als 20 % der Erwerbsbevölkerung in der Landwirtschaft beschäftigt waren (1984 waren es bereits 19 %)[4], diese Zahl war aber für europäische Verhältnisse immer noch ein hoher Prozentsatz. Arbeiter und Bergleute zogen direkt aus den ländlichen Gebieten in die Vororte der Städte oder in die neuen Städte, die in den 1960er und 1970er Jahren reihenweise aus vorgefertigten Betonplatten gebaut wurden. Viele blieben »Arbeiterbauern«, sie arbeiteten in einer Fabrik, bewirtschafteten aber zugleich einen kleinen Bauernhof.

Diese Umwälzung der Gesellschaft und der Landschaft Polens war die sichtbarste Folge dessen, was der polnische Soziologe Witold Morawski als »aufgezwungene Industrialisierung« bezeichnete. Mit dem Argument, dass ein effizienter Industriesektor für die Entwicklung und Modernisierung des Landes notwendig sei, gelang es dem neuen Regime, die jungen Generationen zu »mobilisieren« und sie für dieses Abenteuer zu gewinnen. Die Abwanderung in die Städte wurde als Fortschritt angesehen. Die Folgen des darauf folgenden Wachstums blieben jedoch hinter den Erwartungen zurück. Der Konsum der Haushalte stieg deutlich weniger stark an als die Kapitalinvestitionen, was sich in den Speiseplänen der Menschen widerspiegelte. Die Auswirkungen der verstärkten zentralen Planung bestanden dagegen vor allem darin, dass die Macht in weniger Händen konzentriert wurde, die Wirtschaftsverwaltung aufgebläht und eine Vielzahl bürokratischer Tätigkeiten hervorgebracht wurde. Das Hauptziel – eine bessere Befriedigung der Bedürfnisse der Gesellschaft – wurde auf die zweite Ebene verwiesen, stellt Morawski in diesem Zusammenhang fest. Daraus zieht er den Schluss, dass »die Situation mit dem Absinken des Lebensstandards und der Ungleichheit der Gehälter kritisch geworden ist. Die Privilegien und die verschiedenen Veruntreuungen führten zu einer unannehmbar starken sozialen und wirtschaftlichen Kluft innerhalb der Unternehmen selbst. In dieser Situation verlieren die Aktivitäten und Institutionen der industriellen Demokratie in den Augen der Arbeitnehmer den Sinn ihrer Existenz.«

Das war der springende Punkt. In einem Land, in dem die Führer behaupteten, einen sozialistischen Staat und eine sozialistische Wirtschaft aufzubauen, hatte die Arbeiterklasse praktisch kein Mitspracherecht. In der polnischen Arbeiterschaft gab es jedoch Traditionen von Arbeiterräten und Gewerkschaften. In der Zwischenkriegszeit, als die Textilindustrie in Łódź und der Maschinenbau in Warschau florierten, ganz zu schweigen von den

4   Daten vom Polnischen Statistischen Zentralamt (GUS 2003).

oberschlesischen Bergwerken in der Nähe von Krakau und Kattowitz, war der gewerkschaftliche Kampfgeist einer der stärksten in Europa. Die Gewerkschaftsorganisationen hatten sich durchgesetzt, indem sie die Belegschaften in großen Arbeitskämpfen anführten, und mehrere Streikwellen haben sich in das kollektive Gedächtnis der Arbeiterschaft eingebrannt, nämlich die vom Herbst 1923 und die der Jahre 1936 und 1937. Der berühmteste Streik war der vom März 1936 in Łódź, einer Stadt, die eines der Zentren der Revolution von 1905 gewesen war, als sie noch Teil des Russischen Reiches war.

Da die Gewerkschaftsbewegung während des Kriegs eine Reihe von Funktionären und Organisatoren verloren hatte, förderte die Regierung die Wiederherstellung der Gewerkschaften und der Arbeiterräte durch Dekrete aus dem Jahr 1946, obwohl sie die Streiks in Łódź 1947 und in Dąbrowa Górnicza im April 1951 mit aller Härte niederschlug.[5] Dann, sehr schnell, bekam die Kommunistische Partei die Gewerkschaftszweige in die Hand und die Gewerkschaften die Arbeiterräte, was in einem Erlass des Ministerrats vom 29. Oktober 1950 gipfelte, in dem die Gewerkschaftsorgane zu den »Ausführenden der nationalen Wirtschaftspläne« gezählt wurden, und in der Praxis setzten sich die Arbeiterräte aus Mitarbeitern zusammen, die von eben diesen Gewerkschaften gewählt wurden. Das gesamte System wurde so in einen Mechanismus zur Überwachung und Mobilisierung der Arbeitnehmer zur Erreichung der Ziele des Wirtschaftsplans umgewandelt. Durch die »aufgezwungene Industrialisierung« wurden die Arbeitnehmerorganisationen ihrer ursprünglichen Funktionen beraubt.[6]

Ab der zweiten Hälfte der 1950er Jahre entstanden neue Formen der Militanz, die die Ursachen der Unzufriedenheit in den Betrieben immer direkter widerspiegelten. Gerade wenn sie noch in der Partei oder den Gewerkschaften aktiv waren, nutzten die kommunistischen Aktivisten ihre Positionen, um sich Gehör zu verschaffen. Sie profitierten auch von den weitreichende Konsequenzen mit sich bringenden Ereignissen jener Jahren: Stalins Tod im März 1953 – Nikita Chruschtschows Anprangerung der »Verbrechen Stalins« in einem geheimen Bericht an den 20. Kongress der Kommunistischen Partei der Sowjetunion am 25. Februar 1956, der Tod von Bolesław Bierut am 12. März 1956 in Moskau, die Verhaftung mehrerer hoher Offiziere der Sicherheitspolizei in Warschau ... Ein neuer Wind wehte in Polen.

5 Vgl. Malara und Rey (1952), S. 275.
6 Vgl. Lowit (1971).

Die enttäuschten Hoffnungen vom Oktober 1956

Im Jahr 1955 wurden die Arbeiter des Żerań-Autowerks im Norden Warschaus, einer der modernsten Produktionsstätten des Landes, zu den Zielen des nationalen Wirtschaftsplans befragt, der zu dieser Zeit ausgearbeitet wurde. Dies war ein Standardverfahren und im Allgemeinen eine Formalität. Diesmal jedoch beschloss eine kleine Gruppe kämpferischer Arbeiter, Kommunisten an der Basis, die Angelegenheit ernst zu nehmen, und bildete eine Gruppe von Kollegen aus, um die Bedingungen im Werk zu inspizieren, die Lagerbestände und die Buchführung zu überprüfen und mit der Parteiführung zu diskutieren. »Zu Beginn«, so ihr Anführer Leszek Goździk, »konzentrierten sich unsere Diskussionen auf wirtschaftliche Fragen. Dann gingen wir zur politischen Plattform über. Wir haben über Landwirtschaft diskutiert. Wir hatten übrigens Hilfe für Produktionsgenossenschaften organisiert, sie existierten nur, weil wir ihnen zunächst mit Fahrzeugen und dann mit vielen anderen Mitteln zu Hilfe gekommen waren. Wir fingen an, das Leben um uns herum zu betrachten, wie es zu dieser Zeit war. Das war im Herbst 1955. Die Arbeiter fingen an, ›mehr‹ und ›offener‹ zu reden. In unseren Reihen begann eine ›große Debatte‹, und dann dachten wir, dass es nicht schlecht wäre, wenn wir im Werk einen Betriebsrat hätten, der das Unternehmen leitet, seine wirtschaftliche Verwaltung und seine Organisation bestimmt.«[7] Ein informeller Ausschuss wurde gegründet.

Wenig später beschwerte sich die Belegschaft der Cegielski-Werke in Poznań über Lohndiskriminierung im Zusammenhang mit dem System der Arbeitsquoten. Sie forderten Preissenkungen und Lohnerhöhungen. Sie schickten Petitionen und Briefe an die zuständigen Minister und an das Zentralkomitee der Partei. Diese blieben erfolglos, aber an einem Tag im Juni 1956 fand ein Gespräch mit einem Minister statt. Er verpflichtete sich, die Forderungen zu erfüllen, machte dann aber vor der Vollversammlung der Belegschaft einen Rückzieher, was zu Fassungslosigkeit und allgemeiner Wut führte. Am folgenden Tag, dem 28. Juni, rief die Belegschaft der

---

7 Aus einem Bericht von Leszek Goździk, der am 20. Oktober 1957 in *Nowa Kultura* unter der Überschrift »Sag die Wahrheit! So hat alles angefangen!« erschien. Eine französische Übersetzung des Berichts findet sich in Marie und Nagy (1966), S. 23 ff.). Eine englische Übersetzung eines Teils von Goździks Bericht findet sich in Sturmthal (1961), S. 383.

Fabriken spontan zu einem Streik ab 6 Uhr morgens auf. Etwa 80 % der Arbeiter gingen auf die Straße und mobilisierten die Öffentlichkeit, sodass sich mehr als 100.000 Menschen vor dem Sitz der Stadtverwaltung, der Partei und der Miliz versammelten und die gleiche Forderung skandierten: »Wir wollen Brot! Wir wollen Brot! « Eine Delegation, die zu Verhandlungen entsandt worden war, kehrte nicht zurück, und die Unzufriedenheit entlud sich. Politische Parolen werden laut (»Freie Wahlen!«, »Nieder mit den Kommunisten!«). Die Miliz wurde überrannt, und ein Aufstand brach aus. Die Menge stürmte das Gefängnis, Waffen wurden verteilt, die Polizei eröffnete das Feuer, und die Armee wurde mobilisiert, obwohl in der Nähe die Internationale Messe Poznań stattfand. Im Morgengrauen des 29. Juni, nach einem Tag voller Konfrontationen, rücken zwei Panzerdivisionen und zwei Infanteriedivisionen, unterstützt vom Korps für innere Sicherheit, in Poznań ein. Die Repressionen in der Stadt dauerten bis zum 30. Juni an. Ministerpräsident Józef Cyrankiewicz fasste die Situation im Lokalradio klar zusammen und zog ein Resümee mit den Worten: »Jeder Provokateur oder Verrückte, der seine Hand gegen die Volksregierung erhebt, kann sicher sein, dass diese Hand abgehackt wird.« Die Zahl der Opfer des Aufstandes wurde nie endgültig festgestellt. Allgemein wird sie auf 57-78 Tote und 500-600 Verletzte geschätzt. In den ersten beiden Tagen wurden 250 Personen verhaftet, davon 196 Arbeiter.

Die Auswirkungen dieser Unruhen waren in Polen und im Ausland beträchtlich.[8] In Warschau gab die Żerań-Belegschaft die Informationen weiter und »organisierte einen Austausch« mit Poznań und den Fabriken in Niederschlesien, Łódź und Krakau. Dann waren da noch die Werften in Danzig, Gdingen und Stettin. »Die Delegationen begannen, in unsere Werke zu kommen«, berichtete Goździk, »und wir schickten unsere in andere Fabriken. Es gab eine Reihe von Treffen.«[9] Eine Gegenmacht nahm Gestalt an.

Vor dem Hintergrund der Revolution im benachbarten Ungarn entwickelte sich die Mobilisierung zu einer politischen Krise. Mit der Partei wurden

8 So haben beispielsweise der Internationale Bund Freier Gewerkschaften (IBFG) und der Internationale Bund Christlicher Gewerkschaften (ICCTU) beim Generaldirektor der Internationalen Arbeitsorganisation (ILO) Beschwerde eingelegt, sie können unter <https://www.ilo.org/dyn/normlex/en/ f?p=1000:50002:0::NO::P50002_COMPLAINT_TEXT_ID,P50002_LANG_CODE:2898236> nachgelesen werden.

9 S. Anm. 8

Rechnungen beglichen, und die Opfer früherer Säuberungen wurden wieder eingegliedert, insbesondere Władysław Gomułka, der am 21. Oktober 1956 wieder in das Amt des Ersten Sekretärs eingesetzt wurde. Er verhandelte persönlich mit Nikita Chruschtschow, um die drohende Intervention der Roten Armee abzuwenden. Nach seiner triumphalen Rückkehr redete er am 24. Oktober vor 350.000 Menschen, die sich vor dem Kulturpalast in Warschau versammelt hatten, und wurde mit Ovationen bedacht. Er sprach von einem »Demokratisierungsprozess« und erklärte mit Blick auf die Proteste in Poznań, dass »die Ursachen für die tiefe Unzufriedenheit der Arbeiterklasse bei uns, in der Führung der Partei, in der Regierung zu suchen sind«; er sprach sich für eine »Verbesserung unseres Sozialismusmodells« aus. In seiner Rede wurde eines der Hauptmerkmale von Arbeiterrevolten unter einem Regime sowjetischen Typs deutlich, nämlich dass die Proteste, die mit grundlegenden wirtschaftlichen Forderungen begannen, sehr bald zu politischen Protesten mutierten, da es keine zwischengeschalteten Konsultationsmechanismen gab.

Die Krise erschütterte zwei Jahre lang die gesamte polnische Gesellschaft. Obwohl es der neuen Parteiführung gelang, die Wogen zu glätten, blieb die Krise in der Erinnerung der Polen ein Bezugspunkt, ein Ausgangspunkt für die Konzeption vieler Strategien der politischen Opposition gegen das kommunistische Regime. Sie fand auch auf internationaler Ebene Widerhall, insbesondere in der europäischen Arbeiterbewegung, sowohl auf politischer als auch auf gewerkschaftlicher Ebene.

Sie verlief klassisch: Der Dissens kam aus der gebildeten Facharbeiterklasse, einem der Juwelen des Aufbaus des Sozialismus. Sie stellten wirtschaftliche Forderungen, nämlich höhere Löhne und niedrigere Verbraucherpreise (die vom Staat festgesetzt wurden), und forderten ein Ende der Demütigungen, die sich aus den besonderen Arbeitsbedingungen und aus den im nationalen Wirtschaftsplan festgelegten Produktionsquoten ergaben. Die Gewerkschaften, die es gab – offizielle Gewerkschaften, die von der Partei und der Unternehmenshierarchie kontrolliert wurden – dienten keinem nützlichen Zweck. Im Gegenteil, sie erstickten jede Äußerung von Unzufriedenheit im Keim. Die Arbeitnehmer suchten nach anderen, unabhängigeren Wegen und wählten Streikkomitees oder Betriebsräte nach alten, aus der Vergangenheit stammenden Modellen. Als es schließlich zu den ersten Protesten kam, vor allem in Poznań, führte die Wut zu Radikalismus.

Die Arbeiter gingen auf die Straße, griffen die Sitze der Macht an und stellten sich den Ordnungskräften entgegen.

Die Bewegung des Oktober 1956 in Polen, die zweifellos weniger gewalttätig war als in Ungarn, wo die Proteste in Massakern endeten, wurde von der Partei genutzt. Gomułka profitierte von seinem Ansehen als Opfer der Stalinisten und vor allem davon, dass er erfolgreich mit der sowjetischen Führung verhandelt hatte, um eine Militärintervention nach Budapester Vorbild zu verhindern, und verfolgte zunächst den Weg der Demokratisierung. Er schlug ein dezentralisiertes »neues Wirtschaftsmodell« und die Institutionalisierung von Arbeiterräten vor, was mit dem Gesetz über die Arbeiterräte vom 19. November 1956 umgesetzt wurde. Neun Monate lang erlebte Polen eine Revolution, die von dem Wunsch der Arbeiter getragen wurde, ihr Schicksal selbst in die Hand zu nehmen. Damit ein Arbeiterrat zufriedenstellend funktionieren könne, so der Politikwissenschaftler André Babeau damals, müssten zwei Gleichgewichte gewährleistet sein, nämlich das äußere Gleichgewicht zwischen der Zentralverwaltung und dem Unternehmen und das innere Gleichgewicht zwischen dem Arbeiterrat und den anderen Behörden.[10] Es war ein Spiel für vier Akteure: den Unternehmensleiter, den Betriebsrat, die Gewerkschaft und die Partei. Die Unternehmensleiter ließen jedoch zu, dass sich die Räte in Verwaltungsfragen verzettelten, die Parteigremien sahen in den Betriebsräten »einen Feind auf der Abschussliste«, ebenso wie die Gewerkschaftsausschüsse, die die Gründung der Räte als Herausforderung für ihre eigene Autorität betrachteten. Der Traum der Befürworter der Arbeiterräte ging unweigerlich in den bürokratischen Hürden der Gegner unter, die es dem zentralen Parteiapparat ermöglichten, seine Autorität wieder zu behaupten. Ab Mai 1957 erlahmte die Mobilisierung der Arbeiterräte, die »gomulkistische Demokratie« wies ihnen nur noch eine begrenzte Rolle zu, und es kam zu einem spürbaren Niedergang. »Der Widerstand, auf den sie stoßen«, betonte André Babeau, »wiegt sehr schwer, aber vor allem – und das ist neu und schwerwiegender – betrifft die Gleichgültigkeit gegenüber der neuen Institution immer größere Teile der Arbeiterschaft, die von den ersten Monaten der Tätigkeit der Räte enttäuscht sind. Am Ende der Periode [April 1958] werden die Arbeiterräte von hohen Persönlichkeiten und einflussreichen Gruppen offen angegriffen.«

10 Vgl. Babeau (1960).

Gomułka »empfahl« daraufhin die Gründung einer »Konferenz der Arbeiterselbstverwaltung« (KSR), in der alle Beteiligten vertreten sein sollten. In Wirklichkeit reparierte die Partei ihren eigenen Apparat, erneuerte und verjüngte ihr Personal und übernahm dabei mittels der Gewerkschaften wieder die Kontrolle über die Räte. Ein neues Gesetz vom 20. Dezember 1958, das nach den Worten des Ersten Sekretärs »die Selbstverwaltung der Arbeitnehmer zum Hauptziel« machte, setzte in Wirklichkeit alles unter Verschluss und war eine Travestie der Arbeitnehmerdemokratie. Ein einziges Beispiel bringt die Situation auf den Punkt: Das Gesetz von 1956 gab den Betriebsräten Entscheidungsbefugnisse bei der Ernennung von Unternehmensleitern, während das Gesetz von 1958 sie auf ein *Anhörungsrecht* beschränkte.[11]

Diese Fesselung der Arbeitermilitanz ging einher mit einem geschickten Management der allgemeinen politischen Situation durch Gomułka, der aus seinem Image als Retter der Nation das Maximum herausholte. Er konnte andere Zugeständnisse – vor allem die Wiederherstellung der Autonomie der katholischen Kirche, die Wahl einer kleinen katholischen Gruppe, der *Znak*, ins Parlament und die Begrenzung der Kollektivierung der Landwirtschaft auf einige große Staatsbetriebe (PGR) – mit gezielten repressiven Maßnahmen kombinieren. Das Verbot von Streiks und die Einstellung des Erscheinens der Zeitschrift *Po Prostu*, des Sprachrohrs der intellektuellen Dissidentenbewegung, symbolisierten 1959 diesen Ansatz, gefolgt von Angriffen auf »Revisionisten«, die später von den Universitäten ausgeschlossen wurden, und auf »anarchistische Tendenzen von Unruhestiftern«, insbesondere unter den Studenten. Intellektuelle wurden zu langen Haftstrafen verurteilt, wie z. B. Jacek Kuroń und Karol Modzelewski, die es gewagt hatten, einen »offenen Brief« an die Partei zu schreiben. Die Allmacht der Partei wurde wiederhergestellt, ebenso wie eine Staatsverwaltung, die von kooptierten Beauftragten (der *Nomenklatura*) geleitet wurde.[12]

Das Vermächtnis der Tage des Oktobers 1956 und der darauf folgenden Enttäuschungen war nicht nur schlecht. Sie hinterließen auch eine Fülle von Erfahrungen für Männer und Frauen, die in den darauffolgenden Jahren eine Schlüsselrolle spielen sollten. Diese Menschen machten sich Gedanken über das Wesen der sozialistischen Demokratie, über Formen der Unternehmensführung, über politischen Pluralismus und das Funktionieren eines

11 Vgl. Babeau (1960), S. 241 ff.
12 Vgl. Lowit (1979).

sozialistischen Regimes und Staates sowie über Freiheit und Menschenrechte. Einige von ihnen trafen sich in kleinen, exklusiven Zirkeln und veröffentlichten mehr oder weniger heimlich Broschüren, andere fanden oder erkannten sich durch ihr Engagement in Zeitschriften, die von polnischen Emigranten herausgegeben wurden, wie *Kultura* (Maisons-Laffitte, Paris) und in späteren Jahren *Aneks* (Aneks Publishers, London).

In der Gesamtbetrachtung ist der große Einfluss zu erwähnen, den diese Bewegung im Sowjetblock und im Westen ausübte. Zusammen mit dem Aufstand in Budapest im Oktober und November 1956, der sich ebenfalls auf Arbeiterräte stützte, aber von der Roten Armee blutig niedergeschlagen wurde, hatte dies ideologische Folgen, die bis in die westliche kommunistische Bewegung hineinreichten.[13] Zum ersten Mal in diesem Ausmaß stellten diese beiden Bewegungen die Hegemonie der kommunistischen Parteien in Frage. Sie entwarfen alternative Versionen des Sozialismus auf der Grundlage von Demokratie und Pluralismus, Ideen, die die Diskussionen in den westlichen Linksparteien in den 1960er und 1970er Jahren anheizten.[14] Es dauerte jedoch etwa 20 Jahre, bis andere Oppositionsstrategien und politische Unterscheidungen zur Reife gelangten.

In erster Linie wurde der von Gomułka befürwortete »polnische Weg zum Sozialismus« gefestigt, allerdings nicht ohne nationalistische Untertöne zu entwickeln, die an einige unheilvolle alte Traditionen erinnerten. An dieser Stelle sei auf die antisemitischen Argumente während der »Säuberung« des stalinistischen Apparats im Jahr 1956 verwiesen. Zwar gab es während der Proteste in Poznań keine antisemitischen Aktionen oder Parolen, doch wurde die »Judenfrage« von den gegnerischen Fraktionen innerhalb des Regimes häufig angesprochen. »Berichte der Geheimpolizei«, so ein Historiker, »belegen eine Zunahme antisemitischer Äußerungen in den Monaten April und Mai, wobei die Juden für die Fehler und Exzesse des Stalinismus verantwortlich gemacht wurden«[15], und Jakub Berman, Chef der Sicherheitspolizei, in die Schusslinie geriet.

---

13   Vgl. die Überlegungen zahlreicher Zeitzeugen, die 40 Jahre später zusammengetragen wurden (ACCE 1997).

14   Vgl. Potel (2021).

15   Kichelewski (2018), S. 145.

Weitere Zäsuren

Im Großen und Ganzen behielt Gomułka, der die Arbeiterräte ausgeweidet hatte, lange Zeit seine Aura. »Während der gesamten 1960er Jahre«, so die Analyse von Krzysztof Pomian, »schwiegen die Arbeiter; der Apparat blieb der unangefochtene Herr der Fabriken, in denen der Platz für Umkleideräume und Kantinen reduziert wurde, um Platz für Produktions- und Lagerräume zu schaffen, die Arbeitszeiten verlängert wurden, die Zahl der Unfälle zunahm, die Löhne niedrig blieben und die Aufstiegsmöglichkeiten sehr gering waren. Weder die sporadischen Proteste der Intellektuellen, die ohnehin nichts mit den Bedingungen der Arbeitnehmer zu tun hatten, noch die Studentenrevolte von 1968 änderten etwas an der Wirtschafts- und Sozialpolitik, die vom Gebot der Produktivität um jeden Preis bestimmt wurde.«[16] Die letzten Jahre von Gomułkas Herrschaft waren jedoch keine guten Zeiten für den Binnenkonsum. Die Fleischknappheit löste 1965 und 1967 mehrere Paniken aus. Am Ende des Jahrzehnts setzte »eine fast ständige kollektive Verunsicherung ein, die in erster Linie mit der Verknappung von Lebensmitteln und dem Anstieg der Lebensmittelpreise zusammenhing«[17], die einen Rekordwert von 112 % erreichten! Es ist daher nicht verwunderlich, dass die 1970er Jahre besonders turbulent waren.

Das alles begann im März 1968 mit den Revolten an den Universitäten. Die Studenten, die sich auflehnten, waren junge Menschen, die nach dem Zweiten Weltkrieg geboren worden waren, viele von ihnen Söhne und Töchter derer, die nach der Niederschlagung des Aufstands im Oktober 1956 die Hoffnung verloren hatten. Im Januar 1968 protestierten sie in Warschau gegen das vom Regime – und seinen Polizisten – verhängte Verbot der Aufführung eines Klassikers des polnischen romantischen Dramas, *Ahnenabend* (*Dziady*) von Adam Mickiewicz. Als Vorwand für die Zensur diente der übermäßige Beifall während einiger Passagen eines berühmten antizaristischen Monologs, der als Feindseligkeit gegenüber der Sowjetunion hätte interpretiert werden können. Am letzten Abend marschierten die Zuschauer, hauptsächlich Studenten und Dozenten, zusammen mit Schauspielschülern, zur Mickiewicz-Statue. Die Polizei griff ein, schwang Schlagstöcke und nahm Verhaftungen vor. Den Demonstranten wurde mit dem Ausschluss von der

16   Pomian K. (1982), S. 127-128.
17   Zaremba (2007), S. 203.

Universität gedroht. Alle waren schockiert, denn das Ausmaß der Brutalität war völlig unerwartet.

Adam Michnik und ein weiterer Student wurden am 4. März von der Universität ausgeschlossen und am 6. März verhaftet. Am 8. März ging eine große Versammlung von Studenten und Dozenten auf dem Universitätshof schief. Erneut griff die Polizei ein, und die Bewegung weitete sich auf die meisten Universitäten und Hochschulen in Warschau und dann in ganz Polen aus. Dies war ein Novum. Die Forderungen hatten eine politische Tragweite: Freilassung und Wiedereinstellung der verhafteten Demonstranten und Demokratie. Die Demonstranten bezogen sich auf den »Prager Frühling« in der benachbarten Tschechoslowakei, der damals in voller Blüte stand. »Polen wartet auf seinen Dubček« war auf den Straßen zu hören. Innerhalb von weniger als drei Wochen wurde die Bewegung zerschlagen, und 1.400 Studenten wurden bei Demonstrationen festgenommen und zum Verhör inhaftiert; die »Rädelsführer«, darunter Jacek Kuroń und Karol Modzelewski, wurden zu mehrjährigen Haftstrafen verurteilt. Insgesamt 1.616 Studenten wurden der Universität verwiesen und alle Delegierten der »Studentenausschüsse« verhaftet.

Dies entfremdete einen Teil der polnischen Intellektuellen vom Regime. Seit Oktober 1956 hatten die führenden Köpfe der polnischen Intelligenz – Philosophen, Schriftsteller, Historiker, Künstler, Filmemacher usw. – in einer Art *de facto* friedlicher Koexistenz Abstand gehalten. Nicht, dass niemand aus der Reihe getanzt wäre – 1964 gab es den »Brief der 34«, der gegen die Verschärfung der Zensur protestierte –, aber solche Entgleisungen wurden von den Behörden toleriert, solange sie sich an ein begrenztes Publikum oder an akademische Einrichtungen richteten. Es kam sogar zu einer regelrechten Blüte der »neuen Wellen« in den Kunst- und Geisteswissenschaften. Die Relegation von Studenten, die sich über die Regeln hinwegsetzten, die dem Universitätssystem seit 1956 eine relative Unabhängigkeit gewährt hatten, machte diese stillschweigende Vereinbarung zunichte. Vor 400 Mitgliedern des Schriftstellerverbands fasste der Schriftsteller Jerzy Andrzejewski, Autor von *Asche und Diamanten*, die allgemeine Reaktion zusammen und erklärte, wie unerträglich die Situation seiner Meinung nach geworden sei: »Die Gegenwart ist verzerrt, die Vergangenheit ist verfälscht. Wir befinden uns in einer Situation, in der wir polnischen Schriftsteller mit aller Kraft und Entschlossenheit Alarm schlagen müssen, denn die Existenz der polnischen Kultur und des polnischen Schaffens ist bedroht. Wohin gehen wir?«

Der Bruch in den Beziehungen zu den Intellektuellen war tiefgreifend. Er betraf nicht nur die Altkommunisten. Die Gruppe der katholischen Abgeordneten, die nach 1956 im Sejm sitzen durften, distanzierte sich ebenso von der Repressionspolitik wie die Redaktion der liberalen katholischen Wochenzeitung *Tygodnik Powszechny* in Krakau, deren Seiten regelmäßig zensiert wurden. Am 21. März 1968 erklärten 50 Bischöfe in einem Brief an den Staatschef, dass sie »die Empörung unserer jungen Studenten über die Unredlichkeit der offiziellen Informationen nur zu gut verstehen«.

Darüber hinaus war seit Juni 1967 eine antisemitische Kampagne in vollem Gange. Sie war unter dem Deckmantel des Antizionismus nach dem Sechstagekrieg gestartet worden, obwohl die öffentliche Meinung in Polen Israel gegen die mit der UdSSR verbündeten arabischen Staaten zu unterstützen schien. Der Innenminister, General Mieczysław Moczar, der die führende Figur einer Gruppe nationalistischer Kommunisten innerhalb der Partei war, plante, Gomułka zu stürzen. Dieser versuchte, Moczar zu übertrumpfen, indem er die alten nationalistischen Mantras wiederholte und die traditionellen Sündenböcke angriff. Am 19. Juni 1967 sagte er in einer berüchtigten Rede vor den Gewerkschaften: »Ein Pole kann nur ein Mutterland haben, nämlich Volkspolen«, und verurteilte »diejenigen, die der israelischen Aggression applaudierten«, und warnte sie. »Wir wollen nicht, dass in unserem Land eine fünfte Kolonne entsteht«. Ab dem Sommer 1967 begannen die Säuberungen in der polnischen Verwaltung, insbesondere im Verteidigungsministerium. Indem sie die polnischen Juden 25 Jahre nach dem Holocaust und der Ermordung von 95 % der jüdischen Gemeinde Polens als Ausländer einstuften, forderten die Parteiführer diejenigen, die in Polen geblieben waren, um den Sozialismus aufzubauen, auf, »ihr Vaterland zu wählen«.

Am 19. März 1968, nach den Studentendemonstrationen und dem Treffen des Schriftstellerverbands, nahm Gomułka gezielt und unverhüllt Intellektuelle und Studenten ins Visier. In einer Rede vor Parteifunktionären, die live im Radio übertragen wurde, forderte er die »Zionisten« unmissverständlich auf, das Land früher oder später zu verlassen, und erklärte, dass die »Kosmopoliten« Berufe aufgeben sollten, »für die eine Bekräftigung der nationalen Identität unerlässlich ist«. Im Saal hielten Aktivisten Plakate hoch, auf denen stand »Zionisten raus aus der Partei!« und »Zionisten zu Dayan!«. Eine Welle des antisemitischen Hasses durchzog das ganze Land, in der die Menschen alles Leid Polens den Juden zuschrieben. Die Kampagne wurde durch Versammlungen in den Fabriken, durch Demonstrationen und durch Presseberichte verbreitet, die allesamt dem alten Volksantisemitismus Vorschub leisteten. Auf diese Weise wurde ein Klima der Angst geschaffen und die Unterdrückung der Studentenbewegung verschärft. Am 23. März wurden 3.000 Studenten, die das Warschauer Polytechnikum besetzt hielten, von der Miliz mit Waffengewalt vertrieben.

Die Behörden verschärften die Abrechnungen. Lehrstühle wurden gestrichen, Fakultäten wie die für Soziologie, Philosophie, Wirtschaftswissenschaften und Psychologie wurden geschlossen und Studenten des Landes verwiesen. Es wurde eine Hexenjagd auf Juden veranstaltet. Das polnische Innenministerium stellte Vorladungen an sie aus, bezeichnete sie als Juden, obwohl einige von ihnen die Religion ihrer Vorfahren nicht kannten, entzog ihnen die polnische Staatsbürgerschaft und stellte ihnen ein »Reisedokument« aus – eine einfache Fahrkarte nach Israel. Innerhalb weniger Monate wurden auf diese Weise etwa 15.000 Menschen aufgespürt und deportiert.[18] Es war eine äußerst traumatische Erfahrung. Diese herzlos behandelten Deportierten wurden nicht nur von ihren Familien und Freunden getrennt, sondern fühlten sich auch zutiefst gedemütigt. Sie ließen eine Kultur und ein Land zurück, das sie als ihr eigenes betrachteten. Es war ein Verlust. Der Bruch zwischen Polen und seinen jüdischen Mitbürgern war äußerst schmerzhaft, sowohl für die Vertriebenen als auch für ihre polnischen Freunde, Juden und Nichtjuden, die von dieser Manifestation des Antisemitismus schockiert waren.[19]

Diese Angriffe der Behörden erzielten jedoch nicht die gewünschte Wirkung. Im Gegenteil, sie trugen dazu bei, dass eine neue Generation intellektueller Dissidenten entstand, die sich für demokratische Rechte einsetzten, während die polnische Gesellschaft immer unduldsamer gegenüber den ihr aufgezwungenen Lebensbedingungen wurde und die Arbeiter in den großen Fabriken, die der ganze Stolz des sozialistischen Systems waren, begannen, Erinnerungen der kommunistischen Behörden wach zu rufen.

---

18 Von den schätzungsweise 240.000 jüdischen Überlebenden, die im Juni 1946 in Polen lebten, waren viele bereits zwischen 1946 und 1961 emigriert, und 1967 waren nur noch etwa 25.000 übrig, vgl. Kichelewski (2018), S. 405.

19 Vgl. Tuszynska (2018) und Potel (2018).

Eine soziale Revolte

Als Gomułka am 13. Dezember 1970 in einer Fernsehansprache Preiserhöhungen für Lebensmittel ankündigte, kam es zu einer Revolte unter Zehntausenden von Werftarbeitern an der Ostseeküste in Gdańsk und Gdynia sowie in Stettin. Sie forderten Erklärungen und versuchten, mit der Partei zu verhandeln. In Gdańsk wurden sie von einem Mitglied des Politbüros, Stanisław Kociołek, der auch stellvertretender Ministerpräsident und Erster Sekretär der örtlichen Parteizelle war, als »antisozialistische Elemente« bezeichnet. Sie reagierten mit Streiks und Demonstrationen, setzten Partei- und Gewerkschaftsgebäude in Brand und gerieten bis zum Abend mit der Miliz (Polizei) aneinander. Am nächsten Tag weitete sich der Streik auf Gdynia aus, in den Werkstätten wurden Ausschüsse gewählt, und es wurde beschlossen, die Werften zu besetzen. Die Reaktion der Behörden war drastisch und verriet ein hohes Maß an Panik.

Am Mittwoch, den 16. Dezember erreichte die von Gomułka geschickte Armee Danzig. Panzer und gepanzerte Lastwagen bezogen um 4 Uhr morgens rund um die Werften Stellung und standen den Streikenden in einer angespannten Patt-Situation gegenüber. Als die Arbeiter erneut demonstrieren wollten, eröffnete die Miliz blitzschnell das Feuer, tötete zwei Menschen und verletzte elf. Die Bewegung breitete sich auf die Docks und alle Industrieanlagen aus. In Gdynia gelang es der Belegschaft, eine Versammlung abzuhalten, um die Freilassung der verhafteten Arbeiter zu fordern, als die Militärlastwagen an der Werft in Stellung gingen. Am späten Nachmittag kündigten die Behörden der Schiffbauindustrie eine Aussperrung der Werftarbeiter an. Nur die Streikenden der Lenin-Werft in Gdańsk weigerten sich, trotz der militärischen Drohung nach Hause zu gehen. Und im Abendfernsehen schlug Kociołek, nachdem er der Miliz und der Armee für ihren »gewissenhaften Dienst« gedankt hatte, einen beruhigenden Ton an. Er forderte die Arbeiter auf, an die Arbeit zurückzukehren; morgen früh, so betonte er, »werden alle Voraussetzungen dafür gegeben sein«.

Am folgenden Tag – Donnerstag, dem 17. Dezember – wurden die Arbeiter der Werft der Pariser Kommune in Gdynia, die dem Aufruf von Kociołek folgten, um 6 Uhr morgens von ... Schüssen empfangen! Die Werft war von Soldaten und Polizisten umstellt, es war stockdunkel. Zwei Züge, die jeweils von Hubschraubern überwacht wurden, trafen gleichzeitig am Bahnhof der

Werft ein, Tausende von Arbeitern stiegen aus. Sie überquerten gerade die Fußgängerbrücke über die Bahngleise, als die Ordnungskräfte das Feuer auf die Menge eröffneten. Panik! Die Menschen rannten die Gleise entlang und schrien »Gestapo! Gestapo!« Eine Gruppe von etwa 2.000 Menschen, die die auf einer Tür aufgebahrte Leiche eines jungen Arbeiters hochhielt, ging in Richtung Stadtzentrum. Andere kämpften um die Fußgängerbrücke, und die Kämpfe dauerten bis zum frühen Nachmittag an. Mehrere offizielle Gebäude wurden geplündert und niedergebrannt, bis um 17 Uhr eine Ausgangssperre verhängt wurde. Der Sekretär der Partei in Danzig schätzte die Zahl der Toten in diesen Tagen auf 36, die Zahl der Verwundeten auf 1.200 und die Zahl der Verhaftungen auf 2.300, darunter vor allem Arbeiter, aber auch 32 Parteimitglieder, und dass der materielle Schaden erheblich war, braucht nicht extra erwähnt werden.[20]

Angesichts von so viel Gewalt und Zynismus blieb den Streikenden nichts anderes übrig, als zur Arbeit zurückzukehren, während sich der Aufstand auf Betriebe in Kattowitz, Krakau und, näher an der Quelle, Elbląg ausbreitete. In Stettin nahmen die örtlichen Behörden Verhandlungen mit der Belegschaft der Warski-Werft auf.[21] Die Krise endete mit einer dramatischen Wendung der Ereignisse. Am Samstag, dem 19. Dezember, wurde Gomułka in Warschau nach einer siebenstündigen Sitzung des Politbüros unter Ausschluss der Öffentlichkeit entlassen. Edward Gierek, der neue Erste Sekretär, ernannte ein neues Team.[22] Im Februar 1971 hob er schließlich die Preiserhöhungen auf, allerdings nicht bevor weitere Streiks in Łódź stattgefunden hatten. Er versprach, den Arbeitnehmern besser zuzuhören, ein Versprechen, das er bald vergaß.

Mehr noch als die Manipulationen vom Oktober 1956 haben sich diese Ereignisse der frühen 1970er Jahre in das Gedächtnis der Arbeiter eingebrannt und eine dauerhafte Abneigung gegen das Regime geschürt. Das Trauma der

---

20 Vgl. meine Studie über diese Zeit, die eine detaillierte Chronologie und ausführliche Zeugenaussagen enthält, Potel (1982a).

21 Das stenografische Protokoll des faszinierenden Treffens zwischen Edward Gierek und den Werftarbeitern am 24. Januar 1971 unter dem Vorsitz von Edmund Bałuka, dem Vorsitzenden des Streikkomitees, ist in Broué (1972) ins Französische übersetzt.

22 Einer der Neulinge war General Wojciech Jaruzelski, der bis 1990 im Politbüro blieb.

Schießerei, das in dem Foto der Arbeiter, die den Leichnam eines jungen Opfers tragen, festgehalten ist, hatte die Verbindung zur Partei endgültig gelöst. Niemand konnte erklären, warum Kociołek in so grausamer Absicht gelogen hatte. Gleichzeitig war es für die junge Generation der nach dem Krieg geborenen Arbeiter eine außergewöhnliche Erfahrung von Kämpfen, Selbstorganisation und der Erstellung von Forderungskatalogen.

Eine eingehende Untersuchung dieser Forderungen, die 10 Jahre später von einem Team von Historikern und Aktivisten der Gewerkschaft Solidarność in Danzig durchgeführt wurde, ist sehr aufschlussreich, wenn wir versuchen, die Prozesse zu verstehen, die in den Tiefen der Erfahrung der Arbeiter am Werk waren. Ursprünglich diente diese Aufarbeitung der Vergangenheit dazu, die Errichtung eines Denkmals für die Opfer von 1970 vorzubereiten und das Vermächtnis des Streiks vom August 1980 wachzuhalten. Sie sammelten Zeugenaussagen und legten eine umfangreiche Dokumentation an, darunter 403 Forderungskataloge, die im Winter 1970/71 von den Belegschaften ganzer Betriebe oder Werkstätten in der Region erstellt worden waren. Sie stellten fest, dass bestimmte Forderungen immer wieder auftauchten. Roman Laba, ein amerikanischer Soziologe, der an der Studie beteiligt war, stellte fest, dass die Forderung nach freien Gewerkschaften, die in 61 % dieser 403 Kataloge auftauchte, eine Schlüsselrolle spielte und im Kontext eines leninistischen Staates das Entstehen eines politischen Bewusstseins demonstrierte.[23] Die Ziele gingen über die Probleme der Löhne und Arbeitsbedingungen in den Betrieben hinaus, erstreckten sich auf das Problem des leninistischen Staates und umfassten eine strukturelle Kritik an dessen Macht und Privilegien. Noch bedeutsamer war, dass die Forderungen nicht nur radikal gegen den Staat gerichtet waren, sondern auch einen substanziellen und demokratischen sozialen und politischen Kompromiss vorschlugen.[24] Das war die entscheidende Erfahrung vom Dezember 1970.

Die Wirtschaftspolitik von Gierek hatte jedoch ihre Grenzen. Im Jahr 1976 wurden erneut Preiserhöhungen für Lebensmittel von 30 % bis 100 % ins Auge gefasst, die 1970 blockiert worden waren. Unmittelbar am 25. Juni 1976 kam es in den Fabriken von Radom, Ursus und Płock, wie 1956 in Poznań und 1970 in Gdańsk, zu spontanen und verzweifelten Wutausbrüchen – Arbeitsniederlegungen, Straßendemonstrationen, Blockaden von Zügen und An-

23 Vgl. Laba (1986).
24 Er entwickelt diese These in Laba (1991).

griffen auf Parteigebäude. Die Behörden leisteten keinen frontalen Widerstand. Sie gaben innerhalb von 24 Stunden nach, zogen ihre Pläne zurück und entschieden sich dafür, gegen die »Krawallmacher« einzeln vorzugehen. Hunderte von Arbeitnehmern wurden verhaftet, verurteilt und entlassen, einige wurden von der Polizei gefoltert. Diesmal stießen die Behörden jedoch auf eine unerwartete Solidarität in der Gesellschaft und sahen sich mit Aktionen konfrontiert, die sich der Kontrolle der Partei entzogen. Während die Werftarbeiter, die 1970 auf die Unterstützung der Studenten des Polytechnikums gehofft hatten, mit Schweigen und verschlossenen Türen konfrontiert wurden, schlossen sich den Arbeitern in Radom und Ursus Gruppen junger Menschen und einige namhafte Anwälte an, die bereit waren, juristische, medizinische oder finanzielle Hilfe zu leisten, und die im ganzen Land eine Spendenaktion organisierten.

Schockiert von der Gewalt der polizeilichen Schläge und der Verhängung mehrjähriger Haftstrafen ohne ordentliche Verfahren hatten sie auf einen Aufruf von etwa 30 namhaften Intellektuellen aller Altersgruppen und Meinungsschattierungen reagiert, die im September 1976 ein Komitee zur Verteidigung der Arbeiter (KOR) gegründet hatten. In ihrem Aufruf heißt es insbesondere: »Die Opfer der gegenwärtigen Repressionen können nicht auf die Hilfe und den Schutz der Institutionen zählen, deren Aufgabe es ist, ihnen zu helfen und sie zu verteidigen, wie zum Beispiel die Gewerkschaften, deren Rolle erbärmlich ist. [...] Aus diesem Grund bilden die Unterzeichner dieses Appells ein Komitee zur Verteidigung der Arbeiter, das verschiedene Formen der Verteidigung und Hilfe initiieren wird. [...] Wir sind überzeugt, dass nur die öffentliche Darstellung der Handlungen der Behörden eine wirksame Verteidigung darstellen kann. [...] Die Repressionen gegen die Arbeiter stellen eine Verletzung grundlegender Menschenrechte dar, die sowohl vom internationalen Recht als auch vom polnischen Recht anerkannt werden: das Recht auf Arbeit, das Streikrecht, das Recht auf freie Meinungsäußerung und das Recht auf Teilnahme an Versammlungen und Demonstrationen. Aus diesem Grund fordert der Ausschuss eine Amnestie für die Verhafteten und Verurteilten sowie die Rückkehr aller Verfolgten an ihren Arbeitsplatz. Mit diesen Forderungen möchte der Ausschuss seine Solidarität mit der Entschließung der Bischofskonferenz vom 9. September 1976 zum Ausdruck bringen.« Durch die Rekrutierung von Tausenden von Freiwilligen im ganzen Land, durch die Bildung effektiver Gruppen mit den besten Anwälten, durch die Herausgabe eines Informationsbulletins, durch die Assoziierung mit den Protesten des Episkopats und durch die Mobilisierung ihrer Kontakte in anderen Teilen der Welt engagierten sich diese Intellektuellen persönlich und bildeten eine offene, sichtbare demokratische Opposition. Trotz Verhören – manchmal mit Gewalt – und einigen Verhaftungen setzten sie sich erfolgreich für die Rechte der Arbeitnehmer ein. Sie beriefen sich auch auf die internationalen Verpflichtungen Polens, das 1975 in Helsinki die Schlussakte der Konferenz über Sicherheit und Zusammenarbeit in Europa (KSZE) angenommen hatte, die in ihrem »dritten Korb« eine Verpflichtung zur Achtung der Menschenrechte und Grundfreiheiten enthielt.

Ein Jahr später veröffentlichte das KOR eine Erklärung, in der es eine Bilanz seiner Aktivitäten zog. Darin heißt es: »Alle Personen, die wegen ihrer Teilnahme an den Ereignissen vom 25. Juni 1976 verhaftet wurden, sind jetzt frei.« Die meisten der Entlassenen wurden wieder eingestellt, »wenn auch, mit wenigen Ausnahmen, unter schlechteren Bedingungen« und ohne Beibehaltung ihrer Betriebszugehörigkeit. Diese Feststellungen galten zwar eingeschränkt, waren aber ermutigend. Der Ausschuss setzte daher seine Tätigkeit fort und erweiterte gleichzeitig seine Ziele, da er davon überzeugt war, dass »die wirksamste Waffe gegen die Anwendung von Zwang durch die Machthaber die aktive Solidarität der Bürger ist. Denn die Hauptursache für die rechtswidrige Willkür der Behörden ist die Wehrlosigkeit einer Gesellschaft, die über keine vom Staat unabhängigen Institutionen verfügt, die in der Lage sind, die Rechte von Einzelpersonen und Gruppen entsprechend ihren Interessen zu schützen.«[25] In dieser Erklärung benannte sich das KOR in »Komitee für soziale Selbstverteidigung« um und weitete seine Initiativen weiter aus.

Im Jahr 1977 traten weitere Komitees in Erscheinung, wie die Bewegung zur Verteidigung der Menschen- und Bürgerrechte (ROPCIO) in Warschau und das Studentensolidaritätskomitee in Krakau, das nach der Ermordung eines Krakauer Studenten gegründet wurde. Es entstand ein breiteres Spektrum an Informationsbroschüren und Bulletins, in denen sich die unterschiedlichen politischen Strömungen widerspiegelten, die sich in der Folgezeit entwickelten. 1977 sah Aleksander Smolar in dieser Vielfalt eine Vorahnung der kommenden Auseinandersetzungen. Bis jetzt«, so schrieb

---

25   Die zitierten KOR-Kommuniqués sind in englischer Sprache in Lipski (1985) verfügbar.

er, »überwiegt das, was diese Organisationen verbindet, das, was sie trennt. Es gibt jedoch Grund zu der Annahme, dass diese Zeit bald zu Ende geht. In der Gewerkschaft ist die Vielfalt immer deutlicher spürbar, und dieser Prozess wird sich wahrscheinlich eher noch verstärken. Es gibt sicherlich einen deutlichen Unterschied zwischen den KOR-Leuten und denen von ROPCIO, auch wenn sich beide als unpolitisch und ökumenisch bezeichnen.« Er sah erstere als »den linken Flügel der Opposition« und letztere als »eher einer Tradition verhaftet, wobei polnisch katholisch bedeutet«[26]. Zu erwähnen sind auch andere zugelassene Organisationen und Vereinigungen, insbesondere die dem liberalen Flügel der Kirche nahestehenden Klubs der katholischen Intelligenz (KIK), die keine politischen Ambitionen hatten, sich aber ebenfalls an diesen Kämpfen beteiligten. In der Praxis herrschte trotz der Repressionen Einigkeit.

Jacek Kuroń zufolge war diese Kombination aus praktischer Solidarität und politischen Unterscheidungen Teil einer »völlig neuen« Opposition, die sich auf recht spektakuläre Weise entwickelte. »Es ist«, so schrieb er damals, »eine Gesellschaft, die sich unabhängig von der Staatsgewalt organisiert. In einem totalitären Regime, in dem die Gesellschaft ausschließlich in einem Staat organisiert ist, verändert die Art der Organisation, die wir aufbauen, die Gesamtsituation, indem sie die totalitäre Macht des Regimes einschränkt, weil wir für das, was wir unternehmen, weder seine Erlaubnis noch seine Genehmigung suchen. [...] Für die Zukunft denken wir an eine Gesellschaft außerhalb des Machtgefüges, d. h. an die Schaffung von Pluralismus ohne Autorisierung. Wir nennen das demokratische Selbstverwaltung.«[27]

Durch diese Bewegungen und Kämpfe verfestigte sich eine gegenseitige Solidarität, eine soziale Opposition gegen das Regime, die nicht Dissidenz, sondern demokratische Opposition genannt wurde – eine pluralistische und nachhaltige Bewegung. Sie breitete sich in allen Milieus aus, vor allem an den Universitäten und in den großen sozialistischen Fabriken, manchmal auch auf dem Land. Die Erzeugnisse einer unabhängigen Presse wurden offen im Lande verbreitet, insbesondere die von Jan Lityński und Henryk Wujec herausgegebene Zeitung *Robotnik (Der Arbeiter)*. In Danzig hatte eine kleine Gruppe von Arbeitern und Intellektuellen, deren wichtigste Vertreter Bogdan Borusewicz, Andrzej Gwiazda und Lech Wałęsa waren, ein Komitee für

26 Smolar (1978), S. 15.
27 Zitiert nach Smolar (1978), S. 17.

freie Gewerkschaften an der Küste gegründet, das sich ausdrücklich mit den Forderungen von 1970 verband und eine eigene Zeitung, *Robotnik Wybrzeża* (*Der Küstenarbeiter*), herausgab, die in den Fabriken der Küstengebiete verteilt und von einer neuen Generation von Arbeitern gelesen wurde; ähnliche Unternehmungen gab es in Kattowitz und Ursus. Die Existenz dieser Gruppen und Zeitungen, an denen Persönlichkeiten aus den Streiks von 1970 und 1976 beteiligt waren, veränderte die Bedingungen, unter denen die Arbeitskämpfe geführt wurden. Diese Komitees führten Arbeitskämpfe auf lokaler Ebene oder in einem bestimmten Unternehmen durch, genau wie jede Gewerkschaft in einem demokratischen Land.

Das Ziel bestand nicht darin, das Regime zu stürzen. Die von Adam Michnik als »neuer Evolutionismus«[28] und von der Soziologin Jadwiga Staniszkis als »selbstbegrenzende Revolution«[29] bezeichnete Strategie der Opposition zielte darauf ab, einen Gleichgewichtspunkt zwischen dem Einparteienstaat und der sich selbst organisierenden Zivilgesellschaft, zwischen »ihnen« und »uns« zu finden. Die Oppositionsbewegungen lehnten das revolutionäre »Alles oder Nichts« ab, das nur zu Konfrontation oder Resignation führen konnte, und versuchten, jeden verfügbaren Freiheitsspielraum zu nutzen, indem sie »die natürlichen Widersprüche des Systems ausnutzten«, um einen Ausdruck des Philosophen Leszek Kołakowski zu gebrauchen.[30] Es war ein pragmatischer Ansatz. In dieser Hinsicht markierte das Jahr 1976 einen Wendepunkt.

Zwar waren die explosionsartigen Arbeiterunruhen, wie schon 1970, vor allem Reaktionen auf die wirtschaftlichen Entscheidungen der Partei, doch die Solidarität, die sie in der Zivilgesellschaft fanden, schweißte ein beispielloses Bündnis zusammen, das im Sommer 1980 politische Wirkung zeigte. Dieses Bündnis konnte sich zudem ein äußeres Ereignis zunutze machen, das den polnischen Kontext auf den Kopf stellte, nämlich die Wahl des Kra-

---

28 Michnik (1978), S. 100.

29 Staniszkis (1984).

30 Kołakowski, eine der führenden Persönlichkeiten des Jahres 1956, wurde 1968 von der Warschauer Universität entlassen und ging ins Exil nach Oxford. Sein Buch *In Stalins Ländern: Thesen über Hoffnung und Verzweiflung* legt die philosophischen Grundlagen dieser Strategie dar. Eine englische Übersetzung ist unter <https://storage.osaarchivum.org/low/23/52/2352ec23-187b-40d7-972c-b2806a30a2e2_l.pdf> verfügbar.

kauer Erzbischofs Karol Wojtyła auf den Heiligen Stuhl. Sie weckte Stolz und ungeahnten Elan in einer Bevölkerung, die der Kirche noch immer sehr treu war, die ein Hort der Freiheit zu sein schien.[31] Die erste offizielle Pilgerreise des Papstes nach Polen im Juni 1979 war Anlass für große Versammlungen, für einen Ausdruck des Volksglaubens, der in einer Atmosphäre beeindruckender Ruhe stattfand. Das polnische Volk wurde sich seiner kollektiven Macht gegenüber einer geschwächten staatlichen Autorität bewusst. »Habt keine Angst«, lautete die wiederholte Botschaft von Johannes Paul II.

Die soziale Opposition und ihre Anhänger schlossen sich im Juli und August 1980 zu einer Reihe von Streiks zusammen, die mit Betriebsbesetzungen einhergingen; Auslöser waren erneut Preiserhöhungen, die als inakzeptabel angesehen wurden. Die Streikenden suchten weder die Konfrontation auf der Straße noch steckten sie Parteiräume in Brand, sondern versuchten zu verhandeln, indem sie ihre eigenen Vertretungsorgane, die Interfactory Strike Committees, bildeten. »Verbrennt nicht die Parteikomitees – bildet eure eigenen«, wiederholte Jacek Kuroń. Die Machthaber waren gezwungen, auf die Forderungskataloge einzugehen. An erster Stelle stand die Gründung einer von Partei und Staat unabhängigen Gewerkschaft.

Der Sieg vom August 1980

Am 1. Juli 1980 kündigte Edward Babiuch, Ministerpräsident einer hoch verschuldeten Regierung, eine neue Runde von Preiserhöhungen an, die sich bei frischem und verarbeitetem Fleisch auf 90 bis 100 % beliefen. Am folgenden Tag brach in ganz Polen eine Streikwelle aus: Ursus, Tczew und Huta-Warszawa, dann Świdnik, Poznań, Lublin, usw. Bis Ende Juli wurden in etwa 100 Betrieben Streiks ausgerufen, und bis zum 8. August waren es bereits 150, während Gierek an den Stränden der Krim Urlaub machte. In den meisten Fällen waren die Arbeiter gut organisiert; sie hatten ihre Lehren aus der Vergangenheit gezogen und suchten nicht die Konfrontation mit den Ordnungskräften. Sie besetzten ihre Betriebe und legten konkrete Forderungen auf den Tisch, insbesondere Lohnerhöhungen. In Lublin, wo praktisch ein Generalstreik stattfand, verhandelten sie über die Betriebsräte und erzielten ein zufriedenstellendes Ergebnis. In den meisten Fällen dauerten die Bewegungen nur wenige Tage. Überall gaben die Betriebsleiter nach, so auch auf der Lenin-Werft in Danzig, wo es Ende Juli zu zwei Arbeitsniederlegungen kam.

31 Vgl. Michel (1988).

Und dann wurde am 14. August nach der offensichtlich politisch motivierten Entlassung von Anna Walentynowicz, einer Aktivistin für freie Gewerkschaften, die als Kranführerin auf der Lenin-Werft arbeitete, zu Streiks auf den Werften in Gdańsk und Gdynia aufgerufen. Die Beteiligung war außergewöhnlich hoch. Lech Wałęsa, ein Elektriker, der einige Monate zuvor wegen seiner unabhängigen Gewerkschaftsarbeit entlassen worden war, kehrte auf die Werft zurück und übernahm zusammen mit anderen Aktivisten der freien Gewerkschaft die Führung der Bewegung. Innerhalb von drei Tagen erklärte sich die Unternehmensleitung bereit, Anna Walentynowicz wieder einzustellen. Jahre später erinnerte sich ein Arbeiter an jenen Samstag, den 16. August: »Es ist fast 15.00 Uhr ... Plötzlich ertönt ein Knacken, gefolgt von Klopfgeräuschen, über die sich das Stimmengewirr erhebt, und dann ertönt Wałęsas Stimme: ›Wir haben eine Einigung erzielt, wir haben Unterschriften, die garantieren, dass unsere Forderungen erfüllt werden. Ich erkläre den Streik in der Danziger Werft für beendet ....‹ Wir gratulieren uns und umarmen uns gegenseitig. Wir können die Tränen nicht zurückhalten. Während wir die Ereignisse der letzten Stunden besprechen, machen wir uns auf den Weg in Richtung des dritten Tores. Wir sind in der Nähe des Tores und drängen uns in die wogende Menge, die versucht, sich einen Weg nach draußen zu bahnen. Doch das Tor scheint verschlossen zu sein. Was ist denn los? – fragt man uns von allen Seiten. Und dann hören wir: Der Streik in der Werft ist zwar beendet, aber ein *Solidaritätsstreik* hat gerade begonnen. Es stellt sich heraus, dass Delegierte aus anderen, kleineren Betrieben, die nicht über die nötige Durchsetzungskraft verfügen, um ihre eigenen Forderungen durchzusetzen, die Werftleitung um Hilfe gebeten haben. «[32]

Noch in der Nacht wurde ein überbetriebliches Streikkomitee (MKS) gegründet, dessen Delegierte in mehr als 100 Betrieben gewählt wurden. Es verabschiedete 21 Forderungen, beginnend mit der Gründung einer von Partei und Staat unabhängigen Gewerkschaft, dem Streikrecht und der Freilassung der politischen Gefangenen. Die erste Forderung, die radikalste, wurde zur Voraussetzung für alle anderen. Die Delegierten kehrten zu den Prioritäten zurück, die bereits 1970 festgelegt worden waren. Bogdan Borusewicz, ein KOR-Aktivist und MKS-Berater, gab mehrfachfolgende Erläuterung dazu: »Die Forderungen wurden so formuliert, dass sie die takti-

---

[32] Zeugnis in englischer Sprache wie auch die folgenden zitierten mündlichen Äußerungen in Gluza (2000) wiedergegeben.

sche Form der Verhandlungen diktierten. Vom wichtigsten zum einfachsten Punkt – und so sollten sie angegangen werden. Selbst wenn der erste Punkt aus taktischen Gründen weggelassen und auf später verschoben wurde, so musste man doch zum Hauptpunkt zurückkehren. [...] Es war wichtig, den Sowjets keinen Vorwand für eine Intervention zu liefern, wie 1968 in der Tschechoslowakei.«[33] Von diesem Moment an wurden die Streiks in Danzig trotz des Schweigens der offiziellen Medien zu einem Bezugspunkt für ganz Polen. Die Behörden waren alarmiert. Einige der Gründer des KOR, wie Adam Michnik und Jacek Kuroń, wurden in Warschau sofort verhaftet. In der Zwischenzeit reisten Tadeusz Mazowiecki vom Klub der katholischen Intelligenz und Bronislaw Geremek, ein Professor für mittelalterliche Geschichte, mit einem von führenden Intellektuellen unterzeichneten Unterstützungsschreiben nach Danzig. Die Streikenden waren erfreut und baten sie, zu bleiben und innerhalb des MKS eine Expertengruppe zu bilden, die sie bei den bevorstehenden Verhandlungen mit der Partei unterstützen sollte. Im Ausland befürchteten die Kommentatoren eine sowjetische Militärintervention, wie sie ein Jahr zuvor in Afghanistan stattgefunden hatte. Gierek kehrte von seinem Strandurlaub auf der Krim zurück.

Tatsache ist, dass in Danzig die größte Sorge auf der Seite der Behörden lag. Laut Aussage des *Woiwoden* (Provinzgouverneur) »war die Realität ein Schock für die Behörden. Innerhalb von drei Tagen wurde praktisch ganz Danzig bestreikt, die ganze Provinz. Wir wussten, dass sich der Streik immer mehr organisierte, dass sich dieser organisierte Arbeiterprotest durch eine vorbildliche Ruhe und Zurückhaltung auszeichnet, die besonders in der Stadt zu beobachten ist. Mit Bedauern musste ich als Vertreter der Behörden zugeben, dass wir zweifellos die Kontrolle über die Provinz verloren hatten.« Für die Arbeiter hingegen war es ein unvergessliches Erlebnis.

Nach mehreren Ausweichmanövern des MKS und obwohl eine spezielle Zelle unter dem Kommando von Stanisław Kania heimlich die Armee und die Miliz mobilisierte mit dem Ziel, die Werft zu räumen, begannen die Verhandlungen. Der stellvertretende Ministerpräsident Mieczysław Jagielski reiste am 23. August nach Gdańsk. »Niemand sagte mir«, so erzählte er, »inwieweit ich befugt war. Ich hörte nur: ›Geh und löse diesen sozialen Konflikt. Und mach es schnell, denn die Situation ist sehr ernst.‹ [...] Ich erinnere mich an meine erste Ankunft, an feindselige Rufe, an das Schlagen auf die

33 *Gazeta Wyborcza*, 19.-20. August 2000

Seiten des Busses, in dem wir ankamen. [...] Ich spürte die Feindseligkeit. Es war entsetzlich. Ich war schwer herzkrank und musste die Behörden mit der gebotenen Würde vertreten.«

Die Diskussionen fanden öffentlich im Sitzungssaal des Ausschusses für Gesundheit und Sicherheit der Lenin-Werft statt, sichtbar und hörbar für alle, insbesondere für die anwesenden Vertreter der internationalen Presse. Der Radiodienst der Werft übertrug sie an die Bevölkerung der Stadt, die sich draußen am Zaun versammelt hatte; Tausende von Tonbandgeräten zeichneten die Beiträge der Redner auf, damit sie in den besetzten Fabriken wiedergegeben werden konnten. Das MKS vertrat zu diesem Zeitpunkt mehr als 600 Betriebe in der Region, und täglich kamen neue hinzu.[34]

Als sich der Streik schließlich auf das ganze Land ausweitete, insbesondere auf die schlesischen Kohlebergwerke, die Hauptstütze der polnischen Wirtschaft, gab die Partei nach. Die Führung war gespalten. Aus internen Diskussionen des Politbüros, die inzwischen öffentlich gemacht wurden, geht hervor, dass Gierek keinen anderen Ausweg mehr sah. Die militärische Intervention musste aufgegeben werden. Als ein anderer stellvertretender Ministerpräsident, der nach Stettin entsandt worden war, nach seiner Rückkehr verkündete, er habe ein Abkommen mit den Streikenden unterzeichnet, stimmten die meisten Mitglieder des Politbüros zu. Gierek selbst hatte einem Hardliner, der stets die Konfrontation bevorzugte, geantwortet: »Sie leben in einer Traumwelt; Sie ignorieren die Realität. Die Realität ist, dass in unserem Land heute 700.000 Menschen streiken.«[35] Am 31. August wurde in Danzig eine Vereinbarung unterzeichnet, die die Streikenden zufrieden stellte. Lech Wałęsa kommentierte das Ergebnis unmittelbar danach mit Worten, die um die Welt gingen: »Haben wir alles gewonnen, was wir uns erhofft und erträumt haben? [...] Ich will Ihnen ehrlich sagen, nicht alles, aber wir alle wissen, dass wir viel gewonnen haben. [...] Wir werden auch den Rest ge-

---

34 Ein ausführlicher Bericht über diese Tage, die ich aus erster Hand mitverfolgt habe, in Potel (2006), S. 184-218.

35 Die Unterlagen des Politbüros und des Zentralkomitees wurden in London von Zbigniev Włodek in *Aneks*, 1992, veröffentlicht, und die stenografischen Aufzeichnungen der Politbürositzung erschienen in der Tageszeitung *Rzeczpospolita* vom 26. und 27. August 1995. Sie werden hier zitiert aus *Solidarność, XX lat historii*, einem Buch, das im Jahr 2000 vom Komitee zum zwanzigsten Jahrestag in Warschau auf Polnisch veröffentlicht wurde.

winnen, denn wir haben das Wichtigste – unabhängige und selbstverwaltete Gewerkschaften. Das ist unsere Garantie für die Zukunft.«

Tatsächlich löste dieser Streik mehr als nur einen Gewerkschaftskonflikt aus; er leitete die endgültige Scheidung zwischen den polnischen Arbeitern und dem kommunistischen System ein. Es war ein wahrer friedlicher Volksaufstand. *Solidarność*, die Tageszeitung des MKS, stellte die offizielle Propaganda vom Kopf auf die Füße und schrieb am 28. August 1980: »Wir wollen, dass die Machthaber die authentische Stimme der Arbeiterklasse hören und nicht nur das Echo ihrer eigenen Worte.«[36] Das war ein einzigartiger und wegweisender Moment. Der Schriftsteller und Journalist Ryszard Kapuściński, der auf der Werft anwesend war, beschrieb den Mentalitätswandel so: »Die Belegschaft durchbrach das in den Ministerbüros und Salons der Elite vorherrschende Stereotyp des Arbeiters, der nicht argumentiert, sondern einfach den Plan umsetzt.

Wenn sie wollen, dass er spricht, dann nur, um sein Versprechen der Umsetzung zu erhalten. Den Arbeiter interessiert nur eines, nämlich wie viel er verdient. [...] Aber sehen Sie, wie an der Küste und dann im ganzen Land jenseits dieser aus Selbstzufriedenheit geborenen Schimäre das neue Gesicht dieser Generation von Arbeitern zum Vorschein kommt: nachdenklich, intelligent, sich ihres Platzes in der Gesellschaft bewusst und vor allem entschlossen, von der Tatsache zu profitieren, dass in der Ideologie des Systems gerade der Arbeiterklasse die führende Rolle zugewiesen wird.«[37] Die Erinnerung an diesen Moment brachte einen Mythos hervor, der lange Zeit die polnischen Arbeitskämpfe beleuchtete.

Unmittelbar nach der Unterzeichnung des Abkommens versuchten die Kommunisten, dessen Auswirkungen auf eine Frage der Führung zu beschränken. Sie entließen Edward Gierek, und Stanisław Kania wurde zum Ersten Sekretär ernannt. Sie hofften, die Bewegung in akzeptablen Grenzen zu halten und die sowjetische Führung, die Druck ausübte, zu besänftigen. Doch »im ganzen Land erwachte die Zivilgesellschaft, jeder fühlte sich verantwortlich, jeder wollte etwas tun. Kommissionen und Ausschüsse entstanden wie Pilze aus dem Boden, die nach unterschiedlichen Modellen und mit unterschiedlichen Aufgabenbereichen geschaffen wurden, was später zu

---

36 Die vollständige Sammlung dieser Nachrichtenblätter wurde auf Französisch in der Zeitschrift *l'Alternative*, 7, November-Dezember 1980 veröffentlicht.

37 *Kto tu wpuścił dziennikarzy*, Ed. Rosner i Wspólnicy, Warszawa 2005.

einigen Problemen führte. Diese Ausschüsse und Kommissionen, die sich sofort registrieren ließen, erkannten zwar die führende Rolle von Wałęsa und Gdańsk an, wollten aber völlig unabhängig sein und keine Befehle oder Anweisungen von ihnen entgegennehmen. Das ist die Besonderheit einer Bewegung, die von unten entsteht.«[38] Während die internationale Presse Alarm schlug und die Verärgerung Moskaus wiedergab, manövrierte Kania und schuf immer mehr rechtliche und administrative Hindernisse für die Anerkennung der neuen Gewerkschaft. Auf einer Sitzung am 17. September nahmen die Vertreter aller regionalen Gremien die nationale Satzung der Gewerkschaft an. Die förmliche Eintragung beim Warschauer Landesgericht erfolgte erst am 10. November 1980, nachdem ein Generalstreik angedroht worden war. Es wurde beschlossen, die neue Organisation *Niezależny Samorządny Związek Zawodowy »Solidarność«* (Unabhängige Selbstverwaltungsgewerkschaft Solidarität) zu nennen.[39] Mehr als zwei Monate lang hatten die Behörden versucht, die Satzung ändern zu lassen.

Für die Partei führte das Danziger Abkommen keineswegs zu einer Lösung der Situation, sondern zu einer Krise. Die polnische Gesellschaft hatte sich selbst außerhalb des Gesetzes gestellt. Die demokratische Opposition, die sicherlich nicht mit dem Entstehen einer so großen Bewegung gerechnet hatte, hatte – wie wir gesehen haben – eine Strategie entwickelt, die auf sozialer Autonomie und Kompromissen beruhte und aus den Lehren von 1956 und 1970 abgeleitet war. Es blieb die Aufgabe, die Grenzen des Erträglichen für das kommunistische Regime zu definieren, d. h. die Substanz eines tragfähigen Kompromisses.

Jacek Kuroń hat sich in einem viel beachteten Artikel, der am 23. November 1980 in der Zeitschrift *Robotnik* veröffentlicht wurde, eingehend mit diesem Thema befasst: »Eine große soziale Bewegung ist im Entstehen begriffen [...]«, schrieb er. »Es geht nicht nur um Gewerkschaften. Die Menschen, die durch die Politik der Behörden an den Rand gedrängt werden, nehmen ihr Schicksal selbst in die Hand. Nichts wird sie aufhalten. [...] Jetzt aufzuhören wäre ein Rezept für eine Katastrophe, da das zentrale Regierungssystem bereits zerstört ist und noch nichts an seine Stelle getreten ist. Auf der einen Seite haben wir also [...] Autonomie und Selbstverwaltung in verschiedenen Lebensbereichen. Auf der anderen Seite haben wir die Notwendigkeit, die

38   Kuroń (1993), S. 237 ff.
39   Der Name wurde von Karol Modzelewski vorgeschlagen.

so genannte führende Rolle der Partei zu bewahren, d. h. ihre Vorherrschaft über die zentrale Verwaltung, die Polizei und die Streitkräfte. Diese beiden Faktoren müssen miteinander in Einklang gebracht werden. Das müssen wir tun. *Wir müssen ein völlig neues Modell schaffen, das auf Kompromissen beruht.* Es ist eine Frage der Verhandlungen, um den Umfang der Innenpolitik des Staates zu bestimmen [...]. Diese Begrenzung der Macht der Kommunisten kann sie dazu veranlassen, sich alles zurückzuholen. In dieser Hinsicht müssen wir das Risiko eines Aufmarsches sowjetischer Panzer in Kauf nehmen. Aber da wir das nicht wollen, [...] dürfen wir die rote Linie nicht überschreiten, die im Sturz der kommunistischen Zentralgewalt besteht.«[40] Kuroń beendete seinen Artikel mit der Überzeugung: »Unsere Gesellschaft hat die Kraft, die Fähigkeit und das Potenzial, die unverzichtbaren Reformen zu organisieren und umzusetzen, ohne die rote Linie zu berühren, die von den sowjetischen Panzern bewacht wird.« Diese Überzeugung sollte jedoch durch den Verlauf der Ereignisse erschüttert werden.

Die Herausforderung der Selbstverwaltung

Die Vereinbarung vom 31. August enthielt in der Tat zwei widersprüchliche Forderungen. Einerseits sollten die neuen Gewerkschaften Aufsichtsorgane sein. Sie »werden die sozialen und materiellen Interessen der Arbeitnehmer verteidigen und haben nicht die Absicht, die Rolle einer politischen Partei zu spielen. [...] Sie wollen den Arbeitnehmern geeignete Mittel zur Kontrolle, zur Meinungsäußerung und zur Verteidigung ihrer Interessen sichern.« Andererseits wurden in der Vereinbarung Vorrechte festgelegt, die über diese bloße Kontrollfunktion hinausgingen: »Die neuen Gewerkschaften sollen echte Möglichkeiten haben, die wichtigsten Entscheidungen, die die Arbeitsbedingungen der Werktätigen bestimmen, öffentlich zu bewerten: die Grundsätze der Aufteilung des Volkseinkommens zwischen Konsum und Investitionen, die Zuweisung der Sozialfonds für verschiedene Zwecke (Gesundheit, Bildung, Kultur), die Grundprinzipien der Lohn- und Gehaltspolitik – insbesondere das Prinzip des automatischen Lebenshaltungskostenausgleichs zum Ausgleich der Inflation, die langfristigen Wirtschaftspläne, die Investitionspolitik und die Preisentwicklung. Die Regierung verpflichtet sich, die Bedingungen für die Ausübung dieser Funktionen zu gewährleis-

---

40 Kuroń (1993), S. 293-294.

ten.«[41] Unabhängigkeit und Kontrolle bedeuteten nach dem Verständnis der Gründer von Solidarność eine Aufgabenteilung mit der Regierung. Letztere sollte eine neue Wirtschaftspolitik verfolgen; die Gewerkschaft, die nicht an den Entscheidungen beteiligt war, sollte nicht haftbar gemacht werden – sie konnte lediglich wichtige Entscheidungen »öffentlich bewerten«. Was dies bedeutete, war nicht ganz klar.

In der Praxis zeigte sich schon nach wenigen Monaten, dass die Regierung das Abkommen nicht umsetzte. Sie führte keine systematischen Wirtschaftsreformen durch, und die Bedingungen für die Arbeitnehmer verschlechterten sich von Tag zu Tag. Die Gewerkschafter befanden sich in der Zwickmühle zwischen der wachsenden Unzufriedenheit der Bevölkerung und der Unfähigkeit – oder dem fehlenden Willen – des Regimes. In diesem Kontext musste eine Debatte über die Selbstverwaltung geführt werden, was keine leichte Aufgabe war. Das Zögern, sich auf eine solche Debatte einzulassen, war spürbar, denn die Arbeiter erinnerten sich noch sehr gut an das Schicksal der Arbeiterräte vom Oktober 1956. Das Gesetz über die Konferenzen der Arbeiterselbstverwaltung (KSR) von 1958 war immer noch in Kraft; es hatte die KSR zu bloßen Anhängseln der Partei gemacht, zu Transmissionsriemen, die den Regeln der Nomenklatura unterworfen waren. Seit 1978 wurde der Vorsitz dieser KSR von Amts wegen in jedem Unternehmen vom Sekretär der Partei ausgeübt. Es ist kein Wunder, dass Worte wie »Selbstverwaltung« und »Selbstregierung« einen hohlen Klang hatten.

Dies führte zu einem ausgeprägten Bewusstsein für das Ausmaß der sozialen Krise. Im Oktober und November betonten mehrere Stimmen – und zwar keine unbedeutenden – die Dringlichkeit, zu klären, was »Selbstverwaltung« bedeutet. Tadeusz Mazowiecki, leitender Berater der Gewerkschaft, erklärte im Oktober in Warschau: »Die Gewerkschaft sollte sich zu den allgemeinen Angelegenheiten des Landes äußern, wie zum Beispiel zum Plan und zur Verteilung des Ausgabenbudgets. Aber sie hat gerade erst begonnen zu arbeiten und muss sich auf diese Rolle vorbereiten.«[42] Die Suche ging in mehrere Richtungen. Einige Experten sahen die Institutionalisierung der

41 Der vollständige Text der Übereinkunft: Solidarity: A documentary history, in: *World Affairs* 145 (1). 1982, S. 11-19.
42 Aus einem Artikel, der in *Glos* erschien; eine französische Übersetzung des Artikels findet sich in *Le dossier de Solidarité*, a.a.O., S. 81. Mazowiecki, ein MKS-Experte, sollte 1989 als Kandidat der Solidarność Premierminister werden.

Aufsichtsfunktion vor und schlugen vor, Vertreter der Gewerkschaft in das Statistische Institut und in die Preiskommission aufzunehmen oder den Wirtschaftsplanungsprozess zu reformieren. Andere sprachen sich für die Wiedereinführung einer echten Selbstverwaltung aus. So forderte der Wirtschaftswissenschaftler Waldemar Kuczyński in einem Artikel vom Oktober 1980 »eine ernsthafte Entbürokratisierung der Wirtschaft und eine Verringerung des Einflusses der Bürokratie auf wirtschaftliche Entscheidungen [...] und eine Rückkehr zu der Idee der Arbeiterselbstverwaltung, die 1956 in unserem Land sehr lebendig war. Dazu wäre es jedoch notwendig, das Gesetz aufzuheben, das diese Idee ein Vierteljahrhundert lang in Lethargie versetzte, nämlich das KSR-Gesetz von 1958.«[43] In dem Artikel wurde jedoch nicht präzisiert, was diese Selbstverwaltung beinhalten sollte.

Als die Regierung zu Weihnachten 1980 beschloss, eine Fleischrationierung einzuführen, reagierte Solidarność mit der Organisation von Arbeiterkontrollen, die dem Ausmaß der Katastrophe nicht angemessen waren. Im März und April 1981 begann sich das Blatt dann zu wenden. Autonome Selbstverwaltungsausschüsse bildeten sich spontan in den Betrieben, als die industrielle und landwirtschaftliche Produktion auf ein gefährlich niedriges Niveau sank und der Binnenmarkt schrumpfte. Die allgemeine Einführung des Rationierungssystems ab dem 1. April brachte keine Verbesserung. Die Desorganisiertheit des Wirtschaftsapparats, das freie Spiel der Lobbys, die Konflikte zwischen Cliquen und die Korruption machten die Bezugsscheine wertlos. Die Gewerkschaft stand also vor einem Dilemma: Sollte sie sich aus den wirtschaftlichen Fragen heraushalten und die Vorwürfe der Bevölkerung und den Verlust ihres Wohlwollens riskieren, oder sollte sie Verantwortung übernehmen, wobei sie Mittel und Wege finden musste, um alle damit verbundenen Risiken zu vermeiden? Um dieses Dilemma zu lösen, musste eine Formel für die demokratische Verwaltung der Wirtschaft gefunden werden, die es den Arbeitnehmern ermöglichte, in Kenntnis der Sachlage ihren Standpunkt zu vertreten und Entscheidungen zu ändern. Da die Regierung im Dezember 1980 einen Gesetzesentwurf zur Selbstverwaltung vorlegte, war es umso dringlicher, dass sich die Gewerkschaften ernsthaft mit diesem Thema beschäftigten. Die Partei versuchte, die Solidarność an der Bewältigung der Katastrophe zu beteiligen, indem sie das Modell der alten, in Verruf geratenen KSR überarbeitete.

43 Kuczynski (1981), S. 65.

Dieses neue Bewusstsein spiegelte sich in zahlreichen Feldexperimenten und in der Gründung von gewerkschaftsinternen Think-Tanks wider.[44] Im Frühjahr 1981 wurde das erste derartige Forum gegründet. Auf Initiative von Aktivisten der Danziger Werft und des städtischen Verkehrsdienstes in Rzeszów wurde am 17. Mai ein Netzwerk der Großunternehmen gegründet. Es brachte Delegierte der größten Unternehmen des Landes zusammen – einen aus jeder Woiwodschaft, ausgewählt auf der Grundlage ihres Beitrags zur nationalen Produktion und der Größe ihrer gewerkschaftlich organisierten Belegschaft.[45] Diese Delegierten trafen sich ein- oder zweimal im Monat, manchmal in Anwesenheit von Lech Wałęsa, mit dem Ziel, wie es im Gründungskommuniqué hieß, »die Schaffung von Selbstverwaltungsausschüssen in den Betrieben anzuregen, die die Grundlage für alle Aktivitäten zur Reform der nationalen Wirtschaft bilden werden. Das Programm des Netzwerks sieht auch die Einführung eines Systems der sozialen Demokratie im Lande vor. Jeder seiner Vorschläge wird von 208.000 Aktivisten unterstützt, was das Netz zu einem echten sozialen Beratungsorgan innerhalb der Union macht. Die Mitgliedsunternehmen des Netzwerks könnten auch eine ähnliche Struktur in ihren jeweiligen Provinzen schaffen, Treffen mit Abgeordneten des polnischen Sejm und mit Mitgliedern des Nationalen Komitees der Gewerkschaft arrangieren und Reformvorschläge auf ihre Vereinbarkeit mit den sozialen Bedürfnissen der Arbeitnehmer prüfen, aber auch in Zeiten der Gefahr für die Region oder das ganze Land handeln.«[46]

Ein zweiter Think-Tank wurde im Juli 1981 in Verbindung mit dem Netzwerk auf der Grundlage der seit dem vorangegangenen Herbst in Łódź und Lublin gesammelten Erfahrungen mit der Arbeiterselbstverwaltung eingerichtet. Am 12. und 13. Juli fand in Lublin eine interregionale Konferenz der konstituierenden Selbstverwaltungsausschüsse, Betriebsräte, Regionaldirektionen und Betriebsräte von Solidarność statt, die sich mit dem Thema Arbeiterselbstverwaltung befasste. Die Konferenz beschloss die Einrichtung einer Arbeitsgruppe für die interregionale Zusammenarbeit der Betriebs-

---

44 Vgl. Potel (1982b) und Panné und Wallon (1986).

45 Dazu gehörten vor allem die Lenin-Werft in Danzig, die Warzki-Werft in Stettin, die Zeche Wujek in Kattowitz, das Cegielski-Werk in Posen und das Ursus-Werk in Warschau.

46 Die Aufzeichnungen aller Debatten sind in Panné und Wallon (1986) zu finden.

räte, der sogenannten Lubliner Gruppe.[47] Diese verpflichtete sich, ein nationales Treffen der Delegierten der Räte und die Bildung regionaler Koordinierungsstrukturen zu initiieren. Sie verabschiedete ein Programm für Sofortmaßnahmen. Sie unterstützte und verteilte die grundlegenden Dokumente des Netzes, verfolgte jedoch ein weitergehendes Ziel: »Wir sind der Meinung, dass die Selbstverwaltungsorgane, wenn für sie nicht bestimmte Bedingungen geschaffen werden, sie nicht in der Lage sein werden, in den kommenden Monaten die direkte Verantwortung für die Leitung der Unternehmen zu übernehmen.« Zu diesen von der Gruppe vorgeschlagenen Bedingungen gehörten die Verabschiedung eines entsprechenden Gesetzes durch den Sejm, die Bildung regionaler Koordinierungsstrukturen und die Einrichtung eines nationalen Informationszentrums.

Obwohl sie sich allem Anschein nach ergänzten, hatten das Netzwerk und die Lubliner Gruppe Schwierigkeiten zusammenzuarbeiten. Ihre unterschiedlichen Ursprünge und Erfahrungen schürten Divergenzen, die sie nach und nach in zwei rivalisierende politische Pole verwandelten. Dies war der Fall auf dem ersten Nationalkongress der Solidarność im Sommer 1981 und in den darauf folgenden Monaten. Sie stellten jedoch keine alternativen Blöcke dar. Die beiden Gruppen einigten sich zudem schnell auf die für die Kommunistische Partei inakzeptable Definition des sogenannten »Sozialen Unternehmens« als »Grundeinheit der Volkswirtschaft« und auf den grundlegenden Inhalt der vorgeschlagenen gesetzlichen Bestimmungen, die festlegen sollten, dass das Soziale Unternehmen »seine Angelegenheiten selbstständig verwaltet«, dass »die Mitglieder dieser Selbstverwaltungsorgane ihren Wählern (allen Arbeitnehmern) gegenüber rechenschaftspflichtig sind und nur von diesen entlassen werden können« und dass »die Selbstverwaltungsorgane über das Vermögen des Unternehmens verfügen, die allgemeinen Leitlinien für die Tätigkeit und die Entwicklung des Unternehmens festlegen und über die Verteilung der Gewinne entscheiden«. Die Annäherung in diesen Punkten ließ jedoch die Frage der Koordinierung der wirtschaftlichen Entscheidungen der verschiedenen Unternehmen unbeantwortet. Dies führte zu zahlreichen Kontroversen innerhalb der Gewerkschaftsbewegung hinsichtlich mehrerer Schlüsselfragen, nämlich über die Planung, den Markt

---

47 Die Delegierten dieser Konferenz kamen aus den folgenden Regionen: Lublin, Lódz, Katowice, Warschau, Poznań, Wrocław und Plock.

und die Autonomie eines Unternehmens, die Koordinierung der Aktivitäten der Betriebsräte und das politische System.

Es ist kaum möglich, hier im Detail auf diese Debatten einzugehen, die die politischen Bruchlinien widerspiegeln, die sich quer durch Polen und damit auch durch die Gewerkschaft zogen. Ich werde mich darauf beschränken, die beiden gegensätzlichen Positionen, die auf dem Kongress vertreten wurden, zusammenzufassen. Beide wollten die Selbstverwaltung der Unternehmen mit einer flexiblen Planung und einer demokratischen Formel für die Ausübung der politischen Macht verbinden.

Das Dokument des Netzwerks, das die Grundlage für das Programm bildete, über das der Kongress abstimmte, schlug eine erhebliche Vereinfachung der Verwaltungsprozesse vor: »Es ist notwendig, die Planung auf ein wesentliches Minimum zu reduzieren und den Rest den natürlichen Kontrollmechanismen zu überlassen.« Dieses Prinzip, das sich auch in den Vorschlägen der Lubliner Gruppe wiederfand, beruhte auf politischen Institutionen, die in direkten und proportionalen Wahlen gewählt werden sollten. Die Hälfte der Mitglieder jedes Woiwodschaftsrates würde auf territorialer Basis gewählt, die andere Hälfte wären Vertreter der Gemeinderäte, während der Sejm (die Nationalversammlung) aus Abgeordneten bestehen würde, die von Kandidaten gewählt werden, die frei kandidieren können und nicht auf einer einzigen von der PZPR kontrollierten Liste. Die wirtschaftlichen Verbindungen zwischen dem Sozialunternehmen oder der freien Unternehmensvereinigung und diesen politischen Strukturen würden nach einem vorläufigen Plan nur durch wirtschaftliche Transaktionen wie Besteuerung, Subventionen und verschiedene finanzielle Vorteile hergestellt.

Dieses Projekt lehnte sich, wie man sieht, stark an die Prinzipien der indikativen Planung in Westeuropa an, mit dem Unterschied, dass es sich auf soziale Unternehmen stützte, die von ihren produktiven Mitarbeitern verwaltet wurden. Es stellte eine Herausforderung an das politische Monopol der Kommunistischen Partei und ihrer Satelliten in Bezug auf die Vertretung bei Wahlen dar. Diese »Details« gingen über das einfache Problem der Wirtschaftsreform hinaus und betrafen die zentrale Frage der politischen Freiheit, nämlich freie Wahlen auf der Grundlage des allgemeinen Wahlrechts.

Die zweite Position, die insbesondere von den führenden Persönlichkeiten der Lubliner Gruppe vertreten wurde, befürwortete eine flexible Koordinierung der Selbstverwaltungsräte auf allen Ebenen – lokal, provinziell und national – in Verbindung mit einem Planungsprozess »von unten nach oben«. Dieser weniger institutionelle Ansatz beruhte auf der Kontrolle der Arbeitnehmer über ihre Produktion und den Vertrieb der Produkte sowie auf der direkten Abstimmung zwischen den Unternehmen. Die »Zehn Gebote für Betriebsräte«, die von der Lubliner Konferenz am 6. August 1981 aufgestellt wurden, waren kein Versuch, ein ideales Muster für ein System der Selbstverwaltung zu entwerfen. Sie definierten die spezifischen Bedingungen für die Entwicklung der Selbstverwaltung auf den drei genannten Ebenen und kamen zu folgendem Schluss: »Denkt daran, dass die Zusammenarbeit zwischen den Arbeiterräten, der Solidarność und allen authentischen Selbstverwaltungsorganen die Bedingung für die Schaffung einer zweiten Wirtschaftskammer (Kammer der Selbstverwaltung) im Sejm und in den Wojewodschaftsräten ist, die die Leitlinien für die sozioökonomische Entwicklung des Landes, seiner Provinzen und seiner Bevölkerung bestimmen wird.« Diese Kammer war als umsichtigere politische Lösung gedacht, da sie die führende Rolle der PZPR im Sejm nicht formal in Frage stellte und zudem die Selbstverwaltungsbewegung besser repräsentierte. Sie war bereits auf der ersten Sitzung des Netzwerks entworfen und dann von diesem im Juni 1981 in Poznań abgelehnt worden.

Und indem sie das Problem der Zusammenarbeit zwischen den selbstverwalteten Betrieben aufwarfen, fokussierten beide Konzeptionen auf die unvermeidliche strategische Frage nach dem Wesen der Zentralmacht. Eine Frage, die mit dem Monopol der Partei kollidierte, dem Hauptgegenstand des durch die Gdańsker Abkommen ausgelösten Konflikts. So nahm die scheinbar technische Diskussion über die Selbstverwaltung auf dem ersten nationalen Kongress der Gewerkschaft eine wirklich politische Dimension an. Dieser Kongress, der in zwei Sitzungen – im Juli und im Oktober – mit mehr als 700 Delegierten stattfand, wurde von einer »beeindruckenden politischen Welle getragen, die ebenso kraftvoll wie ruhig und gelassen war«[48], und erweckte den Anschein einer nationalen Versammlung, die demokratisch alle Schattierungen der politischen Meinung in der Gesellschaft widerspiegelte. Die Delegierten stimmten für oder gegen freie Wahlen zum

---

48 Dies war die Einschätzung einer Gruppe französischer und polnischer Soziologen, die von April bis November eine Feldstudie durchführten und eine der besten Studien über die Entwicklung von Solidarność erstellten, vgl. Touraine A. et al. (1982), S. 208.

Parlament und zu den Provinzversammlungen, sie richteten Appelle an die Arbeiter in Osteuropa, forderten die nationale Unabhängigkeit und debattierten natürlich auch über Wirtschaftsreformen und die Selbstverwaltung der Unternehmen. Im Sinne des von Kuroń erträumten »unerlaubten Pluralismus« konnten sich bei diesen Abstimmungen zwangsläufig alle Denkrichtungen frei äußern, persönliche Ambitionen verfolgt werden und gegensätzliche Interessen – zwischen Provinzen oder Industrien, Arbeitern und Intellektuellen usw. – sich herauskristallisieren.

Was die Wirtschaftsreformen betraf, so schlug beispielsweise der als liberal geltende Wirtschaftsprofessor Stefan Kurowski[49] wie schon 1956 die Befreiung des Marktes, die Massenprivatisierung der Industrie und die Abschaffung der staatlichen Planung vor. Er hatte die Unterstützung mehrerer Städte und kleiner nationalistischer Gruppen. Es gelang ihm jedoch nicht, die Politik des Warschauer Delegierten Ryszard Bugaj, einer der führenden Persönlichkeiten des Netzwerks, in Frage zu stellen. Bugaj, der für »soziales Eigentum« und eine »flexible« Verbindung zwischen Markt und staatlicher Planung eintrat, konnte eine große Mehrheit der Delegierten für sich gewinnen, nicht zuletzt durch den Vorschlag, dass die Regierung ein frühzeitiges Referendum über solche Reformen abhalten sollte – was sie jedoch ablehnte. Auf der zweiten Sitzung des Kongresses im Oktober weiteten sich die Gräben also aus und verlagerten sich in den rein politischen Bereich, d. h. der Kongress konzentrierte sich nun auf die Haltung gegenüber der Macht des Einparteienstaates. Die Radikalsten – die »Fundamentalisten« – wollten unverzüglich freie Wahlen fordern, ein Appell, der nicht ohne nationalistische Untertöne war, wie etwa der Verweis auf die »echten Polen«, während die Mehrheit des Kongresses, wenn auch gespalten, sich für einen pragmatischen Ansatz aussprach, der den Rahmen des Danziger Abkommens respektierte.[50] Doch selbst mit dem Wohlwollen der Kirche und von Papst Johannes Paul II. war das angestrebte Gleichgewicht zwischen Solidarność und der Partei immer schwieriger zu erreichen.

49   Aber er war auch ein Nationalist. Er gehörte zu den Gründungsmitgliedern der Konföderation für ein unabhängiges Polen (KPN) im Jahr 1979 und der Bewegung zur Verteidigung der Menschen- und Bürgerrechte (ROPCIO) und war lange Zeit Berater von Lech Wałęsa und später von Präsident Lech Kaczyński.

50   Einen ausführlichen Bericht über die Debatten auf diesem Kongress, an dem ich teilgenommen habe, habe ich in *L'Alternative*, 13, 1981, dessen Text in Potel (2006), S. 280–301 wiedergegeben ist. Vgl. auch das Buch von Bartosz Kaliski (2003).

Das unmögliche Gleichgewicht

Die beiden Lager hatten sich schnell verfestigt und entzweit. Die Partei verschärfte ihre Provokationen. In einem vertraulichen Bericht der mit der Vorbereitung der Wiederherstellung der Ordnung beauftragten Zelle, der im Januar 1981 verfasst und später veröffentlicht wurde, wird die von Stanisław Kania, der am 6. September 1980 zum Ersten Sekretär ernannt worden war, gewählte »beste Taktik« als »fragmentierte Konfrontation« bezeichnet: »Sie neutralisiert die antisozialistischen Kräfte und drängt sie in die Defensive. Der Zweck dieser Taktik besteht darin, eine perfekte Synchronisierung der politischen und propagandistischen Aktivitäten zu zeigen; sie muss auch die Präsentation einer Reihe von sozioökonomischen Lösungen beinhalten, während gleichzeitig repressive Maßnahmen gegen die Rädelsführer und Nervenzentren der antisozialistischen Gruppen ergriffen werden.« Diese Taktik der »fragmentierten Konfrontation« trägt erste Früchte«, heißt es in dem Bericht; sie »wird zweifellos dazu dienen, eine allgemeine Konfrontation zu vermeiden. Wir müssen jedoch berücksichtigen, dass jede unserer Aktionen eine Reaktion des Feindes hervorrufen kann und dass es zu lokalen, regionalen und sogar nationalen Spannungen und Auseinandersetzungen zwischen der Gesellschaft und den Behörden kommen kann.«[51] Und zu diesen Auseinandersetzungen kam es dann auch. Am 20. November 1980 wurde Jan Narożniak, der die Zeitung *Solidarność* in Warschau herausgab, verhaftet und nach einem mehrtägigen Streik wieder freigelassen; die Bauern waren verschiedenen Provokationen ausgesetzt; die Legalisierung der Studentengewerkschaft wurde zunächst verweigert, dann aber doch erteilt, und es kam zu zahlreichen kleineren lokalen Auseinandersetzungen. Der schwerwiegendste Vorfall ereignete sich jedoch am 19. März 1981 in Bydgoszcz. Bei einer Verhandlungssitzung in der Woiwodschaft verweigerten die Behörden den Vertretern der streikenden Bauern und den Solidarność-Aktivisten, die sie unterstützten, das Wort. Die Miliz stürmte den Sitzungssaal und führte die Gewerkschafter gewaltsam ab; unter den Angegriffenen befand sich auch der regionale Delegierte von Solidarność, Jan Rulewski. Die Behörden gaben an, dass er sich die Verletzungen selbst zugefügt hatte. Die Propagandamaschinerie wurde gegen die Gewerkschaft entfesselt. Die Krise spitzte sich so weit zu, dass sich das ganze Land auf einen Generalstreik vorbereitete,

---

51 Zitiert nach Gluza (2000).

während die Streitkräfte des Warschauer Paktes unweit der polnischen Ost-grenze ein großes Militärmanöver abhielten. In letzter Minute wurde eine Vereinbarung unterzeichnet.

Die Spannungen wurden durch eine allgemeine Erschöpfung der Gesell-schaft verstärkt, die von den Behörden gefördert, wenn nicht sogar herbeige-führt wurde. Die Menschen verbrachten immer mehr Zeit mit dem Versuch, die zunehmend unlösbaren Versorgungsprobleme zu lösen. Sabotage oder ganz einfach eine ungeordnete Verteilung führten zu einem unerträglichen Ausmaß an Elend. Ende 1980 wurde die Inflation durch die im August ge-währten Lohnerhöhungen angeheizt; die Geschäfte wurden immer leerer, und die Verbraucher begannen Vorräte anzulegen. Im Frühjahr 1980 erwies sich das schlecht organisierte Rationierungssystem mit Gutscheinen für Grundnahrungsmittel als sehr betrugsanfällig. In den ersten sechs Monaten des Jahres 1981 ging das Angebot an Lebensmitteln und Industrieerzeug-nissen um 10 % zurück. Im August griffen die Engpässe, die bei der Fleisch-versorgung üblich geworden waren, auf die meisten Grunderzeugnisse über, darunter Seife, Salz, Streichhölzer und Waschmittel. Es kam häufig vor, dass in einem Geschäft vorgelegte Bezugsscheine mangels Vorräten nicht einge-löst werden konnten, was den Schwarzmarkt und die familiären Unterstüt-zungsnetzwerke förderte. In dieser Hinsicht machte die Fleischproblematik das schlechte Funktionieren des Binnenmarktes deutlich. Einerseits waren die Landwirte immer weniger geneigt, an den Staat zu verkaufen, weil sie mit dem Geld, das sie dafür erhielten, nichts kaufen konnten, und andererseits mussten ihre Verwandten, die in den Städten lebten, feststellen, dass die Metzgereien leer waren, und ihre Rationsgutscheine waren nutzlos. Daher umging die Fleischversorgung die offiziellen Verteilungskanäle auf dem Weg zu den Bürgern. Es wurde im Rahmen der familiären Solidarität auf dem Wege des Tauschs gehandelt. Die ländlichen Erzeugnisse waren ungleich-mäßig verteilt, und die großen Industrieregionen und städtischen Zentren wie Schlesien, Lodz und Warschau waren am schlechtesten versorgt. Am 30. Juli versammelten sich in Lodz und anderen Städten Tausende von pro-testierenden Frauen, sowohl Arbeiterinnen als auch Hausfrauen, zu »Hun-germärschen«. Die erschöpfte Bevölkerung und Teile der Solidarność-Basis begannen, Anzeichen der Ermüdung zu zeigen. Innerhalb der Gewerkschaft führte dies zu erheblichen Spannungen zwischen Gemäßigten und Radika-len, insbesondere in der Frage der Selbstverwaltung.

Während der Verlust des Machtmonopols der Partei und die Verwandlung des Landes in einen großen demokratischen Scherbenhaufen die Grundlagen des Regimes untergruben, schlossen sich sehr viele Parteimitglieder der Solidarność an. Es wird angenommen, dass mindestens 20 % der Delegierten der Streikenden im August Mitglieder der PZPR waren. Mit der Verschärfung der Krise verhärteten sich die gegensätzlichen Haltungen im Politbüro, aber auch auf allen Ebenen der Parteistruktur. Die Hardliner stellten sich gegen die Gemäßigten aus den »horizontalen Strukturen«, die die lokalen Führer miteinander verbanden, und traten für eine Demokratisierung der Partei an der Basis ein. Auf der Plenartagung des Zentralkomitees am 29. April 1981 versuchten Arbeiterdelegationen, sich Gehör zu verschaffen, jedoch vergeblich. Ein im Juli abgehaltener außerordentlicher Parteitag scheiterte.

Kanias »fragmentierte Konfrontation« war im Sande verlaufen. Im Sommer 1981 hatte der Erste Sekretär immer noch die Integration und Absorption der sozialen Bewegung im Sinn, verbunden mit seiner Taktik der lokalen Provokationen und Zermürbung. Er wollte die Bewegung zu einer Art Kompromiss zwingen, indem er Solidarność und Vertreter der Kirche in eine »Nationale Front« einzubinden suchte, die Polen regieren sollte. Diese Perspektive wurde schließlich nach den Beschlüssen des Solidarność-Kongresses – oder unter mit ihm als Vorwand – aufgegeben, einschließlich des Aufrufs an die Arbeiter in anderen Ländern des Ostblocks.[52] Auf sowjetischer Seite wurde der Druck erhöht, um der Bewegung ein Ende zu bereiten. Und am 18. Oktober 1981 musste Kania zurücktreten. Die Führung der Partei ging auf General Wojciech Jaruzelski über. Dies bedeutete tatsächlich einen Politikwechsel.

Die Macht verlagerte sich in die intransparenten Kreise der Sicherheitspolizei und der Armee. Unter der Leitung eines Nationalen Verteidigungsrates (KOK)[53] unter dem Vorsitz von Jaruzelski wurden die letzten Schritte unternommen, um das rechtliche Arsenal und die militärische und polizeiliche Organisationsstruktur für die Verhängung des Kriegsrechts zu schaffen, die

---

52 Der Kongress nahm per Akklamation einen Appell mit folgendem Wortlaut an: »Wir unterstützen diejenigen von euch, die den schwierigen Weg des Kampfes für eine freie Gewerkschaftsbewegung eingeschlagen haben [...].« Für eine französische Übersetzung des Textes dieses Aufrufs vgl. Potel (2006), S. 285.

53 Ein ausgewählter Rat, der sich hauptsächlich aus Militäroffizieren zusammensetzt, darunter Ryszard Kukliński, ein CIA-Informant.

der neue Erste Sekretär seit vielen Monaten im Geheimen vorbereitet hatte. Nur eine kleine Gruppe von polnischen und sowjetischen Führern wusste von diesem Plan: Die einzige staatliche Institution, die an diesen Entwürfen beteiligt war und sie kommentieren konnte, war der KOK. »Mindestens ein Jahr lang wurden die Öffentlichkeit, der Sejm und sogar der Ministerrat – die höchste staatliche Behörde – nicht über die Vorbereitungen für das Kriegsrecht informiert«, schrieb Andrzej Paczkowski in seinem Bericht an den Sejm im Februar 1995.[54] Auch der Staatsrat wurde nicht informiert. Das Politbüro selbst und das Parteisekretariat als Institutionen wurden, soweit das anhand der vorliegenden Unterlagen überprüfbar ist, bei den Vorbereitungen zur Verhängung des Kriegsrechts außen vor gelassen. Lediglich die Mitglieder der dem KOK angehörenden Institutionen und die Inhaber von Schlüsselpositionen im Verteidigungs- und Innenministerium waren an diesen Vorbereitungen beteiligt. Im Gegensatz dazu wurden die wichtigsten Dokumente mindestens zweimal den Oberbefehlshabern der sowjetischen Streitkräfte und des KGB (Sicherheitspolizei und Nachrichtendienst) zur Stellungnahme vorgelegt. Die polizeilichen und militärischen Vorbereitungen – Listen der zu verhaftenden Personen, Liste der Internierungslager, Logistik usw. – waren am 26. Februar 1981 fertig. Die rechtlichen Vorbereitungen – Änderung der Verfassung, Gesetze, Rechtsakte usw. – wurden am 19. Juni abgeschlossen, nachdem die Entwürfe am 28. März von General Jaruzelski genehmigt worden waren. Bis Mitte September waren alle Gesetze und Rechtsakte ratifiziert worden. Ende August richtete der KGB in Polen sogar eine Druckerei ein, in der das polnische Regime seine eigene Propaganda veröffentlichen konnte.

Die Kirche, die mehrfach versuchte, zwischen Solidarność und der Partei zu vermitteln, predigte Mäßigung, aber ihr Einfluss auf die Gewerkschaft blieb begrenzt. Für viele war sie ein spirituelles Zentrum, die »Seele« dieser außergewöhnlichen Bewegung unter dem wohlwollenden und väterlichen Blick des Papstes in Rom, aber die Worte der Priester und des Episkopats wurden in der Tagespolitik kaum beachtet. Die Predigten von Pater Józef Tischner, die später in einem Band mit dem Titel *Etyka solidarności oraz*

---

54 Der Bericht von Andrzej Paczkowski über die Bedingungen und Mechanismen der Verhängung des Kriegsrechts findet sich auf Seite 6 der vollständigen Sammlung der vom Sejm veröffentlichten Berichte, vgl. Sejm (1997), mit einer Einleitung von Marian Zekiewicz.

Homo sovieticus (»Die Ethik der Solidarität und der Homo sovieticus«) zusammengefasst wurden,[55] sind ein Beispiel für den besonderen Stellenwert, den das Religiöse, ja sogar das Heilige in dieser Arbeiterbewegung hatte. »Die polnische Arbeit leidet«, sagte Tischner auf dem Solidarność-Kongress. »Deshalb sind wir hier versammelt. [...] Anstatt den Austausch zwischen den Menschen zu intensivieren, anstatt für die Menschen da zu sein, ist die Arbeit in Polen zu einem Ort der Meinungsverschiedenheiten, der Konflikte, ja des Verrats geworden. [...] Wir sind hier zusammengekommen, um dafür zu sorgen, dass die Arbeit wieder zu einem Ort der Übereinstimmung, der Harmonie und des Friedens wird.« Mit diesen Worten wandte er sich an etwa tausend Delegierte aus ganz Polen, die applaudierten, weil sie sich in diesen hehren Worten wiedererkannten. Das hinderte sie jedoch nicht daran, am nächsten Tag fast einstimmig den »Appell an die Arbeiter Osteuropas« anzunehmen, den Leonid Breschnew als »gefährlich und provokativ« bezeichnete.

Letztendlich war ein Kompromiss daher unmöglich. Um Karol Modzelewski zu zitieren: »Der Punkt des Gleichgewichts existierte nicht.«[56] Sobald die kommunistischen Führer begannen, alle vorgeschlagenen Abmachungen abzulehnen, machte die Dynamik in beiden Lagern eine Konfrontation praktisch unvermeidlich. Am frühen Morgen des Sonntags, 13. Dezember 1981, rief General Jaruzelski das Kriegsrecht aus. Die Funktionäre der Solidarność und der demokratischen Oppositionsgruppen, etwa 10.000 Aktivisten, wurden verhaftet und in 48 Internierungslagern festgehalten, die Räumlichkeiten der regionalen Organisationen wurden durchwühlt und ihre Gelder beschlagnahmt. Panzer bewachten strategische Straßenkreuzungen in Städten und Industriezentren. Kommunikationsmedien und Telefonleitungen wurden blockiert, und es wurde eine Ausgangssperre verhängt.

Ein Generalstreik, zu dem zahlreiche Arbeiter bei der Ankunft in ihren Betrieben aufgerufen hatten, wurde von den Streitkräften in einem Betrieb nach dem anderen niedergeschlagen. Als am 16. Dezember ein Einsatzkommando die streikende Zeche Wujek in der Nähe von Kattowitz angriff, wurden neun Bergleute erschossen und zahlreiche weitere verletzt. Konfrontationen dieser Art blieben jedoch selten. General Jaruzelski, der sowohl

---

55 Eine französische Übersetzung wurde 1983 veröffentlicht, vgl. Tischner (1983).
56 Aus einem Interview mit Modzelewski, das dem Nachdruck von Potel (2006) vorangestellt ist.

das Amt des Premierministers als auch das des Ersten Sekretärs der Partei innehatte, vermied blutige Repressionen wie im Jahr 1970. Er versuchte zunächst, den Widerstand zu bremsen und die Proteste zu zerstreuen. In einer Ansprache, die ab 6 Uhr morgens immer wieder in Rundfunk und Fernsehen übertragen wurde, erläuterte er die neuen Regeln, die unter dem Kriegsrecht gelten würden. Bis auf weiteres würde ein Militärrat der Nationalen Rettung (WRON) das Land regieren. Die Solidarność wurde bis auf Weiteres suspendiert, ebenso wie die Grundrechte der Rede- und Publikationsfreiheit, des Briefgeheimnisses sowie der Vereinigungs- und Versammlungsfreiheit. Alle Vereinigungen, einschließlich der Gewerkschaften und Lehrergewerkschaften, wurden verboten.[57]

In seiner Sonntagspredigt appellierte Kardinal Józef Glemp an die Gläubigen, Ruhe zu bewahren. Das Oberhaupt der polnischen Katholiken sprach sich »für den Frieden und die Beendigung der Gewalt aus, um einen Bruderkrieg zu verhindern«. Gegenüber denjenigen, die ihn der Kapitulation bezichtigten, rechtfertigte er sich mit dem Hinweis auf die »Verteidigung des menschlichen Lebens«. Einige wenige Gewerkschaftsführer schlüpften durch das Netz, insbesondere Zbigniew Bujak, Vorsitzender der Warschauer Solidarność, und Bogdan Borusewicz in Danzig, was den Wiederaufbau klandestiner Gewerkschaftsnetze und langfristig einer Widerstandsbewegung erleichterte.[58]

Auflösung und Bruch

Die Militär- und Polizeiaktion war ein Erfolg. Der Widerstand wurde schnell unterdrückt, und die Repressionen waren geringer als befürchtet. Das Ziel des Kriegsrechts, so erklärte Innenminister General Czesław Kiszczak im Januar 1982, sei es, »die Strukturen der Solidarność, der Akademie der Wissenschaften usw. zu zerstören, um neue Strukturen zu schaffen, die allein der Partei zur Verfügung stehen«[59]. Der General zerstörte weder die Akade-

---

57 Detaillierte Studien über die entstandene Situation finden sich in Dudek (2003), einem Sammelwerk, das die Situation in jeder Region (Maßnahmen, Organisation des Regimes, Formen des Widerstands, Repression usw.) mit Beiträgen von Historikern darstellt.

58 Vgl. Jankowska (2003), wo die Augenzeugenberichte mit einem Vorwort und einer Chronologie der Ereignisse von Andrzej Friszke versammelt sind..

59 Zitiert von Andrzej Paczkowski, vgl. Sejm (1997), S. 8.

mie der Wissenschaften noch die Solidarność. Seine Hauptleistung bestand darin, die im Sommer 1980 entstandene soziale Bewegung zu zerstreuen. Die Auswirkungen des 13. Dezember waren natürlich ambivalent und vorübergehend. Die Regierung hat die Kontrolle über das Land zurückgewonnen, ohne die Bevölkerung mit ins Boot zu holen. In der Praxis mussten die Behörden mehrere Jahre lang eine instabile und komplexe interne Situation verwalten, die im Hinblick auf die Arbeitskämpfe heikel war. Das Macht-Konstellation hatte sich völlig verschoben, auch wenn es bis zu einem gewissen Grad zu einem Gleichgewicht der Machtlosigkeit gekommen war.

Denn während Solidarność nicht über die Mittel verfügte, das Regime entscheidend zum Rückzug zu bewegen, gelang es der WRON auch nicht, die Solidarność zu »zerstören«, um den Traum des Innenministers zu erfüllen. Um genau zu sein; Dieser erklärte am 22. Dezember vor dem Zentralkomitee der Partei, dass der »Bruch gekommen« sei, dass die Gewerkschaft nicht mehr in der Lage sei, »die Macht des Volkes zu bedrohen. Die Mehrheit der Bevölkerung hat sich mit dem Kriegsrecht abgefunden.« Er schloss örtlich begrenzte Widerstände, »anhaltende Streikdrohungen in fünf Industriezentren«, Interventionen der Kirche zugunsten der Internierten oder eine »härtere Gangart der westlichen Staaten« nicht aus. Insbesondere stellte er sich einen »passiven Widerstand der Gesellschaft [vor], wenn sich die Lage nicht verbessert oder ein politisches Vakuum entsteht, obwohl das Kriegsrecht in Kraft bleibt«[60].

Die scharfsinnige Einschätzung dieses Ministers, der als Jaruzelskis rechte Hand galt, zeigt sowohl die Grenzen der Machthaber als auch die Schwächen des Widerstands. Die Repressionen gegen Oppositionelle sorgten für eine scheinbare Beruhigung. Im Grunde genommen hat das kommunistische Regime, das in den Augen aller völlig diskreditiert ist, jedoch keine Unterstützung im Inland zurückgewonnen. Die schweigende Reaktion war nicht Ausdruck von Resignation, sondern eher von großer Entmutigung, einer großen Enttäuschung, für die in der katholischen Kirche ein Ventil gefunden wurde. Die Kirche wurde nicht nur zum Deckmantel für illegale Aktivitäten, sondern auch zu einem Zufluchtsort für den Großteil der Bevölkerung. Wie schon mehrmals in ihrer Geschichte schloss sich die polnische Gesellschaft in sich selbst ein und fand großen Trost im katholischen Glauben, einen Trost, den Johannes Paul II. in Rom kraftvoll verteilte, als er am 9. Februar

60 Bühler (1997), S. 670

1982 seine uneingeschränkte Unterstützung für Solidarność zum Ausdruck brachte. Er wurde immer mehr zur Vaterfigur der Nation.[61]

Um die Jaruzelski-Jahre zu verstehen, muss man also den großen äußeren Druck berücksichtigen, der nach dem 13. Dezember eine entscheidende Rolle spielte. Zunächst einmal war da der Druck der westlichen Regierungen – Deutschlands, Frankreichs, der Vereinigten Staaten usw. –, die nicht nur die Hauptgläubiger des hoch verschuldeten polnischen Staates waren[62], sondern auch von ihren jeweiligen Bevölkerungen, Gewerkschaften und Nichtregierungsorganisationen, die von der Machtergreifung am 13. Dezember schockiert waren, ständig in die Pflicht genommen wurden. Diese Unterstützungsbewegungen forderten die Wiederherstellung der demokratischen Rechte und mobilisierten laut Marcin Frybes, einem polnischen Soziologen, der sich lange mit ihnen befasst hat, »Menschen mit unterschiedlichen Meinungen, die aus verschiedenen ideologischen Traditionen stammten und die sich in anderen Fragen auf entgegengesetzten Seiten der politischen Barrikaden befanden«. Frybes sprach von »Christen und Atheisten, Konservativen und Eurokommunisten, Gewerkschaftern und Unternehmern, Liberalen und Sozialisten. Ihr Engagement für die polnische Befreiungsbewegung war nicht nur vorübergehend, sondern bildete einen wichtigen Teil ihrer ideologischen und politischen Biografien.« Gleichzeitig dauerte es das ganze Jahrzehnt der 1980er Jahre, bis das Bewusstsein in den westlichen Gesellschaften geweckt wurde. Bei dieser paradoxen Wirkung des Kriegsrechts erschienen »anstelle von Tausenden von internierten und inhaftierten NSZZ Solidarność-Aktivisten mindestens ebenso viele Freunde in verschiedenen Teilen der Welt: Gewerkschaftsaktivisten, Journalisten, Schriftsteller und Akademiker, Studenten, Dichter und Künstler sowie verschiedene Generationen polnischer Einwanderer«[63]. Es handelte sich um eine selten beobachtete Ausübung von internationalem Druck.

Die zweite Quelle des Drucks, die mit der ersten zusammenhing, war die katholische Kirche, deren Verbände und Pfarreien direkt an der humanitä-

---

61 Als er im April 2005 starb, trauerte die polnische Bevölkerung um ihn, wie es bei dem Verlust eines Vaters üblich war.

62 1982 weigerte sich der Pariser Club, dem die wichtigsten westlichen Gläubigerländer angehören, diese Schulden umzuschulden.

63 Frybes (2021), S. 344. Frybes führte auch detaillierte Fallstudien über Frankreich und die Vereinigten Staaten durch.

ren Hilfe für die Polen beteiligt waren, und insbesondere Papst Johannes Paul II. Seine Pilgerreise vom 16. bis 23. Juni 1983, der eine »zeitweise Aufsetzung« des Kriegsrechts ab dem 1. Januar vorausging und der im Juli eine erste Amnestie und die Aufhebung des Kriegsrechts folgten, war zweifellos die öffentlichste, folgenreichste und tiefgreifendste Druckausübung. Nach einem als zu moderat empfundenen »Appell an die Vernunft« von Kardinal Glemp am 13. Dezember 1981 begann die Bischofskonferenz am 15. Dezember, das Kriegsrecht klar zu verurteilen und die »Wiederherstellung der Gewerkschaften und insbesondere der Solidarność als Voraussetzung für die Rückkehr zu einem ausgewogenen sozialen Leben« zu fordern. Bischöfe und Priester engagierten sich persönlich in der Widerstandsbewegung. Dies war der Fall bei Pater Jerzy Popiełuszko, einem Priester in einer Warschauer Gemeinde, dessen Predigten und Messen politischen Versammlungen glichen. Im Oktober 1984 wurde er von Schergen der Sicherheitspolizei entführt, gefoltert und ermordet, wobei die Polizei die Verantwortung dafür bestritt. Zur Beerdigung von Pater Popiełuszko am 3. November versammelten sich 500.000 Menschen in Warschau, und der Prozess gegen die Mörder wurde im Februar 1985 zügig vorangetrieben.[64] Während sie ihre Positionen verhärtete, spielte die Kirche weiterhin eine Vermittlerrolle und schöpfte Kraft aus den großen Menschenmengen, die Johannes Paul II. begrüßt und Pater Popiełuszko begleitet hatten. Kardinal Glemp hatte mehrere Treffen mit General Jaruzelski, die jedoch nicht sehr fruchtbar waren; bei jeder Gelegenheit schlug letzterer Rahmenbedingungen vor, die für die Opposition inakzeptabel waren. Der Ton änderte sich nach der Ankunft von Michail Gorbatschow an der Spitze der Kommunistischen Partei der Sowjetunion im Jahr 1985 und einem weiteren Pastoralbesuch von Johannes Paul II. vom 8. bis 14. Juni 1987. Der Papst empfing auch Jaruzelski im Vatikan, und sein Besuch in Polen brachte erneut Menschenmengen mit Solidarność-Plakaten auf die Straße, dies trug zur wachsenden Isolierung der Partei von der öffentlichen Meinung bei.

Die Veränderungen in Moskau nach dem Tod des unangreifbaren Leonid Breschnew im November 1982 sowie die Initiativen Gorbatschows hatten einen entscheidenden Einfluss auf die Haltung des polnischen Generals. Der Diktator wurde ein Freund des Reformers. Im April 1985 trafen sie sich zum ersten Mal und führten drei Stunden lang ein Gespräch unter vier Augen.

---

64 Das Dossier zu dieser Angelegenheit ist bei Michel und Mink (1985) zu finden.

Unmerklich begann Jaruzelski »wie ein Nachahmer oder sogar ein Vorläufer von Gorbatschow auszusehen. Die beiden Männer bekundeten unablässig ihre gegenseitige Unterstützung und Verbundenheit und betonten, dass sie sich beide für die Wiederbelebung des Sozialismus einsetzten.«[65] Diese dritte Quelle des Drucks veränderte das »brüderliche« Umfeld in Polen völlig.

Dennoch musste der größte Teil der polnischen Bevölkerung, vor allem die untersten Einkommensgruppen, Jaruzelski sieben bis acht Jahre ertragen, die einen hohen Tribut in Form von Entbehrungen, Verzweiflung, Abwanderung junger Menschen und der am besten ausgebildeten Personen[66], Demütigungen, Verschlechterung der öffentlichen Dienstleistungen und Korruption der Staatsbediensteten forderten. Die »patriotischen« Vorschläge und die »nationale Einigkeit« von General Jaruzelski haben daran nichts geändert.

Es herrschte keine Aufbruchstimmung. Was Solidarność betrifft, so hatte die Gewerkschaft nicht mehr 10 Millionen Mitglieder. Trotz einiger spektakulärer Aktionen und Demonstrationen, wie der am 1. Mai 1982, war sie sehr stark geschwächt. Sie war zwar noch im kollektiven Bewusstsein präsent, aber als Erinnerung, als Mythos im Sinne von Georges Sorel, d. h. als idealisierte Referenz oder imaginäres Konstrukt, das als Grundlage für politisches Handeln diente. Dieser Mythos wurde in der Zeit des Untergrunds aufgebaut. Seine Legenden wurden von der oppositionellen Presse aufgegriffen und durch die Heldentaten der klandestinen Akteure und den Widerstand der internierten Aktivisten aufgefrischt. Mehr noch, die Gewerkschaft Solidarność verankerte sich in der langen Geschichte Polens, indem sie sich in die Tradition der großen nationalen Aufstände des 19. und 20. Jahrhunderts stellte, indem sie romantische Stereotypen wiederbelebte. Sie war »die polnische Gesellschaft«,, sie »identifizierte sich mit der Nation« und »hatte eine Mission«.[67]

Näher an der Realität und auf einer prosaischeren Ebene erlebten diejenigen, die nach dem 13. Dezember untergetaucht waren, ein hartes Leben, oft isoliert von der alten Basis der Gewerkschaft. Sie waren einer gnadenlosen Repression ausgesetzt. So wurden die meisten »Annäherungsversuche« der

---

65 Bühler (1997), S. 705.
66 Die außergewöhnliche Auswanderung in den 1980er Jahren wird bis 1989 auf fast 300.000 pro Jahr geschätzt; in den 1990er Jahren sank die Zahl auf weniger als 40.000, vgl. Stola (1998).
67 Michel und Frybes (1996), S. 16-17

Behörden in Richtung Dialog in diesen ersten Jahren von einer neuen Welle gezielter Verhaftungen, Schläge und Inhaftierungen begleitet. Ein Gymnasiast, Grzegorz Przemyk, starb nach einer solchen Prügelattacke am 14. Mai 1983, nachdem Demonstranten am 31. August 1982 in Gdańsk von der Miliz getötet worden waren – ganz zu schweigen vom Fall von Pater Popiełuszko.

Die illegalen Akteure organisierten sich jedoch recht schnell mit Hilfe verschiedener Unterstützungsnetzwerke. Am 13. April 1982 sendete ein »Radio Solidarność« seine erste Sendung, und am 22. April fand die erste Sitzung der Vorläufigen Koordinierungskommission (TKK) statt, der »stark dezentralisierten Leitung der Gewerkschaft, die sich aus unabhängigen Kreisen und Ausschüssen zusammensetzt, die zwar lose miteinander verbunden, aber weitgehend autonom sind«. Sie wurde von anerkannten Führern in vier Regionen – Wrocław, Warschau, Krakau und Gdańsk – gegründet. Sie stand hinter zahlreichen Aktionen, wie den Demonstrationen vom 1. Mai und 31. August, Streikaufrufen, die mehr oder weniger befolgt wurden, und der Veröffentlichung zahlreicher Zeitungen und Broschüren. Die Direktion unterhielt Kontakte zu Lech Wałęsa, der zunächst inhaftiert war und dann die Erlaubnis erhielt, seine Arbeit wieder aufzunehmen, wobei er stets streng überwacht wurde; nach der Amnestie traf er sich regelmäßig mit anderen Gewerkschaftsführern oder Beratern, die ebenfalls überwacht wurden. In der Zwischenzeit waren andere Aktivisten anhaltenden Repressionen ausgesetzt. Im September 1982 wurden fünf Mitglieder des KOR angeklagt, weil sie versucht hätten, das Regime zu stürzen[68], dann nahmen die Behörden nationalistische Aktivisten der KPN ins Visier, und im Oktober 1983 wurde ein im Untergrund arbeitendes Mitglied der TKK aus Poznań verhaftet und zu vier Jahren Gefängnis verurteilt.

In der zweiten Hälfte der 1980er Jahre förderten die harten Bedingungen, unter denen der Kampf geführt wurde, und ein äußerst bedrückendes soziales Umfeld Entmutigung und interne Spaltungen. Die Warteschlangen vor den leeren Metzgereien, der Mangel an Salz, Milch und Toilettenpapier, die gefährlichen heimlichen Treffen und alle Arten von Familien- und Ehekrisen führten zu einer Anhäufung von Müdigkeit. Die Diskussionen über die Zukunft wurden negativ beeinflusst. Es bildeten sich mehrere politische Gruppen oder Zirkel, die bereits die politische Spaltung der künftigen

---

68 Vgl. das ausführliche Dossier über diese Prozesse in »Le KOR«, Sonderausgabe von *L'Alternative*, 1983.

Dritten Republik vorwegnahmen. In diesem düsteren Klima der Jahre ab 1985 ist es unvermeidlich, dass bis 1988 sich die Vielfalt der gewerkschaftlichen Stimmen zu zunehmend politischen und ideologischen Konflikten entwickelte. Die seit der Bildung von Oppositionsgruppen Mitte der 1970er Jahre spürbaren Spaltungen wurden in den 16 Monaten, in denen die Aktivitäten von Solidarność legal waren, verfestigt und strukturiert. Sie lagen den Kontroversen zugrunde, die auf dem Sommerkongress 1981 zutage traten. Die Tatsache, dass die Gewerkschaft nach Dezember 1981 in den Untergrund gehen musste, konnte die Spannungen nur verschärfen und führte zu Spaltungen, etwa der Gründung einer konkurrierenden Organisation, *Solidarność Walcząca* (»Kämpfende Solidarität«), im Jahr 1982 in Wrocław durch einen militanten Nationalisten aus der Opposition, Kornel Morawiecki, dessen Sohn, ein Mitglied der Partei Recht und Gerechtigkeit (PiS), seit 2017 Ministerpräsident ist. In dieser Hinsicht ist es bemerkenswert, die Beständigkeit der politischen Denkschulen während der 40 Jahre des kommunistischen Regimes zu beobachten, die mit den polnischen Traditionen übereinstimmen und die mehr oder weniger gewundenen Wege ihrer Führer überwinden.

Zum Abschluss dieser Chronologie der langen Geschichte der Arbeiterkämpfe in Polen und ihres außergewöhnlichen Beitrags zu den Kämpfen für Freiheit und Demokratie müssen wir auf die Quelle des Funkens eingehen, der die letzte Krise entfachte. Einmal mehr waren es die Werktätigen.

Am 1. Februar 1988 konnte Jaruzelski keine originellere Lösung finden, um die polnische Wirtschaft vor der aktuellen Katastrophe zu retten, als die Entscheidung, die Verbraucherpreise zu erhöhen! Glaubte er wirklich, dass die Freilassung der letzten politischen Gefangenen, die Verbesserung der Kontakte mit dem Westen und das Wohlwollen von Michail Gorbatschow ausreichen würden, um die Preiserhöhungen durchzusetzen? Fast sofort kam es fast überall zu spontanen Protestdemonstrationen. Im April und erneut im Mai riefen die schlesischen Bergarbeiter zu Streiks auf und forderten entsprechende Lohnerhöhungen. Die Belegschaften der baltischen Werften, der Stahlwerke in Nowa Huta bei Krakau und vieler anderer Betriebe folgten diesem Beispiel. Diese spontanen Bewegungen hatten das Zeug dazu, die Behörden zu verunsichern, denn sie zeigten eine entschlossene Radikalisierung der verärgerten neuen Generation von Arbeitnehmern, die sich neben ihren Lohnforderungen auch das Solidarność-Logo zu eigen machten.

Eine oppositionelle Journalistin beschrieb damals die Streikenden auf der Zeche Mocinek in Schlesien als »fast ausschließlich junge Leute. Keiner von ihnen wusste, dass die verbotene Gewerkschaft im Untergrund weiter existiert hatte. Als sie am 19. August zum Streik aufriefen, stand trotzdem die Legalisierung der Solidarność an erster Stelle ihres Forderungskatalogs.« Am 17. August habe in Stettin »der gesamte Hafen für höhere Löhne gestreikt«, und über dem Haupteingang habe ein Transparent gehangen, auf dem zu lesen war: »›Ohne Solidarność gibt es keine Freiheit‹.« Im Laufe des Streiks setzte sich eine radikalere Geisteshaltung durch, und die Arbeiter waren eher bereit, auf ihre Lohnforderungen zu verzichten, als das *Ziel einer eigenen Gewerkschaft aufzugeben.*« [Hervorhebung des Autors] Als sich die Danziger Werften am 22. August dem Streik anschlossen, taten sie dies mit einer einzigen Forderung, nämlich der Legalisierung der Solidarność. Ihre Proteste waren nicht ohne eine Prise Humor, wie in Stalowa Wola, wo »Hunderte Tag und Nacht vor dem Haupttor ausharrten und Parolen sangen und skandierten wie ›Kommunisten zum Mond! Dort oben habt ihr die Schwerelosigkeit – es wird einfacher sein, den Kommunismus aufzubauen‹.«[69]

Diese letzte Welle von Arbeitskämpfen unter dem von der Sowjetunion nach dem Krieg installierten Regime machte schließlich den Weg frei für Diskussionen, die in mühsamer Arbeit zwischen den Behörden und den Führern der Solidarność, wie Lech Wałęsa und Bronisław Geremek, eingeleitet wurden. Letzterer hat sich häufig zu diesem Prozess geäußert. Nachdem er zu einem der wichtigsten Berater von Wałęsa geworden war, erklärte er sich im Februar 1988 zu einem Interview mit einer regimenahen Zeitschrift bereit. In diesem Interview kommentierte er die aktuelle Situation, die er als kritisch ansah, prangerte »die Ohnmacht oder sogar Frustration an, die sowohl die Gesellschaft als auch die Behörden ergreift« und schlug die Schaffung eines »Anti-Krisen-Paktes« vor, allerdings mit einer Rückkehr zur »gewerkschaftlichen Pluralität«. Einige Wochen später suchte der Innenminister ein Treffen mit Wałęsa. Warum gerade zu diesem Zeitpunkt? Nach Ansicht von Geremek waren es die Mai-Streiks, die »als Zünder dienten«.[70]

Der Minister bat den Gewerkschaftsführer, die Streiks zu beenden, was Wałęsa unter der Bedingung zusagte, dass echte Verhandlungen über den

69 Bericht von Joanna Szczęsna, übersetzt ins Französische in La Nouvelle Alternative, 12, Dezember 1988, S. 43-45.
70 Vgl. Geremek (1991), S. 32.

berühmten »Pakt« aufgenommen würden. Es dauerte mehrere Monate, bis diese Verhandlungen aufgenommen werden konnten, und der Prozess gipfelte in dem »Runden Tisch« vom Februar 1989. Ein weiteres Abenteuer begann – eine radikale und friedliche Umwandlung des polnischen Regimes, eine Umwandlung, die ganz Mitteleuropa erfasste. Dies war ein mehr als ehrenvolles Ergebnis am Ende von 30 Jahren Arbeitskämpfen.

Literatur

ACCE (1997) 1956, le commencement de la fin : actes du colloque »Budapest 1956-1996«, Palais du Luxembourg, Paris, 28 et 29 octobre 1996, Paris, Association pour la communauté culturelle européenne.

Babeau A. (1960) Les conseils ouvriers en Pologne, Paris, Armand Colin.

Broué P. (ed.) (1972) Gierek face aux grévistes de Szczecin : Pologne, 24 janvier 1971 : procès- verbal / de la rencontre entre Edward Gierek ... et les ouvriers des chantiers navals ›Adolf Warski‹, à Szczecin, le 24 janvier 1971 ..., Paris, Société d‹édition, librairie, informations ouvrières.

Bühler P. (1997) Histoire de la Pologne communiste : autopsie d'une imposture, Paris, Editions Karthala.

Chavance B. (1992) Les réformes économiques à l'Est : de 1950 aux années 1990, Paris, Nathan.

Dudek A. (Hrsg.) (2003) Stan wojenny w Polsce 1981-1983 [Kriegsrecht in Polen, 1981-1983], Warszawa, Instytut Pamięci Narodowej Komisja Ścigania Zbrodni przeciwko Narodowi Polskiemu.

Frybes M. (2021) Amerykańscy i francuscy przyjaciele »Solidarności«: reakcje społeczne na »Solidarność« we Francji i w Stanach Zjednoczonych w latach 1980-1989, Warszawa, Instytut Pamięci Narodowej Komisja Ścigania Zbrodni przeciwko Narodowi Polskiemu.

Geremek B. (1991) La rupture : la Pologne du communisme à la démocratie, Paris, Éditions du Seuil.

Gluza Z. (Hrsg.) (2000) Die Tage der Solidarität, Warschau, Karta.

GUS (2003) Historia Polski w liczbach, Warszawa, Główny Urząd Statystyczny [Polnisches Statistisches Zentralamt].

Izdebski H. (1984) Les amendements à la Constitution de la République populaire de Pologne 1954-1983, Revue internationale de droit comparé, 36 (1), S. 79-109.

Jankowska J. (2003) Portrety niedokończone: rozmowy z twórcami »Solidarności« 1980-1981, Warszawa, Biblioteka ›Więzi‹.

Kaliski B. (2003) ›Antysocjalistyczne zbiorowisko‹? I Krajowy Zjazd Delegatów NSZZ Solidarność [Eine antisozialistische Gemeinschaft? Der erste Solidarność-Kongress], Warszawa, Trio.

Kichelewski A. (2018) Les survivants : les Juifs de Pologne depuis la Shoah, Paris, Bélin.

Kuczynski W. (1981) Stabilisation et réformes économiques, Autogestions, NS 5, S. 59-70.

Kuroń J. (1993) Maintenant ou jamais, Paris, Fayard.

Laba R. (1986) »Solidarité« et les luttes ouvrières en Pologne, 1970-1980, Actes de la recherche en sciences sociales, 61, S. 7-33.

Laba R. (1991) The roots of Solidarity: a political sociology of Poland's working-class democratization, Princeton University Press.

Lipski J.J. (1985) KOR: a history of the Workers‹ Defence Committee in Poland, 1976-1981, Berkeley, University of California Press.

Lowit T. (1971) Le syndicalisme de type soviétique : l'URSS et les pays de l'Est européen, Paris, Armand Colin.

Lowit T. (1979) Le parti polymorphe en Europe de l'Est, Revue française de science politique, 29 (4-5), S. 812-846.

Malara J. und Rey L. (1952) La Pologne : d'une occupation à l'autre (1944-1952), Paris, Éd. du Fuseau.

Marie J.-J. und Nagy B. (eds.) (1966) Pologne-Hongrie 1956 ou le Printemps en octobre, Paris, Études et documentations internationales.

Michel P. (1988) La société retrouvée : politique et religion dans l'Europe soviétisée, Paris, Fayard.

Michel P. und Frybes M. (1996) Après le communisme : mythes et légendes de la Pologne contemporaine, Paris, Bayard.

Michel P. und Mink G. (1985) Mort d'un prêtre : l'affaire Popieluszko, Paris, Fayard.

Michnik A. (1978) Eine Strategie für die polnische Opposition, in: Erard Z. und Zygier G.M. (Hrsg.), La Pologne, une société en dissidence, Paris, F. Maspero.

Miller M. (Hrsg.) (2005) Kto tu wpuścił dziennikarzy? [Wer hat hier Journalisten zugelassen?], Warszawa, Rosner i Wspólnicy.

Morawski W. (1988) L'industrialisation imposée, in Adamski W. et al. (eds.) La Pologne en temps de crise, Paris, Méridiens Klincksieck, S. 76-79.

Panné J.-L. und Wallon E. (Hrsg.) (1986) L'Entreprise sociale : le pari autogestionnaire de Solidarno , Paris, l'Harmattan.

Pomian K. (1982) Pologne, défi à l'impossible ? De la révolte de Poznań à ›Solidarité‹, Paris, Editions ouvrières.

Potel J.-Y (1982a) Gdansk : la mémoire ouvrière 1970-1980, Paris, F. Maspero.

Potel J.-Y. (1982b) La revendication autogestionnaire dans la Pologne de Solidarité, Sociologie du travail, 24 (3), S. 262-278.

Potel J.-Y. (2006) Scènes de grèves en Pologne, neue, erweiterte Ausgabe, Paris, les Ed. Noir sur Blanc. Potel J.-Y. (2018) Les trois ruptures de Mars 68 en Pologne, Esprit, 2018/10, S. 109-114.

Potel J.-Y. (2021) Regards des gauches vers l'Europe centrale, in Delsol C. and Nowicki J. (eds.) La vie de l'esprit en Europe centrale et orientale depuis 1945: dictionnaire encyclopédique, Paris, Éditions du Cerf, S. 416 ff.

Sejm (1997) O stanie wojennym w Sejmowej Komisji Odpowiedzialności Konstytucyjnej: sprawozdanie Komisji i wniosek mniejszości, wraz z ekspertyzami i opiniami historyków [Über das Kriegsrecht: Berichte der Sejm-Kommission zur Überwachung der Verfassung], Warszawa, Wydawnictwo Sejmowe.

Smolar A. (1978) Préface, in Erard Z. and Zygier G.M. (eds.) La Pologne, une société en dissidence, Paris, F. Maspero.

Staniszkis J. (1984) Polens selbstbegrenzende Revolution, Princeton University Press.

Stola D. (1998) Les migrations en Pologne dans les années quatre-vingt-dix, Hommes et Migrations, 1216, S. 58-69.

Sturmthal A. (1961) The workers‹ councils in Poland, ILR Review, 14 (3), S. 379-396.

Szurek J.-C. (1982) Aux origines paysannes de la crise polonaise, Paris, Actes-Sud.

Tischner J. (1983) Éthique de Solidarité, Limoge, Adolphe Ardant.

Touraine A. et al. (1982) Solidarité, Paris, Fayard.

Tuszynska A. (2018) Bagaż osobisty. Po marcu, Warszawa, Dom Spotkan z Historia.

Zaremba M. (2007) Pologne 1956-1980, le socialisme du bigos, in Bafoil F. (ed.) La Pologne, Paris, Fayard, S. 198-222.

Die Autoren und Herausgeber

György Dalos
geb. 1943, Historiker, gehörte 1977 zu den Mitbegründern der demokratischen Bewegung in Ungarn, lebt als freier Schriftsteller in Berlin, seine Werke wurden vielfach ausgezeichnet, Mitglied und seit 2014 Sekretär der Klasse Literatur und Sprachpflege der Sächsischen Akademie der Künste.

Reiner Hoffmann
geb. 1955, Diplom-Ökonom, 2014 bis 2022 Vorsitzender des Deutschen Gewerkschaftsbundes und Vorsitzender des Vorstands der Hans-Böckler-Stiftung. Zuvor war er 16 Jahre für den Europäischen Gewerkschaftsbund (EGB) in Brüssel tätig.

Ilko-Sascha Kowalczuk
geb. 1967, Historiker, Autor zahlreicher Bücher zur Zeitgeschichte, 1995 bis 1998 sachverständiges Mitglied der Enquete-Kommission SED-Diktatur des Deutschen Bundestages, 2019/20 Mitglied der Regierungskommission »30 Jahre Friedliche Revolution und Deutsche Einheit«.

Jean-Yves Potel
geb. 1948, Historiker und Politikwissenschaftler, Autor und Journalist, lehrte an verschiedenen Universitäten in Paris und Warschau, von 2001 bis 2005 Kulturberater der Französichen Botschaft in Warschau. Regelmäßiger Mitarbeiter des Mémorial de la Shoa in Paris.

Peter Seideneck
geb. 1941, Journalist, arbeitete von 1974 bis 1993 in verschiedenen Funktionen für den Deutschen Gewerkschaftsbund. Von 1991 bis 2004 war er Referent beim Europäischen Gewerkschaftsbund (EGB) und von 2004 bis 2021 Berater für den EGB und DGB.